W0218667

DESCENTE AUX ENFERS

Des mêmes auteurs

Christophe Dubois

Où sont passés nos espions ? Petits et grands secrets du renseignement français, avec Éric Pelletier, Albin Michel, 2017.
Circus politicus, avec Christophe Deloire, Albin Michel, 2012 ; J'ai lu, 2013.
Sexus politicus, avec Christophe Deloire, Albin Michel, 2006 ; J'ai lu, 2008.
Les islamistes sont déjà là. Enquête sur une guerre secrète, avec Christophe Deloire, Albin Michel, 2004.
L'Enquête sabotée, avec Christophe Deloire, Albin Michel, 2003.

Marie-Christine Tabet

Grâce à Dieu, c'est prescrit. L'affaire Barbarin, Robert Laffont, 2017.
L'État-voyou, avec Caroline Brun, Albin Michel, 2014.
EDF, un scandale français, avec Laurence de Charette, Robert Laffont, 2004.

Marie-Christine Tabet et Christophe Dubois

Paris-Alger. Une histoire passionnelle, Stock, 2015.
L'Argent des politiques. Les enfants gâtés de la République, Albin Michel, 2009.

Christophe Dubois
Marie-Christine Tabet

DESCENTE AUX ENFERS

Vie et mort de la SNCF

Fayard

Couverture : Nuit de Chine
Photographie : Lestertair / Shutterstock.com

ISBN : 978-2-213-71026-6

Dépôt légal : mars 2019
© Librairie Arthème Fayard, 2019

En mémoire de Louis, cheminot

Introduction

« Le train arriva en gare Saint-Lazare avec un retard de trente-cinq minutes, ce qui était à peu près ce que j'avais anticipé. L'orgueil ancestral des cheminots, l'orgueil ancestral du respect de l'horaire, tellement puissant et ancré au début du XXe siècle que les villageois, dans les campagnes, réglaient leurs horloges sur le passage des trains, avait bel et bien disparu. La SNCF était une des entreprises dont j'aurais assisté, de mon vivant, à la faillite et à la dégénérescence complètes. » Dans son dernier ouvrage, *Sérotonine*[1], Michel Houellebecq enterre d'un trait de plume la Société nationale des chemins de fer. L'auteur affiche certes un goût de plus en plus prononcé pour le « déclinisme », il n'en demeure pas moins l'écrivain français le plus lu dans le monde. De surcroît, on lui prête un talent pour sentir l'humeur du pays. Le sentiment exprimé par Houellebecq écorne l'image de modernité et d'excellence que l'entreprise entretient à grand renfort de communication et de publicité autour de ses succès. Il traduit la rancœur

1. Flammarion, 2019, p. 307.

de beaucoup de Français élevés dans le mythe de la société nationale et confrontés quotidiennement aux fermetures de lignes, aux trains en retard ou supprimés, et à l'information voyageur défaillante. Il suscite la nostalgie d'un temps où les vacances commençaient sur la première marche du Corail, mot-valise de confort et de rail, d'un temps où la France rurale n'était pas encore devenue une somme de territoires sans bureaux de poste ou buffets de gare. Depuis 1938, date à laquelle la SNCF a fusionné l'ensemble des grandes compagnies privées régionales, son histoire se confond avec celle de la France. Pendant la Seconde Guerre mondiale, elle fut résistante et collaborationniste, dans les années 1960 elle a participé au développement économique du pays. Plus récemment, les Français ont découvert l'e-commerce grâce aux ventes de billets de train en ligne.

Avec ses quelque cent cinquante mille cheminots, l'entreprise ferroviaire a des liens de parenté dans chaque famille française ou presque. « On a coutume de dire que si l'on remonte aux arrière-grands-parents, près d'un Français sur six compte un cheminot dans sa famille[1] », expliquait Mathias Vicherat, alors directeur de la stratégie et de la communication du groupe, lors des célébrations des 80 ans de l'entreprise en 2018. Ce qui est le cas de ce jeune énarque camarade de promotion d'Emmanuel Macron. Le président de la République revendique lui aussi un grand-père cheminot, André, chef de district à Amiens. Tout comme son Premier ministre, Édouard Philippe.

1. Encart de seize pages « La SNCF fête ses 80 ans, histoire d'une passion française », dans le *Paris Match* du 27 décembre 2018 au 2 janvier 2019.

Comme l'Éducation nationale, la SNCF, dernière grande industrie nationale, a participé à l'élévation du niveau de vie de millions de Français. Par sa politique de promotion interne, dans ses écoles, sa tradition de l'apprentissage, son réseau associatif culturel et sportif, ses bastions syndicaux, l'entreprise a servi d'ascenseur social à beaucoup de familles. Les carrières des anciens ministres des Transports, Jean-Claude Gayssot, entré à la SNCF à 17 ans, et de Dominique Bussereau, fils de cheminot, en témoignent. Mais la machine à rêve s'est arrêtée progressivement. En dépit de la formidable invention du TGV. Le 22 septembre 1981, François Mitterrand, qui s'était rendu à Lyon… en avion pour inaugurer la belle rame orange vif avec une cocarde bleu-blanc-rouge sur le côté de la cabine, saluait dans le nouveau train « un élément de conquête de liberté, le droit pour tous d'élargir ses espaces de vie » et remerciait « les cheminotes et les cheminots, une corporation qui fait honneur à notre pays et joue un rôle exceptionnel dans la cohésion nationale ». Le long hiver social de 1995 a suscité l'empathie des Français, mais il a gelé de nombreuses réformes. Le mouvement social du printemps 2018 n'a pas recueilli l'adhésion populaire. Les usagers ont trouvé des modes de transport alternatifs. La « grève perlée » a offert à Emmanuel Macron le trophée du réformateur.

L'accident du Paris-Limoges en gare de Brétigny qui a fait sept morts en 2013 a été un choc pour l'entreprise et les Français. Le fleuron français est fatigué, ses rails qui innervent l'ensemble du territoire n'ont pas été entretenus comme ils auraient dû l'être, faute d'argent. Derrière chaque retard, chaque minute perdue, il y a trop souvent des problèmes de maintenance, de formation. Tout cela a un coût : plus de 1 milliard d'euros par an. De l'agent de terrain à la haute hiérarchie, une culture a disparu, celle de « tenir la minute ». L'État a laissé le réseau dépérir. Dans un tel contexte, que reprocher à l'homme aux commandes de l'entreprise depuis vingt ans, tout d'abord en tant que directeur général, puis de président depuis 2008 ? Guillaume Pepy a permis à l'entreprise d'entrer dans l'ère de la modernité, de la mobilité. Le train français et ses métiers s'exportent dans le monde entier. Pour cela, il a « mis la poussière sous le tapis », commente un ancien ministre des Transports. Pendant trente ans, se jouant des contrôles de l'État actionnaire, sous le regard de ses camarades de promotion, il a pris le pouvoir. Il est l'État. Le meilleur d'entre tous. Pendant ce temps, les ministres passent.

À quel moment le fil s'est-il rompu ? Quand cette descente aux enfers a-t-elle commencé ?

Pendant deux ans d'enquête, nous avons voulu comprendre comment l'entreprise phare du XXe siècle, modèle technologique et social, a progressivement décliné dans le cœur des Français. Pour cela, il a fallu pénétrer un monde à part avec ses codes, ses références et sa complexité. Sous couvert d'une communication ébouriffante et toujours aussi dispendieuse malgré les rappels à l'ordre de la Cour des comptes, la SNCF n'ouvre pas ses portes facilement. Les messages sont délivrés comme des slogans publicitaires, dans un sens toujours descendant. Il nous a été opposé une fin de non-recevoir à nos différentes demandes d'entretien avec le président du directoire, l'emblématique Guillaume

Pepy, et les principaux directeurs d'activité. L'ensemble des patrons de la maison a reçu la consigne d'ignorer nos sollicitations. Certains ont bravé l'interdiction en prenant moult précautions, par « amour » de leur entreprise. Rendez-vous secrets dans des cafés très éloignés du siège de l'entreprise, échanges de SMS et conversations sur des messageries cryptées, dont le célèbre Telegram. Difficile à croire ! Sur le terrain, les agents qui ont bien voulu nous répondre sont sortis de leur droit de réserve. Les contacts avec les journalistes sont étroitement encadrés.

Nous avons choisi de raconter une histoire de la SNCF la plus fidèle possible en interrogeant ses clients, leurs représentants regroupés en une multitude d'associations, des anciens ministres, des conseillers ministériels actuellement en responsabilité, des hauts fonctionnaires, des syndicalistes, des maires, des présidents de Région, des parlementaires. La liste des passionnés du rail et des amoureux de la SNCF qui ont accepté de nous aider est longue et nous les remercions.

Au début de l'année 2019, la France s'essaie à la démocratie participative en lançant son Grand Débat national, la SNCF est une nouvelle fois au cœur des enjeux. Les préoccupations des gilets rouges, ces « gentils organisateurs » présents dans les gares, se confondent avec celles des gilets jaunes. Quelle place réserver au service public ferroviaire au moment où la France met fin au monopole ? Les « petites lignes » non rentables doivent-elles être fermées ou relancées grâce à une politique d'offre attractive ? Le temps, c'est de l'argent.

Mais combien faut-il investir pour rapprocher Toulouse ou Montpellier de Paris ou de l'Espagne ? Combien de milliards pour combien de minutes gagnées ? Après la mort d'une certaine SNCF, l'« orgueil ancestral » des Français pour l'entreprise publique va-t-il lui redonner une seconde vie ?

Première partie

Un empire en piteux état

1

À la recherche du temps perdu

Jean-François Kahn, célèbre essayiste, Bernard Werber, auteur de best-sellers, l'ex-présentatrice de la météo Catherine Laborde, l'acteur Philippe Torreton, le chanteur Arthur H… le vendredi 9 novembre 2018, ils ont tous pris place à bord du train spécialement affrété par la SNCF pour se rendre à la 37e Foire du livre de Brive. Un rendez-vous littéraire incontournable. Chaque année, les auteurs stars partent en Corrèze pour promouvoir leur dernier ouvrage. Delphine de Vigan, romancière et présidente de l'événement, s'est installée dans la voiture officielle. Dans la rame, le ban et l'arrière-ban de l'édition française, ainsi que des journalistes venus couvrir l'événement. Au total, quatre cents personnes. Le convoi s'est ébranlé à 9 h 31 de la gare de Lyon. Quatre heures de voyage annoncé sur un parcours mythique. Dans les années 1960, le Capitole reliait la capitale à Toulouse en six heures – via Brive – à 200 kilomètres à l'heure. Avec sa livrée rouge à bande gris dauphin surmontée d'une plaque émaillée « Capitole », la locomotive avait fière allure. Belle comme un roman. L'inauguration de la Foire est prévue dans l'après-midi. Tout roule ou presque. Au bout d'une vingtaine de minutes, à Villeneuve-Saint-Georges (Val-de-Marne), le train s'arrête une première fois, puis repart, mais stoppe à nouveau au bout de quelques minutes. Le contrôleur annonce d'une voix mal assurée : « Ne riez pas, il y a une erreur d'aiguillage ! » Le train doit faire demi-tour car il a pris la mauvaise direction. Apparemment, il file tout droit vers Lyon. À l'intérieur, les passagers essaient de garder le sourire. Le foie gras, le ris de veau et autres produits corréziens proposés à bord vont aider à passer le temps. Le train du livre n'est pas surnommé le train du cholestérol sans raison.

François David, commissaire de la Foire, dont c'est le baptême du feu, tente de détendre l'atmosphère pendant que la rame retourne à Paris. Le conducteur débarque de sa machine et change de motrice pour repartir dans l'autre sens. Claude Sérillon se fend d'un message à Guillaume Pepy pour lui demander des explications. L'ex-journaliste connaît bien le populaire patron de la SNCF : via sa société, il donne des conseils de communication au groupe ferroviaire et anime les dîners d'un think tank, appelé Un Train d'Avance, présidé par Guillaume Pepy. Au final, le Paris-Brive arrive à 15 heures, avec une heure et demie de retard.

Ce périple épique n'a pas fait rire le maire de Brive-la-Gaillarde, Frédéric Soulier, qui a demandé le remboursement partiel du « train du livre », facturé 120 000 euros par la SNCF. Le groupe ferroviaire a offert un dédommagement de 2 000 euros ainsi que des petits déjeuners pour la prochaine édition. La mairie n'entend pas en rester là. « Nous avons perdu deux heures de vente de livres, relève François David. Notre chiffre d'affaires a baissé de 20 000 euros. C'est peut-être dû à cela. » En arrivant à la gare, le commissaire de l'événement n'était pas au bout de ses surprises. Il a découvert par un affichage que la ligne allait être en travaux tout le reste du week-end. Aucun train ne pouvait circuler, or le gros de la troupe n'était pas arrivé. « La SNCF est notre partenaire, mais personne ne nous avait prévenus, soupire-t-il. Ça fait beaucoup ! » Pour acheminer ses invités, la Foire avait heureusement également prévu un « avion du livre ». La sous-préfecture de la Corrèze dispose d'un aéroport, « formidable outil de désenclavement pour le nord du Lot, le Périgord et la Dordogne », vante son site internet. L'affaire a fait deux victimes : l'image du groupe ferroviaire et le bilan carbone. Pour la prochaine édition de la Foire en novembre 2019, la ligne sera de nouveau... immobilisée pour cause de travaux : « À la demande de la SNCF qui revitalise l'infrastructure, nous avions donné les dates du Salon trois à quatre ans en avance, rapporte le cabinet du maire. Mais ils n'en ont absolument pas tenu compte. Les services qui s'occupent des chantiers et ceux à qui nous parlons ne communiquent visiblement pas entre eux ! »

De son côté, la SNCF a répondu par courrier à la mairie en octobre 2018 qu'elle n'était pas en mesure de modifier son planning de travaux qui interrompent le trafic sur la ligne Paris-Toulouse : « Beaucoup de ces chantiers ont lieu en Île-de-France et sont donc interfacés avec d'autres chantiers touchant les flux ferroviaires de toutes natures sur ce territoire. » Selon un effet domino, toute intervention à un endroit fragilise l'ensemble du système.

« Avant quand on voulait être à l'heure, on prenait le train »

Une anecdote parmi tant d'autres, qui témoigne d'un mal français. Celui des petites et grandes négligences qui font que la SNCF se prend les pieds dans les rails. Ses dirigeants ont coutume de rappeler qu'ils font circuler quinze mille trains par jour et transportent cinq millions de passagers. Deuxième réseau ferré européen (par la taille), un fleuron national. Mais souvent, la bannière est en berne. De Bordeaux à Marseille en passant par la banlieue parisienne, certaines habitudes ne trompent pas. Nombre de voyageurs prennent le train avant l'horaire habituel lorsqu'ils ont un rendez-vous important afin d'arriver à l'heure prévue. Quelque chose ne tourne plus tout à fait rond, ou à l'heure, sur le réseau ferré français. « Avant, quand on voulait être à l'heure, on prenait le train, maintenant c'est exactement l'inverse », plaisante Christian Broucaret de la Fédération nationale des associations d'usagers des transports (FNAUT). Ajoutez à cela des passagers serrés qui circulent debout et des innovations extravagantes comme celle racontée par ce jeune nordiste abonné de la ligne Valenciennes-Lille : « Un jour, ils ont supprimé les accoudoirs. Je m'amusais à regarder les passagers qui se cassaient la figure en essayant de s'appuyer. » Les compartiments bagages ont aussi disparu. Impossible de stocker les valises, qui se retrouvent au milieu du couloir alors que les vendredis et les lundis, les étudiants sont tous chargés. Bienvenue au pays d'Ubu.

Nathalie[1] fait partie de ces Français qui vivent avec le train. Tous les matins, elle prend le TER (train express régional) à 7 h 15 à Châteaudun (Eure-et-Loir) et descend à Auneau-Bleury-Saint-Symphorien, où elle travaille. Soit en théorie trente-huit minutes de trajet. Le train poursuit ensuite sa route jusqu'à Paris. Selon elle, il ne se passe pas une semaine sans retard, voire annulation. « C'est surtout vrai au retour, narre Nathalie. Le train vient de Paris, où il y a souvent des encombrements. Le TER n'est jamais prioritaire. Il doit laisser passer les RER et autres trains. » Au royaume des usagers, il y a toujours un peu plus malheureux que soi. Nathalie a pris soin de garder les notifications que lui envoie la SNCF sur son application. La mémoire de son téléphone ne suffira bientôt plus. Le 15 octobre 2018, « retard 15 minutes-Indispo matériel », le 29 octobre, « retard 10 minutes-Régulation info », le 23 novembre, « retard 35 minutes, train en panne », le 24 novembre, « retard 35 minutes-Préparation train », le 2 janvier 2019, « TER supprimé, prendre TER de Paris à Étampes, puis car jusqu'à Vendôme-Agent absent ». Lorsqu'elle reçoit ce genre de notifications, Nathalie prend sa voiture. Plus rapide, plus simple.

Face à la grogne légitime de ses clients, la SNCF et le conseil régional Centre-Val de Loire (qui a signé une convention avec l'entreprise ferroviaire dans le cadre d'une délégation de services) multiplient les gestes commerciaux. « À deux ou trois reprises, la SNCF m'a payé un taxi pour aller travailler, car je suis quasiment la seule à descendre à mon arrêt », poursuit Nathalie. Une partie de son abonnement est également remboursée : « Depuis deux ans, j'ai eu à deux ou trois reprises une

1. Le prénom a été modifié.

remise de 30 % (sur 116 euros). C'est appréciable. » Comme dans d'autres régions, le Centre-Val de Loire a fixé des objectifs à la SNCF qui est pénalisée (jusqu'à deux millions d'euros) si elle ne tient pas ses engagements. Plus globalement, cette dégradation du service participe au sentiment d'abandon des communes. À Châteaudun, la ville de Nathalie, la fermeture de la ligne serait vécue comme l'ultime coup de poignard. Cette sous-préfecture de quinze mille habitants a déjà connu la mort de ses usines, la fermeture de la base militaire, de la maternité, la création d'une ligne TGV à dix kilomètres de là (mais qui ne s'arrête pas). « C'est très symbolique, témoigne un habitant. Le rail est le dernier élément qui relie la ville à Paris. »

Si l'on dézoome, le sentiment que le rail français est en souffrance se confirme. La part modale du train – c'est-à-dire par rapport à la voiture, aux autocars, à l'avion… – a baissé tous les ans entre 2010 et 2016. En 2017, elle s'est améliorée (10 % du trafic voyageurs), mais la tendance reste fragile. Le service ferroviaire est un tout. Un train qui arrive à l'heure, c'est redonner confiance dans le chemin de fer.

Au sein du groupe ferroviaire, le taux de satisfaction des passagers est un sujet sensible, sur lequel la SNCF réalise mensuellement des enquêtes clients qui ne sont pas publiées. Un voyageur français est-il un voyageur heureux ? Aime-t-il son train ? Selon un tableau de bord confidentiel[1], la note d'opinion sur la SNCF en septembre 2018 était de 5,4 sur 10, à peine la moyenne (elle était tombée à 4,7 en avril, au moment des grèves). « La

1. Tableau de bord du groupe SNCF, octobre 2018.

courbe est en dents de scie, commente un cadre de la SNCF. Une grève, ça plombe l'image, puis ça remonte. » Je t'aime moi non plus. En revanche, lorsqu'on demande aux voyageurs de noter la « compétitivité » de la compagnie nationale, les indicateurs virent carrément au rouge. Question posée : « La SNCF a-t-elle des trains qui partent et arrivent à l'heure ? » Note : 4 sur 10. Par ailleurs, le groupe ferroviaire est considéré comme l'une des entreprises les moins fiables du service public : seuls 46 % des Français la jugent « performante », derrière Air France, La Poste, EDF, les hôpitaux, la police nationale... et la RATP. « C'est normal, souligne un responsable de la maison. Lorsqu'il y a un incident, cela a un effet immédiat. Vous savez si vous partez ou pas à l'heure. Alors que lorsqu'un courrier arrive avec retard, vous ne vous en apercevez pas sauf à de rares exceptions. C'est généralement indolore. Vous ignorez que vous avez été lésé. » Selon ce baromètre, le taux de satisfaction « client » (à la suite des expériences des douze derniers mois) est revenu à un niveau stable (70 %) après s'être effondré au moment des grèves (62 %)[1].

La ponctualité (retards) et la régularité (annulations) sont les deux critères qui font varier le plus sensiblement la perception que les usagers ont du train. En raison d'indicateurs très disparates, il est hasardeux de comparer les niveaux de ponctualité en Europe. Cependant, d'après une statistique récente[2], la France est le pays où le taux de satisfaction est l'un des plus faibles (antépénultième place derrière la Bulgarie et la Roumanie) et où le taux d'insatisfaction se situe au niveau le plus élevé (49 %),

1. Tableau de bord du groupe SNCF, octobre 2018.
2. Eurobaromètre, Commission européenne, 2018.

devant l'Italie, l'Espagne, l'Autriche, la Lettonie... Le train français remporte aussi la palme du mécontentement en matière d'information des voyageurs.

Selon l'Arafer[1], autorité publique indépendante, sorte de gendarme du rail, quatre cent quatre-vingts trains ont été annulés[2] par jour en 2017 sur une moyenne de 15 000. Un nombre conséquent, mais moins important qu'en 2016, où il y avait eu davantage de mouvements sociaux. Plus de la moitié des trains déprogrammés en France l'ont été au détriment des banlieusards parisiens, les RER A et B étant les plus touchés. Pas anodin. La ligne A reste la plus fréquentée d'Europe avec plus d'un million de passagers par jour. « Le *mass transit* a pris vingt ans de retard, tranche un ancien ingénieur. Tout a vieilli. » Concernant les TGV, les seules pannes de la gare Montparnasse de l'été 2017 – nous y reviendrons plus loin – ont entraîné un nombre record d'annulations de dernière minute. Sur les mille TGV annulés en 2017, six cent cinquante l'ont été pendant les deux grandes crises de « M la Maudite ».

Concernant la ponctualité, en étudiant les méthodes de calcul de la SNCF, l'Arafer a fait une étonnante découverte. La règle veut qu'un train soit considéré en retard au-delà de cinq minutes. Le seuil fixé par la SNCF était jusqu'alors à cinq minutes et cinquante-neuf secondes, une interprétation maximaliste du « taux de retard à cinq minutes ». Désormais, l'Arafer retient le temps de cinq minutes et zéro seconde. « On préconise

1. Autorité de régulation des activités ferroviaires et routières.

2. Cela comprend des trains supprimés avant le seuil de J-1 à 16 heures (dits « déprogrammés ») et après (dits « annulés à la dernière minute »).

que cela soit clair aussi pour la SNCF[1] », gronde Bernard Roman, patron du « gendarme du rail ». Ces cinquante-neuf secondes dégradent des statistiques déjà peu flatteuses. En 2017, 13 % des trains ont été comptabilisés en retard contre 11 % avec l'ancien mode de calcul. Au total, plus de 30 millions de clients de la grande vitesse (sur 138 millions) sont parvenus à destination avec plus de cinq minutes de retard.

Pour se rapprocher du « ressenti » des usagers, l'autorité de contrôle s'est aussi attachée à identifier les retards en fonction des heures de la journée. De bons résultats globaux peuvent cacher de sérieuses défaillances, en particulier aux heures de pointe. Ces quelques minutes qui peuvent faire rater un rendez-vous, décaler un emploi du temps pour toute la journée... Tendance confirmée. Les TER enregistrent ainsi plus de retard entre 17 et 19 heures (+ 2 %). Dans le Transilien[2], au moment de partir au travail (entre 7 et 9 heures du matin) et de revenir (17 et 21 heures), les minutes perdues augmentent de moitié, ce qui porte le taux de retard à 18 % ! « Ça veut dire qu'un jour par semaine on arrive en retard au boulot[3] », souligne Bernard Roman. Les TGV manquent particulièrement de ponctualité le vendredi soir. Le jour où les passagers partent en week-end. Dès qu'il y a foule, le train chavire.

Les statistiques montrent une inégalité des voyageurs face à la ponctualité selon la Région où ils vivent et leurs

1. Conférence de presse, Arafer, 11 décembre 2018.
2. Réseau de trains de banlieue de la SNCF qui dessert principalement les gares d'Île-de-France.
3. Conférence de presse, Arafer, 11 décembre 2018.

itinéraires. Mieux vaut éviter la gare Saint-Charles de Marseille. Neuf des quinze pires liaisons TER de France passent par la cité phocéenne, où il n'y a pas que les immeubles qui s'effondrent mais aussi le sens du service public. Près de la moitié des trains qui parcourent les 87 kilomètres de la ligne Marseille-Hyères circulent avec un retard de plus de cinq minutes. En remontant vers le nord, les TER qui desservent la gare de Lyon Part-Dieu figurent aussi dans le top 15 des pires lignes de France (6 liaisons concernées, dont Aix-les-Bains-Le Revard-Lyon Part-Dieu). On déconseille également de monter à bord de l'Intercités entre Tours et Paris-Austerlitz qui affiche une probabilité de retard de 70 % pour seulement 4 circulations par jour. Tout comme le TGV Valence-Paris gare de Lyon, qui est le TGV le plus en retard de France (70 %). Sur le plan national, la région PACA est de loin la moins ponctuelle. Ce bastion de la CGT a le débrayage facile : « On dit qu'il y a là-bas plus de jours de grève que de travail », ironise un syndicaliste concurrent. « Un ensemble de facteurs l'explique, modère Philippe Richet, vice-président de l'Arafer, ancien ministre des Collectivités territoriales sous François Fillon, ex-président de la Région Grand-Est. Faire rouler des trains en Alsace, c'est plus facile, il y a moins de relief que dans le Sud-Est. La fréquence des trains plus élevée, la qualité du matériel roulant, tout cela a également une incidence. »

La SNCF a mis en place sur son site internet une rubrique[1] qui est la météo de la régularité du trafic. Les données disparaissent chaque jour et ne sont pas

1. https://www.sncf.com/fr/engagements/transparence/info-regularite

archivées. Les mauvais souvenirs sont vite effacés. Le 16 janvier 2019, par exemple, trois tableaux (réseau Transilien, TER, TGV) : un accident de personne, une opération de déminage sur les lignes RER N et U, un acte de vandalisme, une panne de train de marchandises, l'avarie d'un passage à niveau, des rails fissurés sur les TER de la Région Auvergne-Rhône-Alpes, des personnes sur la voie à Valence-TGV, une panne d'un train à Miribel, un incident caténaire à Brétigny, un autre à Castelsarrasin, une panne de train à Marseille, le heurt d'un sanglier à Toulouse, des travaux de modernisation entre Toulouse et Bayonne (pas de circulation), une déformation de la voie au Mans, une attente à Argentan pour permettre une correspondance, une panne de signalisation provoquée par un acte de vandalisme à Toulouse.

En moyenne, un peu plus de la moitié des incidents sont imputables à l'entreprise, l'autre relève de causes extérieures[1]. En 2015, des trains étaient supprimés car il manquait mille conducteurs qu'il a fallu former en urgence. Une situation exceptionnelle due à une erreur de gestion prévisionnelle des carrières… dans une entreprise de 150 000 cheminots. La plupart des dysfonctionnements sont plus banals. En effet, en la matière, il existe une saisonnalité. À l'automne, au moment de l'ouverture de la chasse, les gibiers sèment la zizanie sur le réseau. Dès qu'un animal est repéré (plus de 1 000 en 2015), le trafic s'arrête. Le 7 novembre 2018, le heurt d'un sanglier à Marolles (Seine-et-Marne) a entraîné à lui seul le retard de trente-cinq TGV. Deux

1. « Le marché français du transport ferroviaire de voyageurs », Arafer, 2017.

jours plus tôt, la divagation d'une vache sur la ligne Paris-Deauville a bloqué le train. L'automne s'accompagne aussi de la chute des feuilles : c'est la saison des « rails glissants ». Une sorte de pâte végétale graisseuse, mélange de feuilles mortes écrasées par les roues et d'humidité, s'accumule sur les rails et réduit l'adhérence des roues. Ce verglas ferroviaire fait l'objet de programmes spéciaux de la SNCF (logiciels ABS, nettoyage du rail...), mais rien n'y fait. Les roues continuent à patiner. Le 7 novembre 2018, cet aléa naturel a ainsi contraint cinquante-six trains à ralentir dans les Hauts-de-France, vingt-six en Normandie, dix-huit en Occitanie, cinq en Bourgogne, huit en Bretagne, vingt-deux en Centre-Val de Loire. Une hécatombe. Il faut aussi prendre en compte les chutes d'arbres, les mauvaises conditions météo et le climat social (grèves), les « accidents de personne », les malveillances, les interventions de police pour des motifs divers (passager sans billet, menaçant, exhibitionniste...).

L'autre moitié des retards est du ressort de la SNCF, de ses hommes et de son matériel. Il s'agit de motifs « maîtrisables », sur lesquels l'entreprise est censée pouvoir agir. Là aussi, l'inventaire à la Prévert est vertigineux. Ils sont regroupés dans plusieurs catégories : ce qui est imputable aux entreprises ferroviaires (qui font rouler les trains) et au gestionnaire d'infrastructure (qui gère, entretient et exploite le réseau). Pour le premier, le matériel (locomotive, wagons, voitures de voyageurs...) est très souvent en cause, ainsi que les agents qui le préparent, conduisent... Pour le second sont pointées les défaillances de l'infrastructure, ralentissements dus aux chantiers, dysfonctionnements de signalisation...

Un rapport rédigé par des experts internationaux[1] sur le sujet a été rendu mi-2017. Son diagnostic révèle des problèmes structurels, liés à l'organisation même du groupe ferroviaire et de sa gouvernance. « Le respect de l'horaire à la minute près devrait être un objectif professionnel commun à tous [...]. Les organisations ont besoin de piliers. Ces piliers doivent être définis par les présidents et leur comité exécutif. » Cet impératif de ponctualité ne semble pas totalement partagé par tous, alors qu'il n'est pas neutre économiquement : « Tout manque de robustesse génère des retards et a donc un coût : pour le client, le système ferroviaire, et la collectivité nationale ou régionale. Ce n'est pas un sujet mineur. Le comité a constaté lors de ses entretiens que la conscience, parmi les dirigeants, du coût de la minute perdue était peu, voire pas présente. » Selon l'Autorité de la qualité de service dans les transports (AQST)[2], ces minutes perdues coûteraient 1,5 milliard par an à la SNCF.

Début 2018, la SNCF a lancé le programme H00 (pour rappeler à l'ensemble des équipes le strict respect du départ à la seconde) et First (pour fiabiliser l'information des clients). La révolution technique et culturelle a-t-elle eu lieu ? Selon un nouveau rapport du même comité d'experts[3], rédigé fin 2018, le bilan

1. « À la reconquête de la robustesse des services ferroviaires », rapport établi par un comité d'experts ferroviaires, à la demande de Guillaume Pepy et Patrick Jeantet, 7 juillet 2017.

2. Il s'agit d'une autorité qui dépend du ministère de l'Écologie, du Développement durable et de l'Énergie.

3. Jacques Damas, Yves Ramette, Yves Putallaz, Rapport d'étape des programmes H00 et First, décembre 2018.

est mitigé : l'effort est engagé, mais encore insuffisant. Avec des effets de balancier du nord au sud. Le TGV Nord a ainsi perdu trois points de ponctualité par rapport à 2017, alors que le TER Côte d'Azur en a gagné trois. Une petite satisfaction car PACA est l'une des Régions, comme nous l'avons vu, où le service est le plus dégradé. Selon les premiers retours d'expérience, la volonté de départ à l'heure – objectif principal du programme H00 – n'est pas suffisante pour gagner en ponctualité : « Il y a tout ce qui peut arriver après, en aval, précise un spécialiste. Il y a les limitations de vitesse, les difficultés de circulation dans les zones très urbanisées, des dépassements de temps de stationnement des trains… » On s'en serait douté : la principale préoccupation des clients est d'arriver à l'heure. Pourtant, sur le terrain, l'initiative paraît faire consensus, correspondre à une forme de « fierté du service bien fait », mais elle se réalise « en ordre dispersé ». « C'est un phénomène typique de la SNCF, analyse un observateur. On fait des séminaires et au bout de trois mois il n'y a plus rien. Le plus dur est de passer d'un plan d'action, de mobilisations "coup de poing", à un vrai programme qui aura des effets à long terme. » Ainsi va la vie de la SNCF, de rapports en programmes. Pour 2019, la direction a donc fixé un nouvel objectif de 90 % de départ à l'heure, qui ne paraît « ni réaliste, ni fondé », tant les situations sont variées. Ce rapport pointe également l'absence de feuille de route claire et partagée, de cohérence d'action entre services, et un management trop centralisé… Après les programmes H00 et First, la SNCF a imaginé, moins de douze mois plus tard, « Rebond Régularité », à destination des seuls TGV dont la ponctualité ne cesse de baisser depuis 2014. Le jeudi 31 janvier 2019, Rachel Picard, patronne de Voyages SNCF, assure dans le quotidien *Les Échos* que la fiabilité des horaires du TGV devient une « priorité absolue ». Parmi les causes avancées des retards, l'augmentation du trafic (!), les bagages abandonnés, les heurts de sangliers, la neige en février… La direction entend « responsabiliser les équipes » qui font partir les premiers trains de la journée pour éviter l'effet domino qui perturbe tout le réseau. Mais n'était-ce pas déjà le but de H00 ? De belles intentions, avec une tendance un peu fâcheuse à laisser croire que c'est toujours un peu la faute des passagers (et des animaux). Le jour même, patatras ! Un TGV Paris-Lille met plus de six heures pour effectuer le trajet à la suite d'un problème sur le système de freinage, selon les dernières informations livrées par la SNCF. Cette dernière avait tout d'abord mis en cause les chutes de neige. Des passagers ont reçu des SMS de la SNCF leur indiquant une défaillance d'aiguillage. Le programme First, souvenez-vous de celui en direction de l'information clients, n'a visiblement pas encore produit tous ses effets. « À défaut de prendre le dernier métro à Lille que nous redoutions de rater, raconte Olivier V.[1], nous avons pris le premier. Notre train est parti de la gare du Nord à 22 h 15 et nous sommes arrivés peu avant 6 heures. » Sur les réseaux sociaux, les passagers décrivent un cauchemar : chauffage en panne, manque d'eau, femmes enceintes en panique, fumeurs qui craquent et allument une cigarette dans la rame… Olivier V. est un abonné. Il paie 678 euros par mois pour voyager sans limites au tarif de 1,50 euro le billet.

1. Échange avec l'un des auteurs, 1er février 2019.

« Pour les abonnés, le dédommagement est une vraie arnaque. Un client lambda obtient le remboursement de 30 % de son billet au-delà de trente minutes de retard, s'emporte-t-il, moi on me donne des bons de 5 euros que je ne peux utiliser que pour acheter des billets. Ces "cadeaux" ne sont pas valables pour payer l'abonnement. Autant vous dire qu'avec le nombre de retards que j'ai subis cette semaine je vais pouvoir m'acheter des billets à 1,50 euro pendant plus de deux mois. C'est scandaleux. » Professeur à la Sorbonne, spécialiste du contrôle de gestion, Olivier V. ne décolère pas. « Des toilettes fermées, celles qui sont ouvertes dégagent des odeurs à réveiller un mort, des contrôleurs dépassés incapables de prendre la parole en raison de l'incompétence de leur hiérarchie, c'est le quotidien d'un "grand voyageur". » Il poursuit : « En Ouigo, avec un billet à 12 euros au lieu de 10 euros, vous êtes assuré d'avoir une prise, dans un TGV Inoui à 68 euros, elle fonctionne une fois sur deux. C'est à pleurer. » Olivier V., dans son Lille-Paris, n'est pas le seul à avoir maudit la SNCF ce jeudi 31 janvier 2019.

Une note interne[1] que les auteurs ont pu consulter décrit la « semaine du lundi 28 janvier au dimanche 3 février 2019 comme la première semaine "noire" de l'année tellement les crises d'ampleur se sont succédé sans donner de répit aux opérationnels. Succession de trains de naufragés par suite de la tempête Gabriel, et ce malgré les consignes préventives ; succession d'incidents caténaires, à Aulnay-s/s-Bois, Paris-Montparnasse (épisode 4) et la Ligne 1 (à plusieurs reprises sur le

1. Note hebdo, semaine du lundi 28 janvier au dimanche 3 février 2019.

secteur Meaux-Château-Thierry), pour ne citer que les plus significatifs… La semaine s'achève enfin par deux incidents sur la LGV Nord qui tous deux écornent notre image l'un auprès des médias (transbordement du TGV 7097) et l'autre auprès de décideurs nationaux (détresse TGV 7515) ». Agacé, le rédacteur de la note relève deux points névralgiques : « Le poste 5 de Vaires : stratégique sur le réseau Est, il en est à son nième incident avec un nouveau "shutdown" informatique. Ce poste suscite de l'inquiétude… » Et les travaux sur le trajet de l'Eurostar. « Une situation de crise se répète presque tous les soirs entre les derniers retours de Grande-Bretagne et les travaux sévérisés[1]. Les arbitrages rendus dans l'urgence […] ne peuvent être qu'insatisfaisants. Le bilan de la semaine s'élève à 490 000 minutes perdues, dont 70 000 pour les intempéries (plus de 4 000 trains affectés). » La tempête Gabriel, phénomène exceptionnel, explique donc une partie de ces perturbations. Une partie seulement.

La même semaine, la gare Montparnasse sombre dans le chaos. Un premier incident électrique dans la matinée, puis un deuxième… des voyageurs qui descendent sur les voies, un troisième incident… La SNCF « invite à annuler ou reporter le voyage ». Au total, vingt mille passagers en galère. Circonstance aggravante : il s'agit du quatrième épisode en deux ans. Le feuilleton a démarré au cours de l'été 2017.

1. C'est-à-dire prioritaires ou sensibles.

2

M la Maudite

Dans les haut-parleurs, la voix de l'hôtesse, fébrile, annonce la mauvaise nouvelle. « La reprise des circulations n'est toujours pas effective. » Dimanche 30 juillet 2017, week-end de chassé-croisé à la gare Paris-Montparnasse, qui dessert notamment la Bretagne et le Sud-Ouest. Depuis le matin, plus aucun train ne circule. Assis sur leurs valises, la tête levée vers les écrans d'information, des milliers de voyageurs trépignent, soupirent, s'exaspèrent. Hagards, ils vont et viennent. Sans but. Avec agacement. Les parents tentent de contenir les enfants, casquette vissée sur le crâne. Certains passagers somnolent à même le sol, la tête sur leur sac à dos, écouteurs sur les oreilles. Des TGV sont déroutés vers Austerlitz, d'autres vers Massy-Palaiseau. D'autres sont annoncés avec plusieurs heures de retard ou purement et simplement supprimés. « Un dérangement d'installation exceptionnel », annonce la SNCF sur son compte Twitter. La compagnie conseille à ses clients de reporter leur voyage. Sur les trente-deux mille personnes qui devaient prendre leur train ce jour-là, plus de cinq mille ne partiront pas. La panne n'est pas identifiée. L'information des voyageurs est calamiteuse. Contradictoire, imprécise. Par avance, la SNCF présente ses excuses à ses usagers pour ces « moments difficiles ».

Acte I, juillet 2017

La gare Montparnasse, qui a déménagé à plusieurs reprises dans le quartier[1], a la particularité d'être la seule à Paris à ne pas disposer d'un bâtiment historique. Avec sa façade vitrée, la quatrième gare française en termes de trafic (derrière la gare du Nord, la gare de Lyon et Saint-Lazare) pourrait incarner la modernité. Ce jour-là, elle est en souffrance. Une bête blessée. La source du problème viendrait d'un « dérangement » sur le poste de Vanves-Malakoff à la sortie de la gare. Un site stratégique. Géré depuis Montparnasse, il commande l'ensemble des aiguillages et signaux qui permettent l'accès aux voies. Sans lui, la gare est sourde et aveugle. Pendant trois jours, une quarantaine de techniciens de SNCF Réseau, l'établissement chargé de la maintenance dans le groupe, se relaient et cherchent à identifier la panne. Plus de quinze cents câbles sont vérifiés, un par un, le long de la voie et dans les postes d'aiguillage. Pendant ce temps, la colère gronde. Samedi, dimanche, lundi. Des TGV sont déportés vers Saint-Lazare, d'autres supprimés. Seul le trafic RER et TER reprend

1. Cinq gares se sont succédé depuis 1840. De l'embarcadère du Maine à la gare construite boulevard du Montparnasse avec l'ajout de deux annexes (Maine Départ et Arrivée). Une nouvelle gare a été aménagée en 1969 (au moment de la transformation en quartier d'affaires) jusqu'à une restructuration pour accueillir les TGV en 1989.

progressivement. Les réseaux sociaux font des ravages. Le SNCF-bashing remporte un franc succès : « Et si on parlait de la démission de Pepy ? » écrit un internaute sur le site du *Parisien-Aujourd'hui en France*. « Merci la SNCF. Des semaines que j'attends ce voyage pour avoir une soirée en amoureux », écrit une jeune femme sur Twitter. Des militaires qui ne peuvent pas rentrer dans leur caserne. Des vacanciers qui ne peuvent rejoindre leur location et envisagent d'annuler leur séjour.

Le 1er août, à 6 h 12, après trois jours de recherche, nouveau message de la SNCF : « Panne identifiée. Défaut d'isolement sur une installation électrique. Réparation en cours. » Il faudra encore quelques heures pour que le trafic reprenne normalement. Face à la grogne, sous un soleil de plomb, le pouvoir politique sort le parapluie. Élisabeth Borne, ministre des Transports, qui a passé sept ans à la SNCF, juge que la situation n'est pas « satisfaisante » et demande illico un rapport. Benjamin Griveaux, alors secrétaire d'État auprès du ministère de l'Économie, renchérit : « Cent mille personnes voyageaient sur ces lignes depuis quarante-huit heures, sept mille n'ont pas pu trouver de solution. C'est évidemment inconcevable et pas acceptable pendant ces périodes de vacances. » Une note interne de la SNCF que nous nous sommes procurée pointe une « désorganisation profonde » et une « perte de maîtrise de la production à tous les niveaux » : « Dans ce contexte très dégradé, l'information voyageurs a été particulièrement défaillante et n'a pas permis de fournir aux clients l'information de base dont ils avaient besoin. » Dans l'urgence, il a même fallu déclencher un plan de réquisition des taxis entre Montparnasse et Austerlitz. L'audit est rendu public quelques jours plus tard. En pleine torpeur estivale, il passe inaperçu. Schémas en couleur, chronologie des faits, détails techniques... À la lecture de ces vingt-huit pages, rien ne semble être passé sous silence.

Le poste de Vanves d'où est partie l'avarie est longuement décrit. Des photos montrent des armoires bourrées de câbles multicolores, de boîtiers électriques alignés. « Dix-sept rangées de châssis » et « 6 900 composants » ont été auscultés la première nuit pour tenter de détecter le défaut d'isolement du circuit électrique. Aucun détail n'est épargné au lecteur. Sous couvert de transparence, cet excès de précision technique noie le profane plus sûrement qu'il ne l'informe. Une stratégie récurrente. Le site *open data* de la SNCF regorge lui aussi d'informations et de statistiques en tout genre (par exemple, la carte de restauration des bars TGV, la note de propreté des gares...), mais rien n'est classé ni exploitable[1]. Ce jour-là, à Montparnasse, trouver la faille est primordial. Ce faux contact peut avoir pour conséquence de mettre au vert un feu censé rester au rouge. Risque de collision assuré. Selon le rapport de la SNCF, un défaut d'isolement était apparu dès la veille au soir. Mais les premières vérifications n'avaient pas permis d'en détecter la cause. Ni les contrôles du samedi, ni ceux du dimanche. Certaines recherches des techniciens déclenchent même des « dérangements » supplémentaires. Le trafic doit être régulièrement interrompu afin d'effectuer des tests. Autant de trains qu'il faut dérouter ou annuler. Kafkaïen. Si l'origine de la panne a finalement été détectée le lundi matin, c'est que la première inspection de l'appareil dans la nuit de samedi

1. http://data.sncf.com

à dimanche avait été superficielle, faute de temps. Il proviendrait d'une « connexion entre les installations de signalisation et une installation de communication ». Ce branchement avait été effectué trois semaines plus tôt par une équipe de SNCF Réseau effectuant des travaux sur le poste de Vanves en lien avec la nouvelle ligne TGV Atlantique. Selon une source interne de la SNCF, ces agents sont intervenus sans faire remonter l'information. Le rapport ne fait pas état de cette erreur. Il se contente de recommander de « mieux organiser la traçabilité des interventions et leur partage entre les différents intervenants ». Il faut savoir lire entre les lignes.

Cette méga-panne s'est accompagnée d'une information des voyageurs tout aussi défaillante. Et pour cause : les panneaux d'affichage en gare et les systèmes d'annonce sonore, l'application SNCF, les gilets rouges et les services de vente à distance n'avaient pas tous les mêmes données. Certains trains annulés étaient toujours affichés partant, d'autres étaient annoncés au départ mais pas à la bonne gare ! Les programmes informatiques sont séparés et différents selon les types de produits. « J'ai passé la journée à attendre un train, il était régulièrement affiché, mais n'est jamais parti, raconte un des naufragés. On écoutait la radio qui annonçait un train sur trois à Montparnasse. Je n'en ai jamais vu la couleur. » Frustrant. « Une catastrophe absolue », soupire un haut dirigeant. Le rapport confirme « l'absence d'une base de données unique de production pour la gestion de l'ensemble de l'information voyageurs », mais aussi des « technologies anciennes non adaptées ». L'harmonisation est en cours. Pour se faire pardonner, la SNCF a pris des « mesures de dédommagement exceptionnelles » et a remboursé un grand nombre de billets. La loi des séries est implacable.

Acte II, décembre 2017

Cinq mois plus tard, le dimanche 3 décembre 2017, même gare, même scène. Un incident de signalisation paralyse Montparnasse. Plus aucun train ne circule. Il s'agit cette fois d'une « perte de télécommande des installations de sécurité ». Une nouvelle fois, il est conseillé aux voyageurs de reporter leur voyage. La pagaille est massive. Ce jour-là, seuls soixante-quinze TGV sur deux cent cinquante circulent. Un responsable de la SNCF explique aux micros tendus par la presse que cette super-panne s'est produite à la suite d'une « nouvelle configuration des voies de Montparnasse », qui avait « pour objectif d'accroître les possibilités de circulation ». L'histoire se répète : le problème survient dans le cadre de la mise en place de la ligne grande vitesse (LGV) vers Bordeaux. Selon un refrain bien connu, la SNCF s'engage à dédommager les clients. La panne de trop ? La ministre des Transports, Élisabeth Borne, se rend sur place pour exprimer sa « solidarité » avec les voyageurs. Si le bouleversement du trafic a été mieux maîtrisé (« mise en place immédiate d'un plan de remplacement »), elle juge que « ce nouvel incident est inacceptable, quelques mois seulement après celui de juillet et alors que ces travaux étaient prévus de longue date ». Elle « convoque » (*sic*) Patrick Jeantet, président de SNCF Réseau, pour qu'il vienne expliquer « les raisons de ce nouvel incident et les mesures qu'il propose pour en tirer les conséquences ». La ministre est d'autant plus courroucée qu'elle avait demandé un point d'étape à la suite de la panne géante de l'été 2017. Celui-ci s'était tenu… douze jours plus tôt, en présence de Guillaume Pepy. Plusieurs chantiers avaient alors été évoqués afin de « limiter l'impact des incidents » et « mieux informer les voyageurs ». Un programme « Rob. In » (pour robustesse et information) avait été annoncé afin d'« apporter des améliorations visibles pour les clients d'ici un an ». Cent cinquante millions d'euros investis entre 2018 et 2020 annoncés à grand renfort de communication. Des promesses anéanties en une journée.

La saison 2 de Montparnasse la Maudite se poursuit. La ministre hausse le ton. Elle demande « d'ici la fin de la semaine une nouvelle organisation et un nouveau management de la gestion des grands travaux de l'ingénierie ». Si la nature de l'incident est différente – elle relève cette fois d'un dysfonctionnement informatique –, le contexte est le même : les travaux de modernisation de la gare pour répondre à l'accroissement du trafic. Tout se passe comme si la SNCF était incapable de répondre à des défis pourtant largement anticipés : moderniser les équipements afin de permettre à davantage de trains de circuler en toute sécurité. Huit jours plus tard, une panne de courant plonge Montparnasse dans le noir. Plus d'affichage, nouvelles perturbations. Cette fois-ci, l'origine en serait un incendie dans l'alimentation de la centrale électrique de la gare.

Guillaume Pepy, président du directoire SNCF, toujours prompt à revêtir son gilet rouge en temps de crise, se fait discret lors de ces derniers incidents. Pour beaucoup dans l'entreprise, celui qui la dirige depuis plus de dix ans n'est pas étranger aux choix stratégiques qui ont mené la société nationale vers plus de marketing et moins de technologie. Selon ses détracteurs, cela s'est réalisé au détriment de l'ingénierie et de la première mission de la compagnie : faire partir et arriver des trains à l'heure. Du côté du gouvernement, même flottement. Quelle est la feuille de route ? Quels sont les choix stratégiques ? Pour marquer le coup, un mois après cette nouvelle super-panne, la ministre convoque les dirigeants de la SNCF pour une « réunion de travail ». Entre-temps, d'autres gares ont en effet été proches du black-out. L'avant-veille de Noël, le 23 décembre 2017, Bercy et Austerlitz ont subi un engorgement tel que des passagers n'ont pas pu accéder à leur train. « Un pic de fréquentation historique », a plaidé la SNCF. Surbooking scandaleux, ont rétorqué les clients. Trois jours plus tard, c'est Saint-Lazare qui est frappée avec une interruption totale pendant plus de deux heures en raison d'un défaut d'alimentation. Deux mille cinq cents personnes affectées par l'incident. La SNCF met en avant l'important volume de travaux en cours, notamment en région parisienne, qui « crée nécessairement des fragilités ». 2017, *annus horribilis*. Dans les journaux, on annonce le départ de Guillaume Pepy, qui pourrait être l'ultime victime de ces pannes à répétition. Il fait savoir qu'il met son mandat « à la disposition du gouvernement[1] ». Édouard Philippe, Premier ministre, met fin au suspense. Il faut dire qu'il n'a pas franchement de plan B. Le 3 janvier, il évacue l'idée de son départ et apporte son soutien au président du directoire de la SNCF. Élisabeth Borne annonce 5,2 milliards en 2018 pour l'entretien et la régénération du réseau, « soit

1. *Le Parisien-Aujourd'hui en France*, 29 décembre 2017.

près du double d'il y a dix ans ». Guillaume Pepy a une nouvelle fois sauvé sa tête.

Dans la foulée, un « M. Montparnasse » est nommé pour remettre de l'ordre dans la maison. Serge Wolf, trente-huit ans de service à la SNCF, directeur exploitation et sécurité, s'emploie à visiter tous les étages. Entré comme apprenti dans l'entreprise, il en a gravi tous les échelons. Sa légitimité de « terrain » lui donne les coudées franches pour mener une véritable mission commando. Il a l'autorité pour ne pas avoir à rendre compte aux chefs et sous-chefs qui peuplent le site. « Sur les échelles d'évaluation interne, la gare a gagné dix points d'amélioration en trois, quatre mois », rapporte un conseiller du groupe. Mais l'expérience a ses limites. Si la situation s'est redressée à Montparnasse, elle reste médiocre à l'autre bout de la ligne, à Bordeaux, où la ponctualité ne progresse pas. Autant dire que le ressenti du passager demeure inchangé. Un véritable tonneau des Danaïdes. Faut-il envoyer un nouveau Superman ? Ou traiter les problèmes de fond ? « Cela ne peut être que transitoire et exceptionnel », analyse un cadre.

Acte III, juillet 2018

Il ne croit pas si bien dire. Sept mois après ces annonces, rebelote, une nouvelle panne. Vendredi 27 juillet 2018, jour de chassé-croisé estival, un incendie sur un transformateur électrique à Issy-les-Moulineaux prive de courant la gare Montparnasse. Du jamais vu. Forte de l'expérience de l'été précédent, la SNCF réussit à faire circuler 80 % des TGV le jour de l'incident, mais avec des retards de trois à quatre heures.

Paradoxalement, plus les jours passent, moins les trains circulent. Le technicentre de Châtillon, qui s'occupe de la maintenance des TGV Atlantique, dépend lui aussi de ce seul et même poste. Les trains ne peuvent être remis en circulation faute de révision. Les voyageurs reçoivent des SMS d'information. Des bouteilles d'eau minérale sont distribuées. Au total, cent mille passagers dans la galère. Il faudra près d'une semaine pour que le trafic revienne complètement à la normale. Coût pour la SNCF : 11 millions d'euros, dont 8 pour dédommager les voyageurs. L'incendie qui s'est déroulé dans le poste d'Issy-les-Moulineaux a été d'une ampleur exceptionnelle : tout a été détruit.

Une mission d'enquête sur les conditions d'alimentation de la gare est lancée. Elle permet de révéler une faille de sécurité jusqu'alors gardée sous silence : la mise sous haute tension de la gare dépend d'un seul poste d'alimentation. Aucune possibilité de s'appuyer sur une installation de secours, ce qui explique la longueur de la remise en service du trafic. À qui la faute ? Réseau de Transport d'Électricité (RTE), entreprise publique qui gère les installations, et SNCF se renvoient la balle. Le groupe ferroviaire accuse RTE de ne pas avoir su mettre en place un dispositif de substitution. RTE répond que la demande d'alimentations électriques supplémentaires doit émaner du client. La SNCF est le premier consommateur industriel d'électricité en France.

Lors d'une audition devant les sénateurs[1], François Brottes, président du directoire de RTE, et Patrick

1. Audition conjointe de M. François Brottes, président du directoire de RTE, et de M. Patrick Jeantet, P-DG de SNCF Réseau.

Jeantet, le patron de SNCF Réseau, ont joué l'apaisement. Mais ils n'ont pas totalement rassuré. Le premier a expliqué que le « schéma d'alimentation des gares date du siècle dernier » et souligné que RTE tenait les « engagements » qui le lient à SNCF. Il a confirmé qu'il n'y avait effectivement pas de deuxième poste électrique d'alimentation, mais que « la demande n'en avait pas été faite ». Plus inquiétant, il révèle que la gare de Lyon se trouve dans la même configuration. Tout comme l'aéroport d'Orly. Problème : il faut plusieurs hectares pour créer un poste supplémentaire. Comment trouver cela en zone urbaine, près de Paris ? Le coût est estimé « de 12 à 70 millions d'euros ». Le représentant de la SNCF, Patrick Jeantet, sort sa calculette, lui qui doit à la fois ne pas entraver le départ des trains à l'heure tout en rénovant le réseau : « Sur les 500 millions d'euros supplémentaires que j'ai réclamés au gouvernement, j'ai obtenu 200 millions d'euros », plaide-t-il devant les parlementaires, auxquels il avoue redouter de nouvelles galères : « Il y aura des incidents à l'avenir, mais nous voulons les minimiser. »

Samedi 18 août 2018, une nouvelle panne met à l'épreuve les clients à Montparnasse. Tous les trains à l'arrêt pendant une vingtaine de minutes. Les passagers cuisent dans leurs TGV surchauffés. Ce jour-là, les bouteilles d'eau minérale n'ont pas été sorties à temps. « Ça fait trois week-ends qu'on a des problèmes à Montparnasse, je commence à me demander s'il n'y a pas du sabotage dans l'air », raconte une vacancière sur une chaîne de télé. Des passagers qui devaient aller à Bordeaux ont dû attendre trois heures avant de partir depuis une autre gare, mais leur TGV est tombé en panne. Ils sont alors descendus en marchant sur les voies pour reprendre le métro et leur TGV à Montparnasse. Il y a des jours…

3

Le choc

Le 12 juillet 2013, le « 16 h 53 » quitte la gare d'Austerlitz à l'heure avec à son bord quelque trois cent quatre-vingt-neuf passagers. Terminus Limoges-Bénédictins à 19 h 54. Ce vendredi soir d'été, en raison des départs de grandes vacances ou du week-end du 14 Juillet, est traditionnellement l'un des plus chargés de l'année. Paris se vide. Les sept voitures du train numéro 3657 sont pleines à craquer. L'agent d'escale a « désaffiché » – selon le jargon ferroviaire – le train deux minutes avant son départ officiel pour décourager les retardataires à monter à la sauvette[1]. Le contrôleur a bien accepté quelques surréservations dans la voiture 3, où plusieurs fauteuils avaient été laissés disponibles à cet effet, mais les voyageurs sans billet ont été gentiment mais fermement refoulés. Dépités, ils assistent au départ de l'Intercités sans savoir encore qu'ils viennent d'échapper à l'un des accidents ferroviaires les plus meurtriers des trente dernières années.

1. Le récit de l'accident a été reconstitué à partir des P.-V. d'audition des différents acteurs et témoins du drame.

Le train de 16 h 53

Lorsqu'il démarre, le conducteur, Laurent C., ne peut pas imaginer que sa vie est sur le point de basculer. Il est parti après l'autorisation du chef du quai. Premier arrêt prévu : Châteauroux. C'est un cheminot expérimenté qui n'a jamais été « descendu de machine » – suspendu – depuis qu'il est entré à la SNCF en tant qu'assimilé fonctionnaire en avril 1996. Il avait 24 ans. Un parcours classique et sans faute. Après douze mois de formation, dont dix à Brive-la-Gaillarde, il a été affecté à Limoges, sa ville d'origine. Il lui a fallu douze ans pour gravir les principaux échelons de la caste des conducteurs de lignes. À 41 ans, il doit encore patienter pour décrocher son habilitation TGV, le Graal. Comme ses pairs, il a débuté dans le transport de messageries, puis de marchandises, avant de se roder sur les petites lignes passagers. Désormais il ne fait plus que du voyageur. En 2002, il a eu l'autorisation de monter sur la partie haute du train et d'approcher les câbles électriques pour effectuer de menues réparations ; en 2005, de rouler de Toulouse à Juvisy-sur-Orge, en passant par Montauban, Cahors, Brive, Limoges via Uzerche, Saint-Sulpice, La Souterraine, Châteauroux, Vierzon, Les Aubrais-Orléans. Depuis 2010, il est habilité à poursuivre sur la ligne dense reliant Juvisy à Paris-Austerlitz. Autant dire qu'il maîtrise parfaitement son itinéraire et son affaire.

Ce matin du 13 juillet, il a repris son travail après deux jours de congé. Arrivé au dépôt de Limoges à 9 h 40 pour relever un collègue en provenance de Toulouse, il est parti à 10 h 6 en direction de Paris-Austerlitz, son terminus à 13 h 22. Un problème de voie à Angerville lui a fait perdre quatre minutes sur l'horaire. À 13 h 40, il a fait une coupure jusqu'à 16 h 12. Au programme, déjeuner, sieste devant la télévision, café avec les collègues au foyer Orphéa, une résidence SNCF. La routine.

Il s'est présenté à l'escale à 16 h 12 pour son départ de 16 h 53 sur la voie 4. Lorsqu'il est arrivé sur le quai, l'agent chargé de positionner la motrice sur la voie était en train d'effectuer sa manœuvre. Selon la procédure, il l'a stationnée à cinq mètres de la première voiture. Laurent C. est alors monté dans la cabine pour déposer ses affaires et inspecter le carnet de bord. RAS. Selon un rituel bien rodé, il a ensuite confié les clefs de la machine au technicien qui a pour mission de raccrocher la rame – composée de sept voitures ce jour-là – à la locomotive. Les clefs dans la poche, ce dernier s'est assuré avant d'enclencher le moindre mouvement que le courant de 1 500 volts avait bien été coupé. Les règles sont strictes à la SNCF et la sécurité une religion. Avant le départ, le conducteur doit encore effectuer l'essai de frein avec le chef de quai. Ce 13 juillet, le système fonctionnait parfaitement bien. Il a ensuite paramétré le KVB, le contrôle de vitesse par balise, une sorte de régulateur qui prend automatiquement la main en cas d'anomalie, activant le cas échéant un freinage d'urgence. Laurent C. a programmé une vitesse maximale à 200 même s'il sait qu'il dépasse rarement les 170 kilomètres à l'heure sur ce trajet.

Au moment où le chef de quai donne le départ, il est prêt depuis quelques minutes déjà. La mise en circulation d'un train répond à un cahier des charges extrêmement précis, mécanique, reproduit à l'identique dans les quinze mille trains qui parcourent le territoire français chaque jour. Les exercices doivent être respectés à la lettre, les contrôles souvent doublés, à l'instar des pratiques du transport aérien. Lorsqu'il arrive à Brétigny, à 17 h 10, Laurent C. constate sur son application Sirius qu'il n'a pas rattrapé la minute de retard perdue à la gare Les Ardoines. Il emprunte la voie 1 qu'il aborde à 140 kilomètres à l'heure, en dessous de la vitesse maximale autorisée qui est de 150. La traversée d'une gare même sans arrêt demande une certaine concentration, il faut veiller à maintenir son allure et surtout vérifier que rien ne se trouve sur la zone dangereuse, ni objets, ni personnes. Dans le secteur, le trafic est particulièrement important avec trois cent quatre-vingt-cinq passages de trains par jour. Vers 17 heures, on en compte même sept au quart d'heure dans le sens Paris-Province (qu'ils s'arrêtent ou non) dont quatre Transiliens et trois dans le sens inverse. Une autoroute ferroviaire.

À 17 h 10, le train numéro 3657 subit un premier à-coup, un effet de traction qui ralentit sa course et le déstabilise. Puis une seconde secousse. Le conducteur pense que le pantographe, ce bras articulé qui relie le toit de la locomotive aux caténaires, les câbles d'alimentation électrique, vient de se décrocher. Il coupe immédiatement le moteur. Rapidement, il s'aperçoit qu'il ne maîtrise plus rien. L'attelage est en roue libre. Les voyants sur les tableaux de bord s'affolent. En une poignée de secondes, l'homme comprend qu'il est confronté à une situation inédite. Nouvel à-coup. À l'instant, il décide de déclencher les signaux d'alerte radio et lumineux. Il a cru entendre que la procédure d'urgence avait déjà été enclenchée. Par le chef de gare ? Un autre conducteur ? Tout à coup, il entend clairement une voix lui intimer l'ordre : « Tu coupes tout ! » C'est le conducteur du RER Dourdan-Invalides stationné sur la voie 6 qui vient de déclencher l'alerte. Il attendait tranquillement le départ de son train lorsqu'il a entendu du bruit et vu un nuage de fumée se former. Il a tout d'abord eu le réflexe de se baisser en raison du ballast projeté contre ses vitres. Ce n'est qu'en se relevant qu'il a vu le Paris-Limoges dérailler sans toutefois arrêter de rouler. Dans sa course, il arrachait les poteaux et faisait tomber les caténaires les unes après les autres. Le conducteur du RER s'est alors saisi de sa radio pour demander une coupure d'électricité tout en assistant au mouvement de panique qui emporte des voyageurs affolés dans les tunnels de la gare. Il se précipite vers le Paris-Limoges pour aider les victimes qu'il imagine déjà nombreuses.

À 17 h 10 au moment du déraillement, la conductrice du RER Paris-Dourdan est également à l'arrêt sur une autre voie. Elle vient de fermer les portes de sa rame et s'apprête à démarrer lorsqu'elle est dépassée par le Paris-Limoges. Le choc a eu lieu dans son dos. En voyant la voiture folle se coucher sur les rails, elle bloque instantanément les issues de ses voitures et demande aux passagers de rester assis car un accident grave vient de se produire. Malgré son appel au calme, ces derniers tirent les sonnettes d'alarme pour déverrouiller les accès et descendent massivement sur le quai. Résignée, elle met son gilet orange pour aller aider ses collègues. Le Paris-Limoges s'arrête enfin. Laurent C. sort la tête de la cabine. Il sait qu'il a déraillé mais ne mesure pas encore l'ampleur de la catastrophe. Dans un premier temps, il ne distingue rien si ce n'est l'ombre des caténaires pantelantes dans la poussière. Progressivement, il se rend compte qu'il a traversé et même dépassé la gare avec quatre voitures encore accrochées à sa locomotive. La dernière est couchée sur le côté droit. Le reste du convoi, composé de trois voitures, s'est disloqué, il découvre qu'une d'elles a chevauché le quai numéro 3. La scène ressemble aux images d'attentats qui ravageront l'Europe quelques années plus tard.

Mécaniquement, il revêt sa chasuble pour se protéger et descend sur la voie. Mécaniquement encore, il se dirige vers la voiture renversée sur les rails, un amas de tôle défoncée et fumante, dont les voyageurs sonnés et hagards commencent à s'extraire. Des collègues affluent. L'évacuation commence. On l'entraîne dans un bureau pour le réconforter. Avant de se laisser faire, il retourne récupérer ses effets dans sa cabine de pilotage. Son téléphone sonne sans cesse. Il rassure sa famille, ses amis, des conducteurs, des copains. Il est vivant. Il va bien. Enfin presque. On lui fait savoir rapidement qu'il doit rester sur place pour répondre aux questions des enquêteurs. Lorsque l'accident se produit, Arnaud H. se trouve dans son bureau de l'autre côté des voies par rapport au bâtiment commercial de la gare. Il expédie les affaires courantes avant de partir en week-end. Il remplace le directeur de l'Unité opérationnelle de Brétigny, le chef de gare, pendant les vacances. Il voit tout d'abord une motrice tractant quatre wagons dont le dernier est couché. À moins de cent mètres, le Téoz en provenance de Brive s'est immobilisé en freinage d'urgence. Le train Corail a quatre minutes de retard sur l'horaire. Un retard qui lui a sans doute évité de s'encastrer dans la quatrième voiture du Paris-Limoges.

Arnaud H. appelle immédiatement les pompiers et enfile des vêtements de sécurité. En découvrant la scène, il s'aperçoit que les trois wagons en roue libre ont purement et simplement dévasté les quais. Il prend quelques photos qu'il envoie au siège. Avec les pompiers, il improvise une cellule pour apporter les premiers soins à l'ensemble des passagers blessés ou désorientés, environ cinq cents personnes. Il appelle un des experts de la DSEM (Direction de la sécurité et de l'expertise métiers) car il pressent que l'accident va faire l'objet de multiples investigations. Vers 18 h 30, il fend la foule des secours pour récupérer à l'intérieur de la locomotive du 3657 la bande graphique, la boîte noire de la motrice. Les cheminots de toute l'Île-de-France, en service ou non, rejoignent la gare de Brétigny afin d'apporter leur soutien aux voyageurs ou aux équipes de secours. Parmi eux, Guillaume Pepy, le médiatique P-DG de l'entreprise. Il travaille dans son bureau du 34, avenue du Commandant-Mouchotte, dans le 14e arrondissement de Paris. Le siège de l'entreprise n'a pas encore été déménagé à la Plaine-Saint-Denis, dans le 93.

L'affaire Brétigny

Dès qu'il apprend l'accident, il saute sur une moto-taxi pour se rendre sur place au plus vite. Le P-DG, qui ne se déplace qu'à scooter, ne jure que par les deux-roues. Il est la première personnalité à arriver à Brétigny. Hormis un break de deux ans à la Sofres, Pepy est dans l'entreprise depuis près de trente ans et la dirige depuis dix ans. Jacques Rapoport, à la tête de Réseau ferré de France (RFF), ancêtre de SNCF Réseau, gestionnaire des rails, a pris l'autoroute des vacances. Il vient de dépasser Valence lorsque son bureau lui annonce la nouvelle. Son épouse le dépose à la gare

TGV. Il rejoint celle de Brétigny peu après 22 heures. Une réunion avec les familles des victimes vient de commencer. Frédéric Cuvillier, le ministre des Transports, se trouve déjà sur place. Il représente l'État, actionnaire de l'entreprise à 100 %. Le maire de Boulogne-sur-Mer rentrait dans le Pas-de-Calais lorsque son cabinet l'a prévenu. Boulevard Saint-Germain, au siège du ministère, une cellule de crise s'organise rapidement. Le chef de cabinet du ministre rassemble tout le monde dans la *war room*. Les ingénieurs de la maison, ceux de la SNCF essaient de comprendre l'origine du déraillement. Sur les écrans de télévision, les chaînes d'infos diffusent les premières images de la catastrophe. Un communiqué est envoyé à l'AFP. Chaque mot est pesé et calibré car la dépêche va donner le ton des articles du lendemain dans les journaux.

Dans les minutes qui suivent l'accident, les services de presse de l'entreprise et du ministre se répartissent les interventions télévisées. Claire Chazal, qui présente le 20 heures de TF1 en fin de semaine, veut Cuvillier sur son plateau pendant le week-end. Le Premier ministre, Jean-Marc Ayrault, et Manuel Valls, son ministre de l'Intérieur, se rendent à Brétigny le soir même. Le président de la République, François Hollande, annonce qu'il sera sur les lieux dès le lendemain. À la fin de la soirée, Frédéric Cuvillier se retrouve seul avec Guillaume Pepy dans le bar du coin, près de la gare. Ils ont pris une bière sans se remettre pour autant de leurs émotions. Guillaume Pepy, la voix et le visage de la SNCF, était livide, « profondément affecté par le bilan de la catastrophe », se souvient Frédéric Cuvillier. Stéphane Volant, le secrétaire général de l'entreprise, dans la maison depuis 1995, membre du comité exécutif, d'astreinte ce soir-là, s'est quant à lui immédiatement enfermé dans la salle de crise de la SNCF. Il était entouré de la plupart des directeurs et du patron de la communication, Christophe Fanichet. Il fallait réorganiser le trafic de l'ensemble du réseau pour éviter la paralysie générale. Aucun d'eux n'est sorti indemne de ce drame. Jacques Rapoport a quitté soudainement Réseau ferré de France trois ans après avoir été nommé à la tête de la nouvelle entité. À 63 ans, ce discret serviteur de l'État a présenté sa démission. La retraite ? Il continuera à assumer différentes missions pour l'État. En 2018, à la demande de Valérie Pécresse, la présidente de la Région Île-de-France, il conduit un rapport sur la gratuité des transports publics. Le 18 février 2016, il avait adressé une lettre laconique à son ministre de tutelle Alain Vidalies dans laquelle il explique en substance qu'ayant achevé la transformation administrative, juridique et sociale de RFF en SNCF Réseau, c'est-à-dire la création d'un établissement indépendant, il renonce à la faire fonctionner. Dans sa missive, il décrit l'entité qu'il vient de mettre en place comme « un gestionnaire d'infrastructures vieillissantes » et prévient sa tutelle que « de profondes transformations sont à conduire afin que SNCF Réseau, nouvellement créée, puisse atteindre les performances légitimement demandées par les pouvoirs publics et toutes les parties prenantes... ».

L'instruction judiciaire a débuté le jour de l'accident à 22 h 30 par l'interrogatoire du conducteur qui durera pendant plus de six heures. L'homme, encore sous le choc, vient de se soumettre à des tests toxicologiques divers et variés. Pendant des heures, il raconte par le menu les événements qui ont précédé le déraillement. Il décline son CV sans tache puis revient sur les minutes qui ont précédé son départ. Avant de monter dans la locomotive, il a vérifié l'attelage une dernière fois. Le crochet entre la cabine et la première voiture était en place, tout comme les deux conduites d'air. Les accouplements étaient reliés et les robinets en position ouverte. Le frein électropneumatique fonctionnait. Il a constaté que la rame était alimentée en énergie car l'allumage fonctionnait parfaitement dans les voitures.

À 4 h 30, il finit de relire consciencieusement les onze pages de déclarations que lui a tendues le brigadier et signe enfin le document. L'affaire Brétigny commence. Pour la SNCF, cet accident dramatique, car coûteux en vies humaines et en blessures psychologiques, constitue un tragique retour au réel. L'entreprise modèle, incarnant comme nulle autre pareille le roman national écrit depuis l'après-guerre, vacille. Le prélude d'une descente aux enfers sans précédent. Le bilan est lourd. Trente-deux blessés dont onze très grièvement et six morts. Deux passagers du train et quatre voyageurs stationnés sur un des quais. Une septième victime transportée à l'hôpital en état d'urgence absolue décédera plus tard. Deux cents personnes se déclarent en état de choc. Certaines ont subi des dégâts matériels importants, effets saccagés ou perdus. La circulation a été interrompue pendant près d'une semaine et le trafic n'a pu reprendre normalement que le 30 juillet.

Une histoire d'éclisse

En vacances dans le sud de la France, un jeune homme dort probablement très mal cette nuit-là. Il apprend la nouvelle du déraillement par un SMS moins d'une heure après le crash. Laurent W. a pris une semaine de congés. Les premiers depuis qu'il a été muté à Brétigny, en février 2013. Il est le nouveau DPX, dirigeant de proximité, responsable de la maintenance des voies. Le jeune ingénieur a intégré la SNCF en avril 2011. Une belle entreprise pour un début de carrière. Depuis qu'il a pris son nouveau job, il travaille comme un fou. Il encadre une équipe de dix-neuf personnes et est responsable de plus de trente kilomètres de voie. Le secteur de « Bret » n'est pas facile. Le vendredi soir précédant le drame, il est le dernier à avoir inspecté la zone de l'accident. Ce jour-là, il a effectué seul sa tournée de quatre kilomètres entre Brétigny et Saint-Michel-sur-Orge entre midi et 18 heures. Une portion sans danger car toute en lignes droites. Il faisait beau.

En tant qu'encadrant, Laurent W. ne fait que quelques tournées par an. Il a décroché un poste de DPX avec deux ans d'ancienneté dans l'entreprise quand ses prédécesseurs attendaient en moyenne dix ans avant de devenir chef. Ils parcouraient des centaines de kilomètres sur le ballast pour apprendre le métier. Une formation sur le terrain dont le jeune ingénieur a été dispensé. C'est son équipe qui s'en charge. La politique de recrutement a changé. Il maîtrise totalement l'informatique et les tableaux Excel, ce qui n'était pas le cas des anciens. Ce 4 juillet, il n'a rien remarqué d'anormal ou d'inquiétant sinon il l'aurait mentionné sur le carnet de maintenance. C'est ce qu'il explique aux policiers qui l'interrogent en qualité de témoin le 18 juillet suivant. « Si une tête de vis manquait, je l'aurais vu [...] s'il manquait plus de deux boulons, j'aurais demandé qu'on les remplace », affirme le jeune ingénieur devant les enquêteurs.

Un des prédécesseurs de Laurent W. a lui aussi passé une mauvaise nuit le 12 juillet 2013. À la retraite, il a quitté la région parisienne depuis plusieurs années et rompu tout lien avec l'entreprise. Mais il y a passé trente-deux ans de sa vie et pendant une dizaine d'années, il a parcouru les kilomètres de voies du secteur de Brétigny. Au cours de l'instruction, une enquêtrice est venue le visiter en province pour qu'il lui explique le métier. « Comme vous, elle voulait comprendre[1] », raconte-t-il. Ce petit homme sec aux mains épaisses a choisi en 1977 de devenir un de ces « gratte-cailloux » qui surveillent les rails. Ce travail de liberté et d'extérieur correspondait à son tempérament. Il avait un diplôme d'horticulteur mais la SNCF construisait le réseau TGV et embauchait à tour de bras. « On est beaucoup à être rentrés au même moment, poursuit-il, et on est tous partis en même temps à la retraite. J'ai commencé comme cantonnier, au bas de l'échelle. » Sa génération a emporté avec elle une partie de la mémoire de la SNCF. Un savoir-faire artisanal dans une entreprise industrielle du siècle dernier.

Parmi ses nombreux atouts, la Société des chemins de fer avait à l'époque la culture de l'apprentissage et de la promotion interne. Notre témoin a fait l'École des métiers de l'équipement de la SNCF à Noisy-le-Sec avant d'être muté à Belfort pendant deux ans pour se perfectionner. Son poste, désormais confié à de jeunes ingénieurs, il l'avait obtenu par l'expérience et la formation interne. À moins de 30 ans, l'ancien horticulteur paysagiste avait gravi six des dix échelons de sa catégorie. Pour entrer, il avait passé un test sommaire

1. Entretien avec l'un des auteurs, 24 octobre 2018.

et un entretien avec un médecin de la SNCF qui lui avait conseillé de choisir les métiers de la voie s'il voulait progresser dans la carrière de cheminot. Il fut chef de brigade avant de devenir chef d'équipe, puis DPX. En fonction du temps, de la pluie, du froid et de la densité du trafic, il savait quels appareils devaient être vérifiés. Il avait imposé à ses gars des tournées le vendredi en prévision du week-end. « Ils savaient que tout ce que je leur demandais, je l'avais fait avant eux. Ils ne pouvaient pas me la faire à l'envers. Il y a de fortes personnalités, c'est un monde d'ouvriers, un monde difficile », poursuit-il. Il raconte aussi qu'à Brétigny le terrain a une géographie particulière et qu'il fallait être attentif au dévers, l'inclinaison transversale de la voie ferrée. Plusieurs fois par an, il demandait à ses hommes d'aller sur la voie, de soulever les traverses et de combler manuellement de ballast afin de maintenir le niveau. Désormais, cette tâche est effectuée par des bourreuses automatiques contre lesquelles il a lutté à la fin de sa carrière. Il n'avait pas confiance mais a fini par se résigner un an avant son départ à la retraite. On lui disait que cela coûtait moins cher. Il ressent de la compassion pour ce jeune collègue qu'il ne connaît pas, mais qui a été confronté à « l'accident ». « Il y a une telle culture de la sécurité dans cette entreprise que cela doit être difficile à vivre. Aujourd'hui, on leur demande de gérer l'informatique, le terrain, les procédures et tout un tas de normes. Je ne sais pas si j'aurais pu continuer à un tel rythme. Nous on s'occupait de nos voies, on était dans le cambouis et les cailloux et c'était bien. » L'ancien monde.

Un accident collectif, c'est toujours une somme de hasards, de contretemps, de petites erreurs humaines et de négligences qui conduisent à des drames personnels immenses. Morgane Blondy, 27 ans, fan de basket, vedette du club de Landouge dans la périphérie de Limoges, Jean-Daniel Germiquet, 64 ans, géologue, Vincent Cramard, 23 ans, surveillant du lycée J.-P.-Timbaud à Brétigny, Brandon Bondot, 19 ans, footballeur de talent, Geneviève, 81 ans, et son mari Marc Fischer, 82 ans, qui se rendaient à Ingre dans le Loiret pour visiter leur dernier arrière-petit-fils, et Régine Janot, 66 ans, ont perdu la vie dans le déraillement du Paris-Limoges. Morgane et Dan écrasés à l'intérieur de la rame, les autres percutés à l'extérieur. Régine a succombé le 28 juillet d'une embolie pulmonaire. Hospitalisée après l'accident, elle n'est jamais retournée chez elle. La SNCF a cette particularité de réunir dans ses trains la France, sans distinction de classe sociale ou d'âge. La liste des victimes est à l'image de cette clientèle hétérogène. La gare de Brétigny est symbolique de ce phénomène puisque les voyageurs des grandes lignes y croisent les clients des trains régionaux remplis de banlieusards en transit entre leur boulot et leur résidence.

Les victimes et surtout les familles endeuillées veulent comprendre. Pourquoi leur train, ce train qui transportait des êtres chers, a-t-il déraillé ? Des dizaines de plaignants se sont constitués parties civiles. Ils seront indemnisés. La plupart l'ont déjà été. Guillaume Pepy a immédiatement pris la parole pour assurer de la responsabilité de l'entreprise. Le procès pénal s'annonce difficile pour la SNCF et son actionnaire, l'État, quelle que soit leur implication dans l'accident. Il faut en effet démontrer un lien direct entre les fautes, les manquements constatés et l'accident pour aboutir à une condamnation. La lumière de la justice devrait cependant éclairer d'un jour nouveau la réalité de la Société nationale des chemins de fer. L'entreprise qui a inventé le TGV, prouesse technologique et fierté nationale, qui a démocratisé la vitesse et la mobilité, est une vieille dame décatie, liftée au marketing et à la communication.

Dans le cas de Brétigny, les experts mandatés par les juges s'accordent pour incriminer une éclisse mal fixée sur la voie qui se serait soulevée au moment du passage du train et a fait sortir la roue du rail. Cet enchaînement est extrêmement rare. Selon eux, il n'aurait été constaté que trois fois dans le monde depuis que des trains roulent… L'éclisse est une sorte d'agrafe qui solidarise des appareils de voies entre eux. Lorsque le Paris-Limoges l'a franchie, l'éclisse meurtrière avait perdu trois de ses quatre boulons. Elle ne tenait plus au rail que par le dernier et a pivoté autour de l'axe de la vis. Depuis la dernière inspection de la voie, des centaines de rames avaient pourtant emprunté le même chemin sans encombre. Dans l'heure qui a précédé l'accident, trois trains se sont succédé sur la même voie, le 860613 à 16 h 31, le 860515 à 16 h 40 et le 14055 à 16 h 44…

Le drame s'est noué à cent cinquante mètres de l'entrée de la gare, au passage de la traversée à jonction double. À cet endroit, quatre voies se croisent. C'est un appareil complexe, articulé par des cœurs, qui contiennent les aiguilles permettant l'orientation des trains à chaque intersection. Des cœurs, cela ne s'invente pas, sont des dispositifs moulés dans de l'acier au manganèse pour assurer leur solidité. L'appareil est on ne peut mieux nommé. C'est en effet l'organe vital d'un réseau. À Brétigny il a lâché.

La cause de l'accident est entendue, c'est son origine qui pose problème et qui fera débat à l'audience. Elle se trouverait dans la nature altérée de l'acier au manganèse dans lequel a été fondu le cœur, comme l'affirme la SNCF depuis l'accident. Mais plusieurs expertises n'ont pas permis de le démontrer avec certitude. En revanche, l'enquête a fait apparaître de graves défaillances de maintenance liées, certes, à une somme de manquements individuels, mais aussi à des choix stratégiques de l'entreprise et de son actionnaire unique, l'État. La compétence de certains membres de l'équipe de voie, sa discipline, la qualité des contrôles ou du moins leur traçabilité ont été relevées. Les médias se sont emparés de l'affaire Brétigny, les P.-V., expertises et autres rapports ont fuité dans la presse, provoquant à chaque indiscrétion leur lot de polémiques. La SNCF a quitté les pages économiques et sociales et s'est retrouvée dans celles des faits divers. Et comme souvent, celles-ci ont changé la focale à travers laquelle les Français regardent l'entreprise chérie.

Dans l'opinion publique, un doute s'est instillé. Et si le problème majeur de la SNCF n'était pas son inextinguible dette, ses cheminots et leur encombrant statut mais l'âge de ses artères, de ses rails et de ses caténaires, et les liens incestueux qu'elle entretient avec l'État, son propriétaire ? La SNCF, dont la sécurité est le premier métier, est-elle devenue dangereuse ? Le moyen de transport parmi les plus sûrs d'Europe l'est-il un peu moins… que dans le passé ? L'accident a joué le rôle de révélateur. L'auscultation par la justice de l'entretien des quatre kilomètres de voies sur lesquels le déraillement s'est produit pour un réseau national de près de cinquante mille kilomètres a ébranlé l'« ancestrale » confiance dans la société nationale.

L'enquête a mis au jour ses failles. De jeunes ingénieurs ont remplacé les vieux cheminots qui ont emporté avec eux un savoir-faire plus que centenaire. Un exemple tellement symbolique. Pour savoir si un rail ou un aiguillage présente une anomalie, les agents de voie utilisent depuis plus d'un siècle un marteau à longue tige. Ils marchent le long des rails et frappent l'acier pour détecter les fêlures. À l'oreille. Il fallait avoir l'ouïe fine et initiée. À l'époque où on était cheminot de père en fils, les transferts de compétence étaient assurés. Mais à Brétigny, ils sont peu nombreux à maîtriser encore cette technique et la plupart des agents ont abandonné le marteau depuis longtemps ou ne s'en sont même jamais servis. Acculturation liée au renouvellement des effectifs, manque de formation, turnover, moyens insuffisants et matériels vieillissants ont provoqué une démotivation dangereuse au sein des équipes à tous les niveaux.

Les juges qui instruisent le dossier Brétigny ont rapidement placé Laurent W., le DPX qui a contrôlé la voie avant l'accident, et ses deux adjoints responsables de la maintenance des voies sous le statut de témoin assisté. « On a essayé de maintenir en vie des appareils vieillissants avec une surcharge croissante de travail, un personnel peu nombreux, une perte de connaissances, une perte de suivi. C'est manifestement un glissement long et imperceptible. C'est général », s'est justifié l'un des deux adjoints devant les magistrats.

Laurent W., qui est le dernier à avoir inspecté le cœur et l'éclisse incriminée, n'a rien signalé d'anormal dans son carnet saisi depuis par la justice, aucune tête de boulon endommagée, aucune vis desserrée, ni programmé aucune intervention. Pourtant les experts du Bureau d'enquête sur les accidents (BEA) ont estimé dans leur rapport que le « désassemblage [de l'appareil en cause] a débuté par la rupture de la tête du troisième boulon qui a cédé entre un et huit mois avant l'accident ». Toujours selon les deux enquêteurs, il aurait été « favorisé par une fissuration en étoile de l'une des quatre extrémités du cœur de l'aiguillage. Les trois autres boulons ont ensuite cédé, l'un en se dévissant, les deux autres par rupture de leur tête, vraisemblablement quelques jours seulement avant le déraillement ». Le vendredi matin, jour de l'accident, une tournée aurait dû avoir lieu. Cet enchaînement de dysfonctionnements sur un appareil de voie stratégique à proximité d'une gare à fort trafic et sur un terrain dont la configuration est particulièrement capricieuse pose question sur la rigueur de la maintenance.

La fissure étoilée qui a accéléré la détérioration de l'appareil de voie avait été repérée en 2008 par Dany H., un ancien DPX de Brétigny. À l'époque, elle mesurait dix millimètres. Les traversées à jonction double sont soumises à trois types de contrôle : visuel toutes les semaines, en profondeur (famille A) tous les ans et encore plus complets (famille B) tous les trois ans. La fissure qui aurait dû être surveillée régulièrement semble avoir disparu des radars de la brigade pendant cinq ans. Jusqu'à l'accident. Ou presque. Le 30 août 2012, une fiche mentionne l'anomalie et précise qu'elle aurait évolué de dix à vingt millimètres. Ce document est cependant troublant : il fait état d'une fissure étoilée sur l'about D, l'endroit sur lequel elle avait été répertoriée dans le registre de 2008. Or depuis l'accident, l'appareil a été entièrement démonté et analysé sous toutes les coutures.

Les experts se sont alors aperçus que c'est l'about C et non le D qui était endommagé. Peut-on se tromper à deux reprises ? À moins que le second document n'ait été créé qu'après l'accident pour masquer l'absence de vérification pendant cinq ans. Ce que dément l'entreprise, qui affirme avoir les preuves informatiques de son authenticité. Philippe Mettoux, directeur juridique du groupe, a été interrogé à deux reprises pendant dix heures par les juges. Une de ses déclarations résume la défense de la SNCF : « Je crois que pour comprendre l'organisation du travail des agents du terrain de SNCF, il faut toujours avoir à l'esprit la spécificité ferroviaire. Des trains circulent en France depuis cent cinquante ans, les accidents, même s'ils sont à déplorer, comme dans le cas de Brétigny avec sept morts et de nombreux blessés, sont rares au regard du trafic. Je rappelle que par an 5,4 millions de trains circulent en France. Si l'état du réseau était tel qu'il a pu être décrit parfois, j'imagine que des accidents se produiraient beaucoup plus souvent. »

Laurent W. a finalement été mis en examen début 2019 pour « homicides et blessures involontaires ». Il est la première et seule personne physique à être désignée dans ce dossier qui n'a toujours pas été jugé. Les magistrats – qui ont annoncé qu'ils avaient bouclé leur instruction – ont estimé qu'il n'aurait pas correctement effectué sa tâche. Une responsabilité personnelle, selon les juges, mais aussi un désaveu pour l'entreprise. SNCF et RFF, aujourd'hui SNCF Mobilités et SNCF Réseau, ont été mis en examen en tant que personne morale pour homicides involontaires par maladresse, imprudence, inattention, négligence ou manquement à une obligation de prudence ou de sécurité. Le tribunal devra trancher.

4

À armes égales ?

C'est une petite victoire, inédite à ce jour. Celle du pot de terre contre le pot de fer. Le 8 avril 2016, la justice[1] a condamné SNCF Mobilités à verser 60 000 euros à l'association « Entraide et défense des victimes de l'accident de Brétigny-sur-Orge[2] ». Cette association qui regroupe des proches des victimes et des blessés de la catastrophe ferroviaire ne dispose d'aucun moyen à part les (modestes) cotisations des adhérents. Par courrier, elle a demandé une aide financière à la SNCF « afin de faire face aux honoraires des avocats et experts techniques auxquels elle souhaite avoir recours ». Le procédé peut paraître étonnant, celle d'une victime qui demande du soutien au coupable présumé. Mais l'association estime que si elle s'engage dans une procédure judiciaire en tant que partie civile et doit donc prendre des avocats pour la représenter, c'est parce qu'elle a été placée dans cette situation par la SNCF. L'association

1. Décision de la chambre des référés du tribunal de grande instance d'Évry (Essonne).

2. Cette association a reçu un agrément ministériel le 2 avril 2015 et s'est constituée partie civile le 25 novembre 2015.

prend le soin de préciser que ce soutien financier ne constitue en rien « une reconnaissance de responsabilité ». Selon elle, ce serait une manière de « rétablir l'égalité des armes entre les parties ».

Le pot de terre contre le pot de fer

La SNCF dispose d'un bataillon d'avocats spécialisés et d'experts, des ressources humaines et financières dont l'association ne dispose pas. L'étude d'un dossier comme celui de Brétigny-sur-Orge (dans lequel la SNCF a été mise en examen le 18 septembre 2014 pour « homicides et blessures involontaires ») représente un travail titanesque : l'avocat de l'association, Me Gérard Chemla, a chiffré à cent cinquante heures (à raison de 250 euros l'heure d'avocat) le temps nécessaire la première année pour une « prise de connaissance méticuleuse du dossier avec analyse approfondie des rapports d'expertises et des arguments opposés en défense ». Sans compter les interventions au cabinet du juge d'instruction, l'élaboration des demandes d'actes, la rédaction d'une note… Saisie dans un premier temps par courrier, la compagnie nationale a décliné. « Si la demande est moralement compréhensible, le bien-fondé juridique de la demande peut paraître contestable », a-t-elle répondu. L'entreprise a rappelé qu'elle avait déjà versé 900 000 euros pour les aides d'urgence et 3 millions d'euros aux victimes.

L'association a alors saisi le tribunal des référés d'Évry (Essonne), où est instruit le dossier pénal. Même refus catégorique de la SNCF. Dans ses arguments, le président Pepy en fait une position de principe :

« Il n'est pas envisageable pour une personne morale de financer quelque partie civile que ce soit au risque de se voir taxer de vouloir mettre une partie sous influence et cette partie de se faire acheter. » En aidant l'adversaire, la SNCF serait soupçonnée de vouloir le corrompre. Soit... Dans sa décision, que nous nous sommes procurée, le tribunal rappelle que la compagnie, après la catastrophe de Brétigny, s'est engagée à indemniser à l'amiable et rapidement les préjudices des victimes « indépendamment de toute définition des responsabilités ». Cette convention prévoyait également la prise en charge des frais d'avocat à hauteur de 1 500 euros HT par victime. Mais le tribunal a décidé d'aller plus loin : « Les moyens financiers très limités de l'association ne lui permettent pas d'assurer utilement sa mission de défense des intérêts des victimes [...] compte tenu de la complexité du dossier eu égard à son volume, aux questions techniques et juridiques posées et la placent dans une situation de net déséquilibre par rapport à la SNCF. » Elle a donc imposé à l'entreprise de mettre la main au portefeuille et de lui verser soixante mille euros. Une décision qui ne préjuge rien du fond du dossier, mais qui doit permettre, selon le jugement, le « déroulement d'une procédure équilibrée ».

Cela sera-t-il suffisant pour rétablir l'égalité des armes ? En matière judiciaire, le groupe ferroviaire est un opposant redoutable. Un rouleau compresseur. « Il y a un double discours, observe Me Gérard Chemla, avocat de la Fenvac (Fédération nationale des victimes d'attentats et victimes d'accidents collectifs), habitué des dossiers ferroviaires. D'un côté, il y a le discours politique, celui de Guillaume Pepy et de ses équipes, qui sont dans l'empathie, vont au contact, assurent qu'ils sont responsables. De l'autre, il y a des équipes qui ont pour mission de sortir la SNCF de ses problèmes judiciaires. Et tous les moyens sont bons[1] ! » Le groupe peut d'abord s'appuyer sur un solide service juridique, dirigé par Philippe Mettoux, un magistrat qui a roulé sa bosse dans les cabinets ministériels place Beauvau, puis à Matignon. À la Chancellerie, il appartenait à la puissante direction des affaires criminelles et des grâces, lien organique entre l'exécutif et l'appareil judiciaire. Autant dire qu'il dispose d'un solide carnet d'adresses. Philippe Mettoux a été nommé en octobre 2013, quatre mois seulement après la catastrophe de Brétigny, pour muscler ce service, qui compte environ trois cents personnes. Elles interviennent sur tous les sujets juridiques du groupe, des risques financiers à la défense du patrimoine intellectuel et matériel.

L'entreprise s'est aussi adjoint les services de cabinets d'avocats rompus aux affaires médiatiques et complexes. Beaucoup de ces juristes ont fait leurs armes auprès de Me Olivier Metzner, l'un des avocats les plus réputés de France (jusqu'à sa mort en 2013), qui avait dans son portefeuille la SNCF. Spécialisé dans le droit pénal des affaires, il avait l'art de faire annuler les mises en examen en dénichant des erreurs de procédure. Parmi ses anciens associés, Emmanuel Marsigny qui conseille SNCF Mobilités dans le dossier de Brétigny-sur-Orge. Mais aussi Antonin Lévy, avocat de SNCF Réseau dans Brétigny. Le premier assure notamment

1. Entretien avec l'un des auteurs, 21 décembre 2018.

la défense de Tariq Ramadan, le second de François Fillon. Sollicités dans le cadre de cette enquête, ils n'ont pas souhaité répondre.

La SNCF s'est donné les moyens d'avoir du répondant[1]. C'est bien normal. Elle ne rechigne jamais à indemniser ses victimes. « Le transporteur a une obligation de sécurité et de résultat. C'est du droit civil, persifle Marie-Laure Ingouf, avocate de victimes dans le dossier de Brétigny, qui a l'habitude de travailler pour de grandes entreprises. L'indemnisation est perçue comme un cadeau, alors que c'est un droit[2]. » Plus ennuyeux, selon elle, la SNCF semble mettre un point d'honneur à faire traîner les dossiers : « C'est la fourchette haute de la défense, poursuit Me Ingouf. Ils ont des moyens illimités, prennent le temps qu'ils veulent, utilisent tous les moyens techniques et juridiques. Ça tue le dossier. »

Dans l'affaire de Brétigny-sur-Orge, l'une des dernières pièces versées au dossier fin 2018 est un rapport d'un laboratoire indépendant (Amvalor, filiale d'Arts et Métiers ParisTech) commandé par SNCF Mobilités. Dans un courrier, Emmanuel Marsigny, avocat de la société, explique que « SNCF Mobilités entend continuer à participer activement à la manifestation de la vérité ». Depuis le début de l'instruction, la SNCF soutient que l'accident serait le résultat d'un défaut

1. Au total, le casier judiciaire de SNCF Mobilités comporte 19 condamnations prononcées entre 1999 et 2016 (dont six pour homicides ou blessures involontaires) et SNCF Réseau deux condamnations, dont une peine de 400 000 euros d'amende pour homicide et blessures involontaires prononcée en 2013 par le tribunal correctionnel de Thonon-les-Bains.

2. Entretien avec l'un des auteurs, 4 juin 2018.

métallurgique indétectable et d'un problème de maintenance, comme l'ont écrit les experts mandatés par la justice, mais aussi le Bureau d'enquête sur les accidents (BEA). « Mauvaise qualité des différents rapports », « incohérences », « faiblesses », « facilités, raccourcis, affirmations souvent erronées », écrit son avocat. Ce dernier demande un « complément de travaux » que les juges acceptent. Les conclusions rendues en janvier 2016 ne corroborent pas la thèse de la SNCF. Un mois plus tard, ses conseils demandent un complément… de complément d'expertise. Cette fois, les juges refusent. La SNCF fait appel et obtient gain de cause. Le complément de complément ne répond toujours pas à ses attentes. L'entreprise, qui a rappelé à maintes reprises au cours de l'instruction sa défiance envers les experts désignés par les magistrats, sort l'artillerie lourde. Elle sollicite un laboratoire privé, qui reproduit de manière expérimentale les conditions de passage de mille cinq cents trains, soit dix jours de trafic moyen sur la ligne concernée par l'accident. Bingo ! Cette expérience payée 80 000 euros par la SNCF arrive aux mêmes hypothèses que l'entreprise. Qui croire ? « La SNCF paie un rapport privé pour dire ce qu'il faut dire », s'emporte Me Chemla. L'avocat de la SNCF a refusé de s'exprimer. La question du travail des experts dans les dossiers judiciaires est un sujet sensible. Dans l'affaire du déraillement du TGV Est en 2015 (11 morts, 21 blessés graves), le juge d'instruction a relevé de ses fonctions un ex-ingénieur maintenance de la SNCF, inscrit sur la liste de la cour d'appel de Versailles. Une décision rare. Selon l'ordonnance du magistrat, il n'avait pas de contact avec les gendarmes, ni avec son coexpert. Sa proximité avec la SNCF où il a effectué toute sa carrière, en travaillant notamment sur des accidents ferroviaires, a-t-elle pesé dans la balance ? Il se défend de toute « partialité[1] » arguant avoir quitté la compagnie nationale depuis plus de dix ans. Le juge a dû se résoudre à désigner un autre spécialiste, non agréé, qui est, lui, un ancien d'Alstom… le constructeur des rames TGV. Les experts ferroviaires se comptent sur les doigts d'une main. Les candidats ne se bousculent pas. « Il est vrai que certains sont plus ou moins bons, rapides ou clairs, souligne Jean Panhaleux, directeur du Bureau d'enquête sur les accidents de transport terrestre. Mais les spécialistes ne se créent pas *sui generis*. On essaie de s'appuyer sur des gens qui ont travaillé dans le ferroviaire, notamment en exploitation. Pour lire une bande ATESS ["boîte noire" de la motrice-NDA], il faut connaître le système. On trouve ces compétences dans la sphère des entreprises ferroviaires (SNCF, RATP…) ou des industriels (Alstom, Bombardier…). Quelles que soient leurs origines, en arrivant chez nous, ils adhèrent à une charte déontologique. Je suis témoin de l'esprit critique qu'ils peuvent avoir[2]. »

Pourquoi la SNCF met-elle autant d'énergie à défendre la maison ? Elle protège son image, mais aussi ses agents. C'est l'obsession de la SNCF, qui est avant tout un corps social, sensible, réactif, ultra-syndiqué. L'un des avocats qui intervient habituellement pour elle expose la mentalité du groupe ferroviaire : « Il défend toujours ses agents. Je connais d'autres entreprises où on lâche les lampistes à tort ou à raison. C'est une ligne directrice de la SNCF depuis quinze ans. Il n'y

1. Entretien avec l'un des auteurs.
2. Entretien avec l'un des auteurs, 28 novembre 2018.

a pas eu un seul agent condamné dans le cadre d'un accident. C'est une culture d'entreprise. » Un esprit de famille. Un haut responsable complète : « La SNCF est un corps social, où l'on ne peut pas isoler un élément de la chaîne de commandement. C'est un métier d'équipe, l'on n'aime pas les responsabilités individuelles. »

Pour appuyer ses agents, l'entreprise met tous les moyens. Avant leurs auditions, elle n'hésite pas à les briefer de manière très appuyée. Les écoutes judiciaires menées dans le dossier de Brétigny l'ont confirmé et montrent à quel point l'exercice est délicat : « Il n'y a rien d'illégal, commente Me Ingouf. Les témoins sont préparés, la direction juridique donne des éléments de langage. Elle dit ce qu'il ne faut pas dire. Elle fait son boulot. C'est l'exercice normal des droits de la défense. » Pour d'autres, cela relèverait de la subornation de témoins : « Cela permet d'avoir une maîtrise du contenu, de ce qui va être dit aux enquêteurs, explique Me Chemla. On permet ainsi de tenir une thèse "maison", mais cela pose un conflit d'intérêts entre les salariés et la SNCF[1]. » Le dossier de Brétigny contient pas loin de six cents pages d'écoutes judiciaires, ce qui est un traitement réservé habituellement à la criminalité organisée et non à un dossier ferroviaire. Comme si les juges pressentaient que leurs auditions seules ne permettraient pas de comprendre ce qui s'est véritablement passé et risquaient de ressembler à un banal copier-coller collectif. Exemple : le 14 mai 2014, Claire C., une juriste de la maison qui briefe systématiquement toutes les personnes devant être entendues par la justice, appelle un de ses collaborateurs. À la demande des

1. Entretien avec l'un des auteurs, 21 décembre 2018.

policiers, ils ont retrouvé l'adresse d'un témoin que la justice veut entendre. La juriste passe la consigne : « Tu dis : "Écoutez, je crois que Claire C. a réussi à retrouver son adresse [...] elle doit vous donner ces informations, mais je crois qu'elle est en déplacement, etc." Parce que je viens de leur envoyer un message en leur disant que j'étais en déplacement et que j'allais leur donner les infos, les éléments bientôt. » La stratégie consisterait à gagner du temps pour contacter le témoin avant sa convocation. Lors d'une autre interception, Claire C. précise : « Il ne faut pas être proactif avec eux, il faut véritablement attendre leurs demandes. » Ne pas apporter de documents, ne pas déborder du cadre. Rien n'indique qu'il faut mentir, mais pas forcément non plus aider à apporter la vérité. Lors des interrogatoires, les juges ont systématiquement demandé à leurs témoins s'ils avaient été briefés. Pratiquement tous ont répondu par l'affirmative. Drôle d'ambiance.

5

État stationnaire

On ne peut pas dire que l'on ne savait pas. Les chiffres, les audits, les rapports sont là. Clairs et impitoyables. Le réseau ferré français se bat depuis plus de trente ans contre la maladie. Le diagnostic était écrit noir sur blanc. Une lutte contre le temps qui attaque, grignote, ronge les voies, caténaires et autres appareils de signalisation. Ces organes sont au chemin de fer ce que le cœur et les artères sont au corps humain. Lorsqu'un composant vital lâche, le système est en péril. En 2005, l'équipe de l'École polytechnique fédérale de Lausanne (EFPL), dirigée par Robert Rivier, avait tiré la sonnette d'alarme. Vingt-sept pages au style sans fioriture[1]. « Ressources nettement insuffisantes pour la maintenance (entretien et renouvellement) de l'infrastructure durant les trente dernières années », « la France investit sensiblement moins que ne le font la Grande-Bretagne, l'Italie, l'Espagne et la Suisse », « vieillissement très important du réseau classique », « les prémices d'une dégénérescence apparaissent ».

1. Audit sur l'état du réseau ferré national français, rapport du 7 septembre 2005, EPFL.

Des infrastructures gangrénées

Pour stopper le lent cancer qui mine le patrimoine ferroviaire, le rapport Rivier préconisait un traitement de choc, une croissance des investissements de plus de 3 milliards d'euros par an. En 2006, un plan de rénovation est lancé (7,3 milliards d'euros débloqués entre 2006-2013). L'investissement se situe en deçà des objectifs fixés. Le vieillissement est ralenti, mais pas stoppé. « Un effort sans précédent, mais déséquilibré[1] », juge la Cour des comptes. Les fonds dégagés permettent paradoxalement de rénover le réseau où circulent le moins de trains (les lignes UIC 7 à 9[2]) dont l'état était le plus préoccupant, au détriment du réseau des grandes lignes (UIC 1 à 6, hors TGV) qui est le plus fréquenté. Parce que cela coûte moins cher et que cela s'est réalisé avec l'aide financière des Régions qui modernisent alors leur parc de TER. Résultat : l'âge moyen des voies des grandes lignes (dit réseau « structurant ») augmente de trois ans entre 2005 et 2012 (il passe de 19 à 22 ans), alors que celui des petites lignes (dit réseau « secondaire ») baisse de sept ans, mais reste encore beaucoup trop élevé (avec un âge moyen de 49 ans)[3]. En 2012, dix mille kilomètres

1. « L'entretien du réseau ferré national », Cour des comptes, communication à la commission des finances du Sénat, juillet 2012.

2. L'Union internationale des chemins de fer (UCI) a établi une classification des lignes en fonction de leur intensité d'utilisation. Le groupe UIC 1 correspond à des lignes très chargées et à l'opposé le groupe UIC 9 correspond à des lignes à très faible trafic.

3. Les données indiquent pour 2014 un âge moyen des voies en France de 30 ans (pour le réseau « structurant »), 17 ans en Allemagne (source : rapport Spinetta sur l'avenir du transport ferroviaire, 15 février 2018).

de voies (soit un cinquième du réseau total[1]) étaient considérés comme « hors d'âge », c'est-à-dire à renouveler. Une dégradation annoncée, inéluctable. La Cour des comptes s'émeut de cette incapacité à remettre sur pied le réseau : « Un certain consensus commence à apparaître pour constater que la priorité doit être donnée, dans un contexte financier contraint, au financement des investissements de maintenance par rapport aux projets de développement[2]. » Depuis la fin des années 1970, la construction des lignes à grande vitesse – on le verra plus loin – l'a emporté sur les autres priorités. Les magistrats de la rue Cambon prêchent dans le désert.

Fin 2014, un document confidentiel[3] de la SNCF dresse à nouveau un état des lieux alarmant. Le groupe ferroviaire dispose d'un baromètre technique pour mesurer l'âge moyen du réseau, baptisé l'indice de consistance des voies (ICV). Plus le tronçon de voie est récent, plus la note est élevée. Pour un composant (rail, traverse, ballast) neuf, l'indice est de 100. Selon une particularité dont les experts maison ont le secret, un élément en fin de vie (qu'il faut renouveler) reçoit une note de 10 ; la note 0 n'est atteinte qu'après cinq ans supplémentaires. On parle alors d'un risque de ruine. Avec un indice de 55, on considère que l'état est « stationnaire », ce qui est l'équilibre recherché. En dessous

1. Le réseau ferré national comprend environ 50 222 kilomètres de voies, pour 28 710 kilomètres de lignes au 31 décembre 2017 (une ligne peut comprendre deux voies).

2. « L'entretien du réseau ferré national », Cour des comptes, communication à la commission des finances du Sénat, juillet 2012.

3. « État et performance du réseau », SNCF Réseau, 2015.

de cette cotation, les experts estiment que le patrimoine ferroviaire se détériore de manière irréversible et que les programmes de régénération sont voués à l'échec.

Selon ce rapport, un an après l'accident de Brétigny, le pouls du réseau ferré national bat en dessous de 50, en dessous de l'état « stationnaire ». Photos à l'appui. Au fil des pages, on aperçoit des rails et des traverses en bois fracturés à de multiples endroits, des trous béants dans le ballast… Certains rails obsolètes, appelés « double champignon », ont été posés avant la Seconde Guerre mondiale. Il n'existerait aucune pièce neuve pour les remplacer (il faut récupérer des rails ailleurs) et les systèmes de fixation seraient préhistoriques. La rupture de ces vieux rails a été à l'origine du déraillement d'un train Corail en 2006 à Saint-Flour (qui a fait deux blessés légers). Selon ce document, on en trouverait encore sur les lignes Tours-Châteauroux et Millau-Rodez. Cette dernière a été « suspendue » en décembre 2017. « Trop dangereuse », a estimé la SNCF, qui envisage de la rouvrir. Mais il faut investir 6 millions d'euros pour la rénover. La Région Occitanie est prête à mettre la main au portefeuille, mais réclame une aide de l'État. En attendant, les passagers prennent le bus.

Toujours selon ce rapport, les caténaires (câbles qui alimentent le train en électricité) ne seraient pas en meilleure forme. Certains poteaux sont oxydés et chutent, 80 % des portions appelées « caténaires classiques 1500V », mises en service dans les années 1930, se trouvent en fin de vie. Le constat apparaît tout aussi vrai pour la signalisation qui date en partie d'avant 1950. L'état de certains ponts et tunnels semble, lui aussi, inquiétant : des clichés montrent des blocs de pierres qui auraient déboulé sur la voie ou des parois de briques moisies. En 2014, près de cinq cents zones de tunnel étaient considérées en « état médiocre » ou « très dégradé » et plus de six mille ouvrages d'art à un « niveau d'état dégradé ». Le tout avait généré deux cent vingt-sept incidents, dont soixante de « gravité 1 » (impact grave sur la sécurité). Pour éviter un scénario catastrophe, près d'un millier d'ouvrages faisaient l'objet d'une « surveillance renforcée ».

Au terme du rapport, le constat est pire en région parisienne, où le patrimoine est « très ancien ». Fin 2013, la moitié des quatre mille kilomètres de voies était composée de rails qui ont plus de vingt-cinq ans, la moitié des appareils de voie (les aiguillages) était à changer à courte échéance. L'indice de consistance des voies se situe en dessous de 40, plus proche de l'état critique que stationnaire. « Les caténaires pourrissaient, sur la ligne C, raconte un ancien responsable du réseau en Île-de-France. Certaines avaient cent ans. » Trop de retards, trop de perturbations. Une situation à haut risque. Depuis, un effort a été porté sur l'Île-de-France. « Quand la région parisienne tousse, la France s'enrhume », ironise un ancien responsable de l'infrastructure. Le réseau a ainsi rajeuni de deux mois entre 2016 et 2017. Sa moyenne se situe aujourd'hui à 25 ans[1]. Selon un système de vase communicant, d'autres Régions ont commencé à vieillir, comme le Nord-Pas-de-Calais (+ 10 mois), qui n'est pas la moins fréquentée de France. Mais aussi la Haute-Normandie (+ 9 mois) et le Poitou-Charentes (+ 10 mois).

1. « Le marché français du transport ferroviaire de voyageurs », Arafer, 2017.

Lorsque les lignes ne sont pas fermées ou en travaux, elles sont mises en convalescence. Pour des raisons de sécurité, les trains circulent au ralenti sur des milliers de kilomètres. Il s'agit de voies où une intervention est urgente. Mais la maintenance ne parvient plus à suivre, tant le réseau craque de partout. En attendant, les trains roulent à petite allure. En 2014, plus de 4 000 kilomètres de voies étaient soumis au régime lenteur, soit près de 10 % du réseau. En 2017, le chiffre est monté à 5 500 kilomètres. Le malade ne marche plus avec des béquilles, mais avec un déambulateur. Dans certaines régions, on met aujourd'hui parfois plus de temps pour effectuer certains trajets qu'il y a trente ans : « Dans les années 1980, avec le Capitole, on faisait Paris-Brive en trois heures cinquante, raconte un passager nostalgique. Aujourd'hui, c'est quatre heures et quart, en arrivant rarement à l'heure. » Il est souvent plus rapide de prendre sa voiture. L'avion redevient aussi une alternative fréquente. Si le TGV a tué les navettes d'Air France entre Paris et Bordeaux, la détérioration du service Intercités relance des liaisons aériennes courtes : « Pour me rendre dans l'une des filiales de mon groupe à Clermont-Ferrand, raconte un salarié, nous n'utilisons plus le Téoz, mais on prend l'avion. C'est plus pratique et plus rapide ! »

Obsolescence programmée

Impossible de feindre l'ignorance. Ces rapports, ces photos-chocs, ont été distribués lors des conseils d'administration de la SNCF, où se retrouvent responsables de la compagnie, représentants de l'État, des salariés, des autorités organisatrices, des parlementaires. Ils ont été largement distribués, commentés, ils sont connus de tous les décideurs. Mais le public en entend rarement parler. Pourquoi un tel retard ? L'entretien du réseau n'est pas porteur, politiquement. Il ne se voit pas. C'est un travail de soutier, ingrat, sans éclat. L'achat de rames neuves est beaucoup plus vendeur. « Le réseau échappe à la temporalité des élus », analyse un expert. Au fond, une cécité collective. À quand le déclic ? Le 15 février 2018, le rapport Spinetta, commandé par le Premier ministre pour préparer l'ouverture à la concurrence, dresse un sombre tableau. Près d'un quart des voies sont encore au-delà de leur durée de vie normale, même si les fonds alloués à la maintenance ont plus que doublé (2,7 milliards d'euros en 2017). En maintenant un effort financier de 3 milliards d'euros par an, il faudra plus de dix ans pour inverser la courbe (notamment en région parisienne) et retrouver un état « stationnaire ».

Au dernier pointage, selon un document interne[1], la note du réseau demeure cependant en deçà de l'objectif fixé qui est de 55. En 2017, elle est de 46,7 contre 46,5 en 2016, mais demeure en dessous de son niveau d'il y a vingt-cinq ans (47,6 en 1993). En revanche, certains de ses organes vitaux commencent à rajeunir : la voie a gagné un mois de vie (30,4 ans en 2017 contre 30,5 ans en 2016[2]). C'est le résultat des opérations de rénovation menées par la SNCF qui a mis en place de nouvelles technologies de surveillance et anticipe davantage le remplacement des rails, notamment en Île-de-France. Mais aussi de la fermeture de lignes, souvent les plus

1. Connaissance du patrimoine 2018, SNCF Réseau.
2. Connaissance du patrimoine 2018, SNCF Réseau.

anciennes et de l'ouverture de nouvelles lignes à grande vitesse. Le Limousin détient le record du réseau (hors LGV) le plus ancien (41 ans).

Au printemps 2018, un audit du réseau ferré national – décidément très ausculté – a été rendu par un groupe d'experts internationaux, dirigé par Yves Putallaz[1], membre de l'équipe de Lausanne qui avait prédit la dégénérescence du réseau en 2005. Il met le doigt là où ça fait mal. Selon son estimation, l'État ne fait toujours pas assez d'efforts financiers pour renouveler les infrastructures. La France investit moins sur son réseau que la moyenne européenne. Il manquerait ainsi 520 millions d'euros sur la période 2017-2026 pour faire face aux « besoins théoriques » du rail français. L'expert confirme que la signalisation est « la problématique industrielle la plus délicate pour SNCF Réseau ». Ce qui avait déjà été relevé en 2005. Mais non suivi d'effets. Le réseau comporte ainsi encore plusieurs centaines de postes de signalisation mécaniques, « technologie aujourd'hui totalement obsolète ». Sans effort budgétaire, ces installations ne seraient pas remplacées avant l'âge canonique de 75 ans, soit plus de quinze ans au-delà de leur date de « péremption » ! Tout se passe comme si le patient recommençait à marcher mais avec un risque élevé de rechute : « Les efforts consentis depuis la fin des années 2000 permettent le rattrapage progressif du retard de renouvellement des voies et des appareils de voie [...]. En revanche, résoudre l'obsolescence des caténaires les plus anciennes, maîtriser le vieillissement des ouvrages d'art

1. Audit sur l'état du réseau ferré national, pour le compte de SNCF Réseau, 19 mars 2018.

et moderniser la signalisation nécessiteront des niveaux d'investissement élevés au cours du prochain quart de siècle[1]. » La chronique presque ordinaire des incidents de 2018 donne raison aux experts. Le 24 août, un rail se rompt et entraîne le déraillement d'un TGV en pleine gare Saint-Charles à Marseille. Quelques jours plus tard, une grosse panne de signalisation à Miramas perturbe le trafic pendant plusieurs jours. Des affaissements de caténaires sèment la pagaille en région parisienne. Des passages à niveau bloqués, plus de mille trains ralentis à Saint-Priest, en région lyonnaise, en raison de travaux…

Où trouver l'argent ? Comment gérer des centaines de chantiers ? À l'occasion de la réforme ferroviaire, le gouvernement a promis un effort supplémentaire de 200 millions d'euros à partir de 2022. Tiendra-t-il ses promesses ? Pour l'instant, le système ne résiste que grâce à l'implication des cheminots. En permanence, sur le terrain, ils pallient tant bien que mal un État défaillant. Les moyens font cruellement défaut. On est face à un propriétaire qui n'a pas entretenu son bien et n'a plus l'argent pour le remettre d'aplomb. D'ores et déjà, la Cour des comptes prévient que les 200 millions d'euros promis ne seront pas suffisants. En Allemagne, la maintenance fait l'objet d'une attention particulière depuis longtemps. La mariée n'en est que plus belle. Les voies y sont deux fois plus jeunes ; le budget d'investissement reste supérieur à ce qui se pratique chez nous. Les dépenses d'entretien sont plus faibles. La quadrature du cercle. Vertueux chez nos voisins, infernal chez nous.

---

1. *Ibid.*

6

Des souris et des hommes

Philippe appartient à la communauté des ferrovipathes, ces passionnés du train capables de reconnaître le nom d'une locomotive à l'oreille ou de collectionner d'anciennes cartes ferroviaires. Un nostalgique. Dans sa famille, on est cheminot depuis quatre générations. On a le rail chevillé au corps. On pense et on vit chemin de fer. Le 17 juillet 2014, avec sa fille, ce retraité de la SNCF est un passager presque comme les autres à bord du TGV en provenance de Tarbes. Par habitude, par réflexe, il est attentif au moindre bruit de la machine, aux panneaux de signalisation qui défilent, au roulis de la rame. Tout est normal. Après avoir dépassé Pau, le train marque l'arrêt. À peine quelques minutes. Puis, il repart. Peu de passagers comprennent la raison de ce stop en pleine nature. Depuis son fauteuil, Philippe a observé un « dérangement » sur un poste de signalisation, car le feu était au rouge. Dans ce cas, le conducteur attend que le centre opérationnel de gestion de la circulation (COGC), en l'occurrence situé à Bordeaux, l'autorise à s'engager dans son canton[1], en « marchant à vue », c'est-à-dire à la vitesse de 30 kilomètres à l'heure. En roulant à une allure très lente, il a la possibilité de freiner s'il rattrape un autre train qui se trouverait sur son chemin. Comme beaucoup de passionnés, Philippe a installé sur son téléphone une application qui fait office de tachymètre : elle permet de mesurer la vitesse en temps réel du train. Auparavant, il se servait d'un chronomètre et se fondait sur les points kilométriques disposés le long de la voie ferrée. Les avancées de la technologie facilitent la vie. Il vérifie ainsi que le conducteur respecte les consignes. 30 km/h. Vieux réflexe professionnel. Rien à l'horizon.

À 17 h 30, à hauteur de Denguin, dans les Pyrénées-Atlantiques, la placidité des passagers est brutalement interrompue. Un gros choc à l'arrière. Tout s'arrête. Le freinage automatique du TGV s'enclenche. Le pupitre du conducteur s'éteint. Parmi les cent soixante-dix-huit voyageurs, un grand silence. Philippe n'a pas beaucoup de doute : « Je pense qu'un train nous est rentré dedans », glisse-t-il à sa fille. Celle-ci n'a pas conscience de la gravité et râle : « Mon livre est tombé. J'ai perdu ma page. » Placés dans la première rame, le père et sa fille ne sont pas blessés. Mais les voitures de queue ont été sérieusement touchées. À l'intérieur, des passagers ont été projetés à terre et sont grièvement blessés. Philippe se lève et enfile un gilet siglé de la SNCF dont il ne se sépare jamais. Sa fille envoie un texto à des proches : « Papa est tout blanc. Ça doit être grave. » L'homme descend sur la voie et constate les

1. Le canton est une division de la voie ferroviaire destinée à assurer l'espacement des trains circulant dans le même sens.

dégâts. Le TGV a bien été percuté par un autre train, le TER 867285 qui se rendait à Dax. Les dégâts sont impressionnants. La cabine du conducteur ressemble à une vulgaire carcasse. Déformée, éventrée. L'arrière du TGV n'est pas en meilleur état. Sous le choc, des morceaux se sont détachés. À l'intérieur, les sièges passagers sont renversés, le plafond affaissé. Philippe n'en croit pas ses yeux. Il sera d'un secours discret et efficace, puis passe rapidement la main aux agents de la SNCF et secouristes qui investissent les lieux.

Quelques minutes plus tôt, le conducteur du TER a eu la peur de sa vie. Alors qu'il roulait à 128 kilomètres à l'heure, il a aperçu à la dernière minute le TGV en sortant d'une courbe. Il a juste eu le temps d'enclencher le freinage d'urgence et le sifflet du train. Puis de sauter dans le fourgon à bagages, situé à l'arrière de la cabine, tout en hurlant aux passagers : « Couchez-vous ! » La collision s'est produite à 95 kilomètres à l'heure (la soustraction des vitesses des deux trains pour les matheux, 125 pour le TER qui tentait de s'arrêter et 30 pour le TGV ralenti). Un PC de crise est installé. Deux hélicoptères sont dépêchés sur les lieux. Les gendarmes dénombrent trente-cinq blessés, dont trois graves. Trois enquêtes sont ouvertes : l'une par la SNCF, l'autre par le Bureau d'enquête sur les accidents de transports terrestres (BEA-TT[1]) et la dernière par la justice. La cause de l'accident est rapidement établie : le feu de signalisation est passé au vert pour le TER, alors que le TGV était toujours présent sur la voie en aval. Il aurait dû

1. Le Bureau d'enquête sur les accidents de transport terrestre (BEA-TT), qui dépend du ministère de la Transition écologique, réalise des enquêtes techniques et formule des recommandations.

rester au rouge pour signaler la présence d'un autre train dans le canton.

La guérite aux rats

L'enquête se concentre sur une guérite blanche en tôle, la « S23 », perdue au milieu des herbes folles, le long de la voie où s'est produit l'accident. Ce cabanon de signalisation commande le feu qui autorise (ou non) les trains à circuler. Ce cube métallique, posé sur une dalle en béton, abrite des installations électriques. Une rapide observation de l'intérieur livre un spectacle étonnant. Des dizaines de câbles sont grignotés, limés et se touchent dangereusement. Des morceaux de paille, des brindilles sont accumulés. Le signe évident de la présence de souris grises, rats noirs et autres mulots. Une vraie ménagerie. Les rongeurs se sont même construit un nid avec les feuilles de papicr d'un schéma technique datant de la mise en service de la guérite en 2008 ! L'anecdote champêtre pourrait prêter à sourire si ces petits mammifères à quatre pattes et grandes incisives n'avaient failli provoquer un drame.

Les enquêteurs du BEA concluent que le feu est passé au vert probablement par le contact de deux fils qui étaient dénudés[1]. Manifestement, cette entreprise de grignotage ne datait pas de la veille. Pourquoi n'a-t-elle pas été détectée et traitée plus tôt ? Dans ce secteur, cinq agents de surveillance travaillent sous la direction d'un technicien opérationnel, le benjamin de l'équipe, lui-

1. Rapport d'enquête technique sur la collision par rattrapage de deux trains de voyageurs survenue le 17 juillet 2014 à Denguin, janvier 2016, Bureau d'enquête sur les accidents de transport terrestre.

même dépendant d'un dirigeant de proximité (DPX). Les modalités de contrôle des guérites répondent à des référentiels nationaux et d'établissement, et figurent dans des « documents métier ». Un maquis administratif et relationnel comme il en existe à tous les étages de la SNCF. Problème : ces règlements ne disent pas tous la même chose. La question des rongeurs, parfaitement connue et répertoriée dans les « anomalies diverses », est laissée « à l'initiative » de chaque établissement. Bref, c'est confus.

Selon l'historique de la maintenance de la guérite examiné par le BEA, la dernière intervention effectuée par un technicien accompagné d'un dirigeant de proximité remonte à un an. À la suite de cet accident, la SNCF a fait contrôler l'ensemble de ces guérites. Y ont été trouvés de nombreuses souris, nids d'abeilles et autre végétation poussant comme dans un jardin d'hiver. Certains cabanons n'étaient absolument pas isolés. Plus d'un tiers des guérites contrôlées présentait des « traces de passages de rongeurs » ; dans 5 % des cas, les fils étaient abîmés. À l'issue de son enquête, le BEA a rédigé plusieurs recommandations à SNCF Réseau, lui demandant notamment de s'assurer de la « parfaite étanchéité » des guérites et de prescrire la recherche de la pénétration de rongeurs « lors de toute opération préventive ou corrective effectuée dans les locaux de signalisation ».

Dépoussiérage

Sur le plan pénal, une information judiciaire a été ouverte par un juge de Pau. Les premières découvertes effectuées par la brigade de recherches de Lescar montrent que la SNCF aurait essayé de sauver les apparences par un grand ménage. Dans une synthèse de l'enquête datée du 23 juillet 2014, soit six jours après l'accident, ces gendarmes locaux expliquent avoir examiné les guérites avoisinantes : elles étaient « dans un entretien correct et très récent malgré leur petite taille ». L'un des agents dédiés à l'entretien de ces voies, interrogé par les gendarmes, confirme le « même étonnement que les enquêteurs » devant ce qui ressemble à une opération propreté menée dans l'urgence après l'accident. Pas dupes, les gendarmes concluent que ces « démarches faites » depuis la collision ne remettent pas en cause « le fait que l'état de la guérite S23 était anormal ».

En septembre 2017, plus de trois ans après les faits, SNCF Réseau a été mise en examen pour « blessures involontaires ». « La périodicité des contrôles était trop longue, pas respectée, souligne Me Jean-Louis Blanco, avocat de victimes. Il y a un problème d'élaboration des règles de sécurité et de rigueur dans la sécurité[1]. » À la demande du BEA, un cabinet privé a analysé plusieurs accidents qui présentent des similitudes[2] avec celui de Denguin. Les auteurs relèvent l'état « ancien, voire obsolète » des installations qui rend la maintenance ardue. Mais aussi l'affectation à d'autres tâches (régénération du réseau, installation de nouvelles lignes TGV) de

1. Entretien avec l'un des auteurs, 26 juin 2018.

2. Analyse des facteurs humains et organisationnels mis en jeu dans quatre événements ferroviaires récents, Ligeron Sonovision, 23 septembre 2015.

nombreux agents spécialisés qui les détournent de la « maintenance préventive ou corrective » des installations. Selon cet audit, les petits travaux (qui peuvent avoir un impact sur la sécurité) sont souvent réalisés par de « jeunes assistants qui manquent d'expérience et de connaissance des installations [...]. Par suite des vagues de départs à la retraite d'agents expérimentés, les établissements chargés de la maintenance n'ont pas eu la possibilité de renouveler leurs effectifs ». Dans ce même document, on apprend que lors du déraillement d'un TGV (qui circulait à vide) survenu gare de Lyon à Paris en janvier 2015, les deux jeunes techniciens qui avaient respectivement une et trois années d'expérience sont intervenus sur un poste d'aiguillage datant de... 1932 ! Ils n'avaient pas la formation suffisante pour réaliser l'opération prévue. Ce document revient également sur la jungle des référentiels de maintenance de la SNCF, « complexes, imprécis, multiples sur un même aspect technique et parfois même divergents [...] ce qui les rend difficilement utilisables ». Ce constat est d'autant plus alarmant qu'un audit sur l'état du réseau ferré national[1] a révélé que les matériels de signalisation étaient responsables de 75 % des incidents de sécurité sur la période 2010-2016. Il plaide pour une simplification des systèmes. La gare du RER D de Stade de France compte dix équipements pour une voie contre trois pour une gare du RER de Tokyo.

1. Audit sur l'état du réseau ferré national, rapport de la mission, pour le compte de SNCF Réseau, 2018.

7

Mort au passage

Anne-Sophie ne saura jamais. Pourquoi son compagnon est-il mort en empruntant le passage à niveau d'Amilly-Ouerray (Eure-et-Loir) ? Depuis six ans, elle n'est plus jamais repassée à cet endroit, où subsiste une maison de garde-barrière en briques rouges. Jérôme, 34 ans, responsable d'un centre de loisirs, circulait au volant d'un minibus blanc avec quatre stagiaires à bord. Selon les témoins présents, les barrières étaient levées lorsqu'il s'est engagé sur le passage à niveau. La collision avec le train de fret – inévitable – a été fatale. À l'issue de plusieurs années d'enquête, l'information judiciaire s'est soldée par un non-lieu. « Je n'arrive pas à faire le deuil, raconte Anne-Sophie. J'élève un petit garçon qui avait 2 ans au moment de l'accident et n'a pas connu son père[1]. »

Des barrières devenues folles

Le 27 octobre 2012, vers 8 h 10, le minibus Renault conduit par Jérôme s'arrête au passage à niveau n° 40.

1. Entretien avec l'un des auteurs, 26 juin 2018.

Une Renault Megane arrive en face. Les barrières sont baissées, les signaux lumineux annoncent l'arrivée imminente d'un train. Soudain, au bout de trente secondes, les barrières se relèvent, les signaux s'arrêtent. Les deux véhicules s'engagent, pensant légitimement que la voie est libre. Ils sont percutés par le train circulant dans le sens Le Mans-Chartres composé de deux locomotives. Jérôme décède, cinq autres personnes sont blessées, dont trois grièvement. Quelques jours plus tard, une information judiciaire pour « homicide et blessures involontaires » est ouverte à Chartres pour tenter d'éclaircir les circonstances du drame. Un témoin qui circulait derrière le minibus confirme. Les barrières se seraient relevées et les feux éteints avant le passage du train. Le conducteur de la motrice raconte avoir vu « cinquante à cent mètres devant lui » les deux véhicules s'engager sur la voie. Malgré l'enclenchement du freinage d'urgence, il n'a pu éviter la collision. Il assure ne disposer d'aucun moyen de savoir si les barrières sont effectivement baissées avant son passage. Les premières conclusions ne mettent en évidence « aucun défaut détectable », « aucune trace d'acte malveillant ».

L'origine du drame semble incertaine, mais il y a des éléments troublants : des incidents similaires auraient déjà été constatés à cet endroit. La même année, un témoin interrogé par les gendarmes assure que les barrières étaient relevées en plein après-midi alors que le feu rouge continuait à fonctionner. Sans pouvoir préciser la date. D'autres auraient constaté l'inverse : des barrières bloquées. Experts et enquêteurs décortiquent le passage à niveau et ses dispositifs. Câble par câble, pièce par pièce. Ils tentent de reproduire le scénario, par tous les temps. Ils n'y parviennent pas, mais identifient de manière quasi certaine le dysfonctionnement. Schématiquement, un premier circuit permet d'abaisser les barrières au moment de l'arrivée du train, un second maintient les barrières baissées. Ce dernier n'aurait pas fonctionné. « Tout s'est passé comme si le train n'était plus détecté sur les rails, relate un enquêteur. Les barrières se sont relevées trop tôt. » Pourquoi ? « Le problème avec l'électricité, c'est que ça ne laisse pas de traces ! » soupire un spécialiste. En juin 2014, Jacques Bouvy, expert ferroviaire, rend un rapport qui pointe une « défaillance ». Un mois plus tard, le BEA-TT (Bureau d'enquête sur les accidents de transport terrestre) relève, lui, un possible « déshuntage de l'un des circuits de la zone d'annonce », un mauvais contact entre les essieux de la locomotive et les voies.

La justice a entendu comme témoin assisté (un statut intermédiaire entre simple témoin et mis en examen) SNCF Réseau (Réseau ferré de France à l'époque) et SNCF Mobilités. En substance, selon eux, la cause de l'accident était « imprévisible et indétectable » et la maintenance des équipements était « correctement effectuée ». L'ordonnance de non-lieu reprend en détail les scenarii possibles afin de savoir si une faute peut être identifiée. Dans ses conclusions, le magistrat instructeur retient trois hypothèses mais conclut qu'aucune faute « quant à l'entretien du passage à niveau » n'a pu être relevée. Les témoignages faisant état de dysfonctionnements antérieurs n'ont pas été jugés suffisants pour engager la responsabilité pénale de la SNCF. Il n'a jamais été possible de reproduire la même panne. En résumé, la faute à... personne.

Me Josiane Martins, avocate d'Anne-Sophie, n'a pas fait appel de l'ordonnance de non-lieu. Selon elle, la

SNCF a pris sa part de responsabilité en indemnisant les ayants droit : « C'est notre travail d'expliquer aux victimes que le pénal est un domaine particulier, où il faut une intention, un manquement. Là il n'y a pas eu de faute caractérisée, mais sur le plan civil, les choses ont été faites[1]. » La SNCF a en effet indemnisé sans discuter la compagne du conducteur, son fils et les parents de la victime. Le protocole a été signé rapidement à l'issue de l'instruction. Quatre cent mille euros ont été versés afin de réparer le préjudice économique et moral subi. Anne-Sophie reste, elle, avec sa frustration de ne pas savoir. Mais s'en est remise aux conseils de son avocate.

À qui la faute ?

Comme après chaque accident, le BEA s'est saisi de cette affaire et a émis un certain nombre de recommandations techniques auprès de la SNCF. En général, elles visent à améliorer la sécurité des installations, la performance du matériel, la formation des opérateurs… Concernant les accidents à des passages à niveau, depuis 2004 le Bureau enquête accidents a rendu vingt-cinq rapports ; quatre autres enquêtes sont en cours, dont celle sur la collision qui s'est produite à Millas (Pyrénées-Orientales) entre un autocar transportant des collégiens et un train le 14 décembre 2017 et a fait six morts. Dans la plupart des cas, la cause des accidents est une faute liée à la négligence ou à une inobservation du Code de la route par les conducteurs.

1. Entretien avec l'un des auteurs, 26 décembre 2018.

L'accident de Saint-Médard-sur-Ille mérite un détour particulier. Dans cette affaire, à plusieurs reprises, l'alerte avait été donnée. Des accidents s'étaient produits à ce passage à niveau en 2006 (un mort), 2007 (quarante blessés) et 2010. Le BEA avait recommandé des aménagements. Mais rien (ou presque) n'avait été fait. Le 12 octobre 2011, nouveau drame. Un TER qui effectue la ligne Rennes-Saint-Malo percute un camion de 36 tonnes immobilisé sur la voie. Le choc d'une extrême violence provoque la mort de trois passagers et fait treize blessés graves. Les témoins attestent que les feux et les sonneries du passage à niveau ont fonctionné et que les barrières se sont baissées. L'ensemble routier s'est engagé alors qu'il n'aurait pas dû le faire. Il a ensuite tenté de se dégager. La barrière s'est abaissée sur le semi-remorque. Le chauffeur du poids lourd a expliqué lors de sa garde à vue ne pas avoir entendu la sonnerie, ni vu les feux clignotants et s'être retrouvé bloqué par les barrières. La faute du chauffeur est incontestable. Mais est-elle la cause unique du drame ? En novembre 2007, un accident quasiment similaire s'était produit au même endroit. Le BEA, saisi du dossier, avait adressé fin 2009 cinq recommandations, dont une au Conseil général d'Ille-et-Vilaine et à Réseau ferré de France (RFF devenu SNCF Réseau) afin de « mettre en œuvre des mesures aptes à faciliter le franchissement des poids lourds et leur croisement sur ce passage à niveau ».

Résultat ? Rien. « Les différents représentants des collectivités territoriales et de RFF se renvoyaient la responsabilité de la non-avancée des travaux, chacun affirmant attendre de l'autre la transmission d'éléments complémentaires pour faire avancer l'étude[1] », écrit le juge. Le BEA, à nouveau saisi en 2012, conclut que la cause directe de l'accident est le comportement du conducteur. Mais il déplore aussi que le passage à niveau de Saint-Médard ne soit pas inscrit sur la liste des installations « préoccupantes » mise en place en 1998, alors qu'il en avait toutes les caractéristiques et que les travaux nécessaires n'aient pas été effectués. À la suite d'un accident mortel à Port-Sainte-Foy (1997), puis à celui d'Allinges (2008), le ministère des Transports avait en effet dressé une « liste noire » des passages à niveau dangereux. Il avait aussi fait le constat que cela n'était pas suffisant et que seule une « connaissance fine des caractéristiques de chaque passage à niveau permettait de cibler correctement les actions à mener ». Une liste avait alors été remise à jour. Dans laquelle ne figurait pas Saint-Médard.

Mis en examen pour « homicides et blessures involontaires », RFF et SNCF Mobilités ont contesté toute responsabilité dans l'accident pendant l'instruction, puis à l'audience devant le tribunal correctionnel de Rennes en avril 2018. Le conducteur a, lui, reconnu sa responsabilité. Avertie du danger, la SNCF se voit reprocher de ne pas avoir pris les mesures nécessaires. Les responsables de la compagnie ont fait valoir que l'inscription du passage à niveau sur la liste « noire » était prévue en 2012 (car la révision de la liste est prévue… tous les trois ans), mais n'aurait de toute façon pas permis d'éviter l'accident. Il faut presque dix ans pour effectuer les travaux nécessaires. Ils ont également dénoncé

1. Jugement du tribunal de grande instance de Rennes, 2 juillet 2018.

l'inertie du conseil général, qui assure, lui, avoir attendu des informations de la SNCF. « C'est le pays des pas nous », s'est exclamée une victime.

Le jugement du tribunal de Rennes – cent quarante et une pages – a conclu que la SNCF avait bel et bien connaissance de la dangerosité du passage à niveau, en particulier pour les poids lourds, et qu'après plusieurs échanges de mails avec le conseil général pour effectuer des travaux de sécurisation « il n'y avait plus eu de son ni d'image » (*sic*) du côté de RFF. « Aucune mesure prise », « aucune étude sérieuse menée », poursuit la présidente. Cette dernière a relevé l'inefficacité de RFF qui n'a pas pris les mesures urgentes et nécessaires qui s'imposaient. Elle égratigne le gestionnaire d'infrastructure ferroviaire : « Devant les enquêteurs, Xavier Rhone, responsable RFF, a défini le rôle de RFF comme celui d'un "aiguillon". Force est de constater que par l'inertie dont RFF a fait preuve [...], ce rôle d'aiguillon n'a pas été mis en œuvre. » De la même manière, elle a pointé la passivité de SNCF Mobilités qui a « failli à son obligation de sécurité ». Si la faute du chauffeur du poids lourd n'est pas contestée, elle n'enlève rien, selon le jugement, à la responsabilité de RFF et SNCF Mobilités : « Leur obligation de sécurité emporte pour eux la nécessité de prendre en compte la faute humaine afin de mettre en place des mesures efficaces lorsqu'un danger leur est signalé et qu'ils ont les moyens de le prévenir. » Relevant des « manquements graves aux missions et obligations » des deux établissements ferroviaires, le tribunal les a condamnés lourdement : 300 000 euros d'amende chacun. Le chauffeur a, lui, été condamné à trois ans de prison avec sursis. SNCF Mobilités et SNCF Réseau ont fait appel de ce jugement.

Des dysfonctionnements inexpliqués

Les passages à niveau constituent un poison pour la SNCF et le gouvernement. L'impact de ces accidents est souvent médiatiquement fort. Il met en jeu des responsabilités multiples et les explications données sont souvent inaudibles pour les proches des victimes. Claude Dubor, cheminot à la retraite, se bat pour la mémoire de ses parents morts en franchissant un passage à niveau. Le 30 octobre 2015, vers 15 heures, le Corail Marseille-Bordeaux a percuté la Twingo de Georges et Ginette Dubor, 79 ans, à Castelsarrasin (Tarn-et-Garonne). À chaud, la presse évoque un suicide : « Lorsque je suis rentré dans la maison de mes parents, il y avait le linge qui séchait, le repas du soir dans le frigo et la gamelle du chien[1] », témoigne Claude. Dans un premier temps, le parquet classe l'affaire. À la suite d'une plainte avec constitution de partie civile, une information judiciaire est ouverte contre X pour homicide involontaire. Deux ans plus tard, le 30 novembre 2017, deux experts judiciaires, Michel Dubernard et Pierre Henquenet, remettent un rapport[2] qui pointe des dysfonctionnements : « Il nous est possible de confirmer à la suite d'essais effectués [...] des risques potentiels de raté de fermeture de barrières. » Et de poursuivre : « Dans

1. Entretien avec l'un des auteurs, 29 décembre 2018.
2. Rapport d'expertise de Michel Dubernard et Pierre Henquenet, 29 novembre 2017. Il a été révélé par le journal *Ebdo*, janvier 2018.

ce scénario hélas plausible, l'automobiliste se croit évidemment en parfaite sécurité et a très peu de chances d'apercevoir le train qui se présente. » Ils excluent – vu la personnalité des occupants du véhicule – une tentative de franchissement en chicane. Dans leur conclusion, les experts expliquent avoir analysé des enregistrements liés aux installations du passage à niveau postérieurement à l'accident (pendant sept mois) qui ont « permis de mettre en évidence vingt-deux occurrences de fonctionnement atypique du relais qui commande les signaux routiers ».

Dans le document final, les deux experts prennent la peine de souligner en gras : « Le présent rapport met en évidence plusieurs dysfonctionnements inexpliqués des installations du PN 159, lesquels mettent potentiellement en danger la vie des usagers de la route. Nos travaux ne nous permettent néanmoins pas d'affirmer de manière formelle que l'installation a dysfonctionné lors de cet accident. » Il s'agirait de perturbations passagères, qui n'entraînent pas de dysfonctionnement en continu. Donc indétectables. Comme dans le cas d'Amilly. Le juge chargé du dossier n'a pas considéré à ce stade qu'il y avait suffisamment d'éléments à charge pour mettre en cause la SNCF. Ce qui agace Claude, le fils des victimes. Selon des documents fournis par la SNCF, des travaux de bourrage du ballast qui visent à le stabiliser ont été effectués la veille sur la voie : « Pour cela, il faut démonter les pédales d'annonce du passage à niveau. Ont-elles été mal remontées ? » demande-t-il. La SNCF assure que les pédales sont restées en place, car les opérations de bourrage se seraient arrêtées quelques mètres avant. Claude assure également disposer de plusieurs témoignages attestant des dysfonctionnements sur des installations voisines : « Un riverain qui allait à la casse avec une remorque a freiné juste devant le passage à niveau 160. Cela lui a sauvé la vie. Un train lui est passé sous le nez. Un autre a vu les barrières faire l'essuie-glace alors qu'aucun train ne passait. » Claude réclame la « vérité » et veut que la SNCF « reconnaisse ses fautes ».

Au-delà de l'affaire des parents de Claude, les experts ont dressé un constat implacable : « Les systèmes de commande des passages à niveau automatique de la SNCF ne sont pas infaillibles. Les techniques mises en œuvre aujourd'hui sont restées quasiment les mêmes qu'il y a près de soixante-dix ans. » Glaçant. Dans leur rapport, les deux spécialistes rappellent qu'il y a une centaine de collisions par an à des passages à niveau (depuis 2011) qui entraînent en moyenne la mort d'une trentaine de personnes et une quinzaine de blessés graves. Les locomotives sont toutes équipées d'enregistreurs d'événements, notamment des données de conduites, qui sont déterminantes pour les enquêtes. Rien de tel pour les passages à niveau. « Nous ne comprenons pas les raisons pour lesquelles les installations de commande de ces passages à niveau ne sont pas tout au moins équipées d'enregistrements d'événements [...] qui conservent en permanence en mémoire les données des dernières soixante-douze heures par exemple et/ou de caméras de surveillance. Ces dispositions seraient d'une grande utilité pour la manifestation de la vérité. »

Pour améliorer la sécurité des passages à niveau, le gouvernement a confié en novembre 2018 une mission parlementaire à Laurence Gayte, députée des Pyrénées-Orientales. Selon le ministère des Transports, c'est une

« priorité pour l'action de l'État, de SNCF Réseau et des collectivités concernées ». Si 98 % des accidents sont dus « à un comportement inadapté des usagers de la route », le « nombre d'accidents reste trop élevé et leurs conséquences particulièrement lourdes ». En 2017, quarante-deux personnes sont mortes à des passages à niveau. Le programme national de sécurisation, qui recense depuis plus de vingt ans les sites « prioritaires », a permis de baisser le nombre d'installations inscrites (de 437 à 155 sur un total de plus de 15 000). La ministre des Transports, Élisabeth Borne, a décidé de rendre cette liste publique et a annoncé une hausse des crédits de 40 % pour leur sécurisation. Mais la suppression d'un passage à niveau peut prendre plusieurs années. Des mesures simples comme la pose de caméras pourraient avoir un effet dissuasif. Elles permettraient aussi de savoir ce qui s'est réellement passé. À Amilly, Castelsarrasin ou ailleurs. Pour les proches des victimes, une condition indispensable pour « faire le deuil ».

Deuxième partie

Le gilet rouge de la République

1

Le meilleur d'entre nous

« En raison de leur importance pour la garantie des droits et libertés ou la vie économique et sociale de la Nation[1] », les candidats à l'un des emplois pourvus par le président de la République passent un grand oral devant l'Assemblée nationale et le Sénat depuis 2010. Pour que le postulant nommé par le chef de l'État soit recalé, trois cinquièmes des suffrages exprimés par les parlementaires doivent être négatifs. Autant dire que les cas sont rares. Le 8 juillet 2015[2], Guillaume Pepy, candidat au poste de président du directoire de la SNCF, se retrouve face au « jury » parlementaire. C'est la deuxième fois qu'il doit se prêter à l'exercice.

1. Selon la loi organique du 23 juillet 2010, cinquante et un emplois sont pourvus par le président de la République, dont seize doivent faire l'objet d'un avis préalable de la commission du développement durable.

2. La loi du 4 août 2014 a réorganisé le groupe SNCF en trois entités, un établissement public industriel et commercial (EPIC) « mère » et deux établissements « filles » (Mobilités et Réseau). Le groupe est dirigé par un directoire, dont le président est automatiquement le président de SNCF Mobilités.

L'audition publique, filmée par les services de l'Assemblée nationale, est ouverte par Jean-Paul Chanteguet (PS), président de la commission du développement durable. Aux côtés du charismatique patron des cheminots, Frédéric Saint-Geours, candidat à la présidence du conseil de surveillance, ainsi que Jacques Rapoport, qui postule à la présidence déléguée du directoire. Plus discret, à l'écart du champ de la caméra, Stéphane Volant, secrétaire général de la SNCF, n'est candidat à rien. Mais il ne rate pas une minute de la scène. L'homme est essentiel au sein du groupe ferroviaire. « C'est le moine-soldat, tout passe par lui », glisse un bon connaisseur de l'entreprise. Il dispose aussi d'un solide réseau au sein de la classe politique. Sa place est là, dans l'ombre.

Comme à son habitude, Guillaume Pepy arbore le pin's aux couleurs de la SNCF. Un orange vif « carmillon », un mélange de carmin et de vermillon créé spécialement pour l'entreprise, qui tranche avec le gris anthracite de son costume. Comme d'habitude, il est à l'aise, calme et concis. L'homme connaît la maison SNCF comme personne. Entré dans l'entreprise pour la première fois en 1988 (il avait 31 ans), nommé président sous Nicolas Sarkozy en 2007 (pour cinq ans), il a été reconduit par François Hollande en 2013. Après la réforme ferroviaire de 2014 et la création d'un établissement de « tête » qui pilote deux établissements publics « filles » (SNCF Réseau et SNCF Mobilités), son poste est remis en jeu. Entre-temps, il y a eu la catastrophe de Brétigny, qui a mis en évidence l'état déplorable du réseau. La tête du patron de la SNCF va-t-elle rouler sur le billot du Palais-Bourbon ? Est-il à la hauteur pour redresser la barre ? Est-il l'homme de la situation pour garantir la sécurité du réseau et préparer la réforme ferroviaire ?

Grand oral

Le candidat Pepy est le deuxième à prendre la parole, après Frédéric Saint-Geours. Habile, il sait éviter les sujets qui fâchent (aucune allusion à Brétigny) et évoque avec tact la galère de ceux qui empruntent les « transports du quotidien » (5 millions de personnes par jour, par opposition aux 350 000 usagers du TGV), la nouvelle marotte de la SNCF : « Les RER étaient les trains les plus en retard de France. On est à mi-pente. » Le patron de la SNCF vend sa maison avec brio. Campagne de travaux « sans précédent » pour moderniser le réseau, doublement des TGV Ouigo (offre low cost) pour « baisser les prix sans perdre d'argent », développement du covoiturage et du vélo libre-service pour transporter les passagers « d'adresse à adresse » (et non pas seulement de gare à gare)... Le tout est énuméré avec la force de l'évidence, comme un train qui arriverait à l'heure. Certaines promesses sont un peu hasardeuses, comme celle de pouvoir téléphoner et envoyer des données depuis les quinze mille trains qui roulent chaque jour « fin 2016 ». Encore aujourd'hui, passer un coup de fil dans un wagon sans être coupé toutes les minutes reste une prouesse. Guillaume Pepy met surtout en avant le développement du « champion français » à l'international (30 % du chiffre d'affaires, soit 10 milliards d'euros, 40 000 salariés qui travaillent à l'export). Il vante les mérites de l'entreprise d'ingénierie Systra, qui pourrait devenir le « premier mondial » dans son domaine. Une filiale qui se retrouvera au cœur du déraillement du TGV Est quatre mois plus tard.

Au tour des députés de poser des questions. Le « président Pepy » saisit son stylo rouge. Ici, comme devant la plupart de ses interlocuteurs, il prend des notes. Une soixantaine de questions pour vingt-huit députés présents ! L'un des bons spécialistes du ferroviaire, Philippe Duron (PS), se félicite d'une carrière « qui s'identifie à la SNCF » et souligne l'ouverture à l'international de la « vieille maison ». Après quelques marques de sympathie, il s'inquiète d'« indicateurs médiocres », notamment des « mauvais résultats du fret », des « pertes des TET » (trains d'équilibre du territoire, autrement appelés Intercités) qui ne cessent d'augmenter. Il insiste sur l'urgence de « moderniser l'organisation du travail » et d'« améliorer la productivité ». Sans attendre les réponses de Guillaume Pepy, il conclut : « Les députés SRC (groupe socialiste) ont la conviction que vous pourrez relever ces défis [...] ils vous renouvelleront leur confiance. » Fermez le ban.

Bertrand Pancher (Mouvement radical), autre spécialiste du ferroviaire, aborde deux sujets sensibles : « Comment faire pression sur le gouvernement pour enrayer la dette ? » « Après la catastrophe de Brétigny, comment œuvrer en matière de sécurité ? » Gilles Savary, autre fin connaisseur, met le doigt sur l'une des nombreuses contradictions imposées par l'État à la SNCF : son suréquipement en TGV pour remplir le carnet de commandes d'Alstom (400 rames qui roulent en moyenne cinq heures par jour). Puis, les autres députés, censés s'assurer que Guillaume Pepy est l'homme le mieux placé pour diriger la plus grande entreprise publique française, se lancent tous dans des problématiques qui ne paraissent pas à la hauteur de l'enjeu : « Les escaliers mécaniques de Saint-Nazaire sont en panne », soupire l'un d'eux. « Le TGV avait quarante minutes de retard hier », se plaint un élu nantais. Un autre s'inquiète du cadencement des trains entre Paris et Laval pendant la période estivale. Olivier Falorni, député de Charente-Maritime, aimerait que plus de TGV circulent entre Paris et La Rochelle. Face à l'avalanche des doléances, Stéphane Volant pianote sur son téléphone. Il communique au fur et à mesure les informations à Guillaume Pepy.

Le grand oral ne consiste donc pas à tester les compétences du futur patron de la SNCF, mais à voir s'il peut résoudre les petits tracas et les grands problèmes de chacun. L'art de la synthèse et de la diplomatie en direct. Guillaume Pepy répond point par point. Il passe rapidement sur les problèmes de sécurité : « Il manque un milliard d'euros pour la modernisation du réseau existant, on propose de le prendre sur les projets de développement. » Puis, il déroule le tour de France des doléances. Suppression de lignes à Château-Thierry, retard à Nantes, dessertes au Mans, avenir du technicentre de Romilly… Il a pour tous un mot gentil, une proposition de dialoguer en direct, une promesse de revoir la qualité du service. L'essentiel, le fond du sujet, a été peu discuté. Le résultat du scrutin est sans surprise : vingt-quatre votes pour et quatre abstentions. Le lendemain, la commission du Sénat se réunit. Même ambiance consensuelle. Les élus évoquent (peu) le futur rôle du président, mais surtout la situation des lignes qui traversent leur circonscription. Le centriste

Hervé Maurey, qui préside la séance, tente un rappel à l'ordre : « Nous avions convenu de ne pas parler de nos gares. » « Je ne fais que citer une gare des Alpes-Maritimes », répond sans complexe Louis Nègre, sénateur-maire de Cagnes-sur-Mer. Hervé Maurey, percevant le peu de mordant de ses collègues, tente une question qu'il qualifie d'« impertinente » : « Lorsqu'on change une structure, ne faut-il pas changer aussi son président ? » Le « président Pepy » ne prendra pas la peine de répondre. Il se contente de rappeler sa « fidélité » à l'entreprise et que deux mandats permettent de « faire [s]es preuves ». Succès total. Douze voix pour la nomination de Guillaume Pepy. Même pas une abstention.

Une vie dédiée au train

Ainsi va la vie de Guillaume Pepy. Souvent décrié, à la tête de l'entreprise la plus passionnelle de France, mais toujours là. Le résultat d'une existence dédiée au train qui lui a permis de se constituer un réseau hors du commun. Ces échanges au Parlement sont symptomatiques. Quoi de plus gratifiant pour un élu que de décrocher le TGV dans sa circonscription, d'ouvrir une nouvelle gare dans sa ville, de maintenir des petites lignes en zone rurale, de proposer des trains neufs en banlieue ? Qui peut répondre à ces demandes ? L'homme de la situation se tient devant eux. Le génie de Guillaume Pepy a été de multiplier les réseaux. Ils se croisent, se superposent, s'ajoutent, se multiplient. Une toile patiemment tissée au cours de vingt ans au service de l'État, mais aussi du sien. Qu'est-ce qui fait courir Guillaume

Pepy ? Son salaire ? Avec ses 450 000 euros bruts par an[1], il gagne dix à vingt fois moins qu'un patron du CAC 40. Les jetons de présence qu'il perçoit depuis 2008 en tant qu'administrateur indépendant de Suez, groupe spécialisé dans la gestion de l'eau et des déchets, lui ont rapporté, selon le rapport financier du groupe, 77 331 euros en 2016 et 59 819 euros en 2017. Pepy est présent à un peu plus d'une réunion sur deux : « J'ai été étonné par sa capacité à s'emparer des sujets liés à Suez, raconte un membre du conseil d'administration. Pour un grand patron, c'est bien de regarder ailleurs, d'avoir une vision décalée. »

Alors, quoi ? Les attributs du pouvoir ? Le patron de la SNCF circule sans berline avec chauffeur, la plupart du temps en scooter ou en taxi-moto. « La première fois que je l'ai vu, je lui ai donné rendez-vous dans un grand hôtel, se souvient un conseiller ministériel. En fait, il s'en foutait. » L'appartement parisien qu'il a longtemps occupé dans le 9e arrondissement, près du quartier de l'Opéra, était vaste, clair, mais avait des allures de campement. Aucun tableau de maître. Pas de signes extérieurs de richesse. Modeste, assurément. Depuis, il a emménagé dans le centre de Paris. Beaucoup louent son attachement sincère à l'entreprise devenue au fil du temps son jouet, voire sa propriété. Au début de l'affaire de Tarnac[2], Guillaume Pepy est en contact direct avec Michèle Alliot-Marie, ministre

1. Ce plafond a été instauré par François Hollande en 2012 pour les dirigeants des principales entreprises publiques (environ une cinquantaine), hors montant de jetons perçus en tant qu'administrateurs de filiales.

2. Des membres d'une communauté libertaire installés à Tarnac avaient été accusés d'avoir posé des crochets sur les caténaires pour

de l'Intérieur, et son directeur de cabinet, Michel Delpuech. Des actes de sabotages avaient été perpétrés sur plusieurs lignes TGV : « Il avait l'air choqué, se souvient un membre du cabinet. Il a tout de suite dit : "Ça ne peut pas venir de chez nous, ça ne ressemble pas aux cheminots !" » Entre les élus, l'État et les syndicats, Guillaume Pepy est devenu une interface immuable, intouchable. Une sorte d'État dans l'État. « Pour durer à ce poste, il faut être plus fort qu'un ministre », confie Gilles Savary, ex-député (PS), spécialiste du ferroviaire. Si l'actionnaire étatique sait parfois lui imposer son ordre de marche, si les syndicats lui mènent la vie dure, il est le chef des gares et du train français. Un signe ne trompe pas : lorsque Guillaume Pepy organise une conférence de presse, cinquante journalistes se pressent dans la salle. Lorsque le ou la ministre prépare une annonce, il y en a huit. Des secrétaires d'État délégués aux Transports ou ministres de plein exercice, le patron de la SNCF en a déjà étrenné cinq : Dominique Bussereau, Thierry Mariani, Frédéric Cuvillier, Alain Vidalies et Élisabeth Borne. Mais depuis qu'il exerce des fonctions dirigeantes, il en a vu défiler une dizaine, du communiste Jean-Claude Gayssot, ex-cheminot, chantre du service public, au libéral Dominique Bussereau, fils de cheminot, partisan de l'ouverture à la concurrence. Certains ont laissé une trace plus ou moins impérissable à la tête de leur ministère du boulevard Saint-Germain.

---

stopper les TGV lors de leur passage. Les suspects ont tous été relaxés en avril 2018.

Promotion Louise Michel

Guillaume Pepy leur a tous survécu. Un petit miracle d'habileté. L'homme est le pur produit de la haute fonction publique. Un homme du système ou plutôt d'une caste qui dirige la France dans l'ombre, sans être jamais passée par les urnes. Un serviteur de l'État que l'État a choyé. Son parcours est aussi brillant que classique. Né à Neuilly-sur-Seine le 26 mai 1958, d'un père avocat et d'une mère secrétaire de direction, il a grandi au sein de la bourgeoisie parisienne. Une famille de gauche qui vit dans un quartier de droite. Éduqué à la meilleure école, l'Alsacienne, établissement privé d'enseignement laïque situé rive gauche dans le 6e arrondissement, le jeune Guillaume a pour camarades les fils et filles de bonne famille. Pour entrer dans ce cercle, mieux vaut avoir des parents qui ont (déjà) un réseau dans le milieu politique, médiatique ou artistique. L'adresse familiale, au-dessus du restaurant de poissons Le Dôme, boulevard du Montparnasse, le berceau historique de l'édition française, en face de la brasserie La Rotonde, où Emmanuel Macron avait célébré sa victoire au premier tour de l'élection présidentielle, constituait un atout non négligeable.

Pervenche Berès, députée européenne (groupe Socialistes et Démocrates), a usé les mêmes bancs que lui à partir de la troisième. Inscrite dans la classe de Guillaume Pepy, elle devient rapidement son amie : « Il y avait plusieurs bandes dans l'école, lui était entouré de trois filles, on les appelait les trois Grâces[1]. » Elle

1. Entretien avec l'un des auteurs, 21 novembre 2018.

décrit un garçon sérieux, bon élève, à l'écriture soignée. Son père, qui joue du piano, est aussi austère et absent que sa mère est chaleureuse et attentive à la carrière de ses enfants. Jusqu'à une période récente, il n'était pas rare de la voir à ses côtés lors d'interviews sur les plateaux radio. Une famille de gauche, pas bourgeoise, mais un peu vieille France. « Moi, j'étais très de gauche, lui était dans un esprit d'élite républicaine, poursuit Pervenche Berès. Ce n'était pas un héritier bourgeois. » Envie de casser les codes ? Crise d'adolescent ? Guillaume Pepy aurait passé six mois dans les Jeunesses communistes à l'âge de 17 ans. Le jeune homme et sa camarade se suivent et intègrent Sciences Po en même temps. Guillaume Pepy affirme un caractère déterminé, méthodique et organisé. « Il savait où il allait, raconte son amie. Il ne flottait pas dans l'incertitude. » Politiquement, il se situe du côté des « sociaux-démocrates modernes ». Sur le plan professionnel, il ne rêve peut-être pas encore d'être patron de la SNCF, mais s'intéresse déjà au rail : « On allait voir les trains, se souvient Pervenche Berès. On allait regarder les locomotives. » Signe prémonitoire ? Il avait aussi chez lui une série des catalogues Chaix, l'annuaire officiel des chemins de fer.

Diplômé de l'Institut d'études politiques, Guillaume Pepy prépare l'ENA avec Pervenche Berès, qui rate le concours. Leurs chemins universitaires divergent, mais l'amitié demeure. En 1982, Guillaume Pepy intègre cette antichambre du pouvoir. Futurs chefs d'entreprises publiques, grands patrons, intellectuels, élus de la Nation. Le gotha. La France qui décide. Mais aussi l'anonymat de l'administration française pour beaucoup. Guillaume Pepy a su se distinguer parmi ses pairs. Lors du séminaire d'intégration, Guillaume Pepy se bat avec Pierre Moscovici, son condisciple, pour que la promotion ne se nomme pas Machiavel, mais Louise Michel[1]. À l'époque, l'homme était plus proche de la lutte ouvrière que du théoricien du pouvoir. Aujourd'hui, il est devenu un maître dans l'art de gouverner que ne renierait pas l'auteur du *Prince*.

À sa sortie de l'ENA en 1984, bien classé (il est sixième), Guillaume Pepy intègre le Conseil d'État, où il démarre comme auditeur, puis maître des requêtes pendant trois ans. Ce passage sous les ors et lambris de l'institution du Palais-Royal lui vaut sa première apparition télévisée sur Antenne 2[2]. Il a 30 ans, des lunettes rondes, une cravate rouge et bleue, un costume gris et des cheveux bruns. Rapporteur général de la Commission d'accès des documents administratifs (CADA)[3], installé au milieu d'une immense salle de réunion du Conseil, il répond à des questions portant sur la transparence en matière de transmission de documents. Face à la caméra, il est à l'aise et se départ rarement du sourire juvénile qui va être sa marque de fabrique. Il maîtrise déjà l'interview, a le sens des phrases courtes et claires. Il ne perd pas de temps. En 1987, il intègre la Direction générale des télécommunications et rédige des notes pour Marc Dandelot, conseiller d'État lui aussi, directeur de cabinet de Gérard Longuet, le secrétaire d'État chargé des Postes et Télécommunications dans le gouvernement de Jacques Chirac. Il participe égale-

1. Guillaume Pepy, *Les Échos*, 1er juin 2016.
2. Émission « C'est la vie », Antenne 2, 28 janvier 1987.
3. Guillaume Pepy a été nommé rapporteur général de la CADA le 26 novembre 1986 (*Journal officiel*).

ment à la rédaction d'un livre de Gérard Longuet sur les télécoms.

À la faveur du retour des socialistes en 1988, Guillaume Pepy quitte l'administration pour les cabinets ministériels. Il rejoint celui de Michel Charasse, ministre du Budget. Un an plus tard, il effectue une première incursion dans l'univers de la SNCF comme directeur de cabinet du président, Jacques Fournier. Guillaume Pepy a cédé son poste de rapporteur général de la CADA à Richard Descoings, maître des requêtes comme lui au Conseil d'État. Le futur directeur de Sciences Po Paris qui mourra dans de dramatiques circonstances à New York est déjà l'homme de sa vie.

Sa promotion de l'ENA reflète une image fidèle de l'élite française. Philippe Bas, président de la commission des lois au Sénat, François Villeroy de Galhau, gouverneur de la Banque de France, Jean Mallot, contrôleur général économique et financier à Bercy. Elle ne donnera pas de président de la République à la France, mais elle constituera un formidable tremplin pour toute une génération de jeunes énarques de gauche à laquelle appartient Guillaume Pepy. En 1981, l'alternance politique qu'ils espèrent tous est enfin arrivée. François Mitterrand entre à l'Élysée. L'administration est peuplée de fonctionnaires de droite qui font tourner la machine étatique. Le nouveau pouvoir socialiste a peur que ces hommes ne bloquent le système de l'intérieur. C'est méconnaître leur sens du devoir et le respect du principe de neutralité. Marceau Long, secrétaire général du gouvernement depuis 1975, a donné le ton en accueillant Pierre Mauroy avec bienveillance et en se mettant à sa disposition. Servir l'État avant tout. On est très loin du système des dépouilles, le *spoil system* à l'américaine, qui entraîne le départ de l'administration en poste sous la majorité précédente. Le « SGG » est l'un des tout premiers personnages de la République. Issu du Conseil d'État inévitablement, c'est lui qui fait fonctionner l'administration française. Marceau Long accompagne pendant une année le nouveau Premier ministre, qui le remercie en le nommant à la tête d'Air France. Jacques Fournier lui succède. Il est au sein du Conseil d'État le chef de file des hauts fonctionnaires de gauche. Futur patron de la SNCF, il repère Guillaume Pepy. Ce dernier s'est-il spontanément présenté à lui pour lui faire part de sa passion pour le train lorsque François Mitterrand a nommé Fournier à la tête de la SNCF en 1988, comme il l'a raconté dans un livre sur la SNCF[1] ? « Allant au palais du Louvre où se trouvait encore le ministère des Finances, je croisai dans la cour Guillaume Pepy, jeune maître des requêtes au Conseil d'État qui venait d'entrer au cabinet de Michel Charasse. Secrétaire d'État au Budget, je lui fis part de ma quête et lui demandai des noms de candidats possibles. Sa réaction fut immédiate et spontanée : "Pourquoi pas moi ? – Mais tu viens d'entrer chez Charasse. – Qu'importe, il ne pourra pas refuser." »

En tout cas, Pepy et Fournier avaient mille occasions de se rencontrer. Chaque nouvelle promotion du Conseil d'État est invitée à déjeuner dans le Pavillon de musique du jardin de Matignon par le secrétaire général du gouvernement. Outre les quatre ou cinq recrues sont également conviés le vice-président du

1. *SNCF, un scandale peut en cacher un autre*, sous la direction de Julie Pichot et Frédéric Brillet, Éditions de l'Observatoire, 2018.

Conseil d'État et les collègues influents en poste dans l'appareil d'État. Tradition immuable qui se perpétue année après année. Les jeunes énarques qui ont le bonheur de faire leur entrée dans le bal du pouvoir quand il est aux mains de leur famille politique ont toutes les chances de faire une brillante carrière. Les premières promotions des années 1980 ont eu droit à un alignement de planètes particulier. Les gouvernements socialistes se sont succédé pratiquement sans interruption pendant vingt ans, de 1981 à 2002, si ce n'est de courtes périodes de cohabitation.

Au service de l'État

Le premier passage de Guillaume Pepy à la SNCF est bref. En 1990, il intègre l'équipe de Michel Durafour à la Fonction publique, puis enfin celle de Martine Aubry au ministère du Travail. Les jeunes énarques de gauche investissent les cabinets ministériels en bande. Parmi eux, Richard Descoings et un autre de ses camarades du Conseil d'État, Christophe Chantepy. Ce dernier – contrairement aux deux autres – assume son homosexualité (il milite alors dans le groupe GPL, Gays pour la liberté, proche du PS). « Les trois garçons se font naturellement la courte échelle pour grimper les échelons du pouvoir[1] », raconte Raphaelle Bacqué, journaliste au *Monde*. Un cercle dans le cercle. Entre carrière à l'ombre des ministres (Chantepy), dans la lumière de Sciences Po (Descoings) et le fracas des trains (Pepy), le trio va mener un parcours brillant. En mai 1991,

1. Raphaëlle Bacqué, *Richie*, Grasset, 2015.

lors de la nomination de Martine Aubry, Guillaume Pepy, directeur de cabinet, apparaît en arrière-plan, tout sourire. Alors inconnue du grand public, la fille de Jacques Delors est déjà une femme influente. Les deux années que Guillaume Pepy passe à ses côtés rue de Grenelle le marquent. Bernard Roman, patron de l'Arafer, ex-député du Nord, proche de Pierre Mauroy, alors premier secrétaire du parti socialiste, l'a connu à l'époque : « C'était une personnalité brillante. Guillaume Pepy est longtemps resté très proche de Martine. » Les deux hommes se croisent régulièrement, l'Arafer étant l'autorité de contrôle du transport ferroviaire. Selon un proche de Guillaume Pepy, les relations avec Aubry auraient été plus nuancées : « C'était un calvaire, car c'est très dur de travailler avec elle sur le plan du management. » Politiquement, la future maire de Lille incarne la « deuxième gauche » et partage avec Guillaume Pepy les mêmes valeurs d'ouverture sur le monde de l'entreprise.

À l'époque du ministère du Travail se crée le réseau des « canetons du Châtelet », tous anciens membres du cabinet de Martine Aubry. L'anecdote appartient désormais à la légende et a été maintes fois racontée. Le nom de la bande aurait été soufflé par le chef de cabinet, Pierre Nore, qui avait pour mission de réunir tous les soirs une portée de canetons qu'une cane avait mis au monde dans l'un des bassins de l'hôtel particulier du Châtelet, dans le 7e arrondissement[1]. Parmi eux, Muriel Pénicaud, conseillère chargée de la formation sous Martine Aubry, actuelle ministre du Travail. Elle a retrouvé sur sa route Guillaume Pepy à

1. *SNCF, un scandale peut en cacher un autre*, *op. cit.*

la SNCF en tant que membre du conseil d'administration (2013 à 2015), puis comme membre du conseil de surveillance (2015 à 2017). Elle n'est jamais très loin lorsque le patron de la SNCF est en difficulté avec le gouvernement. Autre « caneton », David Azéma, repéré par Guillaume Pepy, qui l'a fait venir auprès de Martine Aubry. En 1993, cet énarque a rejoint la SNCF comme chargé de mission à la direction de la stratégie, directeur des filiales et participations puis comme P-DG d'Eurostar (1998-2002). Il sera l'un des stratèges de la réforme de 1997, qui aboutira à la création de Réseau ferré de France. Après un passage à Vinci Concessions comme directeur général, David Azéma revient en 2008 à la SNCF comme directeur général délégué. Guillaume Pepy le considère comme son bras droit, son « frère de combat ». Les deux hommes entretiennent une très forte complicité intellectuelle et amicale. Au total, David Azéma a passé quinze ans au sein de la SNCF, dont quatre au comité exécutif. Puis il a exercé pendant deux ans à l'Agence des participations de l'État (2012-2014), d'où il a pu observer les liens ambigus entre l'État et les entreprises publiques. Depuis, David Azéma a rejoint le secteur privé : d'abord à la Bank of America (2014), puis à la banque d'affaires Perella Weinberg.

Sur les rails

En 1993, la gauche perd les élections législatives. Guillaume Pepy reprend le chemin du siège de la SNCF : il est nommé directeur de la stratégie sous la présidence de Jean Bergougnoux. Mais il démissionne rapidement pour « divergences stratégiques ». Bien lui en a pris. En 1995, une grève sans précédent paralyse la France, alors que le gouvernement Juppé veut allonger la durée de cotisation des fonctionnaires pour leur retraite. Face à la grogne populaire, le Premier ministre cède, Bergougnoux démissionne. Guillaume Pepy observe cela de loin, depuis la Sofres, où il est chargé du développement. Loïck Le Floch-Prigent reprend les rênes de la SNCF. Directeur de cabinet de Pierre Dreyfus à l'Industrie en 1981, le Breton noue d'excellentes relations avec les syndicats, notamment avec le patron de la CGT, Henri Krasucki. Or il faut absolument ramener le calme à l'intérieur de la maison. Philippe Germain, son directeur des ressources humaines qu'il installe en arrivant, passe des soirées à refaire le monde et la SNCF avec les représentants de la CGT. Le Floch-Prigent convainc Juppé et Chirac de payer les jours de grève, débarque au comité exécutif à peine nommé et vire tout le monde. Il engage un grand plan de départ dans les bureaux, huit cents postes sont visés sur vingt-huit mille. « Louis Gallois qui m'a succédé a eu peur de poursuivre le grand ménage, raconte-t-il, je me suis tout de suite senti en adéquation avec cette entreprise. J'y ai rencontré des gens formidables, cheminots depuis plusieurs générations. Ils avaient un vrai sentiment d'appartenance à la SNCF. C'est une entreprise d'une loyauté absolue[1]. » Ancien patron de Rhône-Poulenc, Elf et plus récemment nommé à la présidence de Gaz de France, il s'enthousiasme pour l'aventure. Une atmosphère de renouveau souffle sur le groupe. « Un OVNI, raconte un des dirigeants de l'époque. Il avait compris avant de venir comment l'entreprise fonctionnait. Il a laissé une

1. Entretien avec l'un des auteurs, 28 août 2018.

trace indélébile. » L'ex-P-DG d'Elf pressent qu'il faut s'émanciper du pouvoir politique. Il lance la première grande enquête auprès des Français sur ce qu'ils pensent de la SNCF. Un succès. Plus de vingt mille réponses. Les résultats sont diffusés sur une pleine page dans la presse nationale et régionale. Le glissement sémantique commence à se réaliser : on ne parle plus d'usagers mais de clients. « Je leur explique qu'on ne fait pas partir un train dont les toilettes ne fonctionnent pas », se souvient-il. Au bout de six mois, Loïk Le Floch-Prigent, impliqué dans l'affaire Elf, prend la direction de la prison. Il doit remettre sa démission depuis sa cellule. « Je suis encore président de la SNCF lorsque je rentre à la Santé, confie-t-il. Louis Gallois est venu me voir deux ou trois fois pour que je lui explique certains dossiers. » Une drôle de passation des pouvoirs. « Au moment de la grève de 2018, dit-il avec émotion, une dame de la SNCF est venue me voir en éclatant en sanglots. "Vous savez, vous, qu'on travaille bien !" » Décidément, on ne l'a pas oublié.

Lui succède Louis Gallois[1], P-DG d'Aérospatiale depuis 1992. Ce haut commis de l'État va transformer l'entreprise (notamment par la régionalisation ferroviaire) et révéler Guillaume Pepy, qui, en juillet 1997, a de nouveau rejoint la maison SNCF. Il le considère comme son « père ». Un dernier aller sans retour. Louis Gallois lui donne la direction des grandes lignes à la SNCF, puis celle de toutes les activités voyageurs. Les deux hommes se vouvoient : « Il y a un grand respect

1. Louis Gallois nous a indiqué par mail le 14 novembre 2018 qu'il ne s'exprimait pas sur la SNCF, règle à laquelle il se tient depuis douze ans.

de Guillaume pour Louis Gallois, souligne un ancien cadre. Il est son référent. » Entre Louis Gallois, figure paternelle, statue du Commandeur de la SNCF, qui restera dix ans à la tête de l'entreprise et son directeur, le courant passe. Ils sont animés par le même sens du service de l'État. Louis Gallois, sorti parmi les premiers de sa promotion de l'ENA, avait choisi l'Industrie par sens de l'engagement public alors qu'il aurait pu prétendre à des filières plus prestigieuses. Tous deux sont des prototypes de la haute administration, mais avec une génération d'écart. Un binôme parfait. « Le tandem Gallois-Pepy était probablement plus intéressant que Guillaume Pepy tout seul », juge même un cadre qui a connu les deux. L'expérimenté Louis Gallois intimide ses collaborateurs, le jeune Guillaume Pepy sait les mettre à l'aise. Le premier est aussi rigide que le second est souple. Gallois n'est pas friand de médias, Pepy ne les fuit pas. Au contraire. Guillaume Pepy s'immerge dans l'entreprise. Il apprend à la connaître, à « parler cheminot ». Il multiplie les déplacements sur le terrain, se familiarise avec tous les métiers. Une tâche facilitée par une capacité de travail hors norme : « C'est un bosseur comme il y en a peu dans le monde, s'enflamme l'un de ses anciens collaborateurs. Il rencontre un tas de gens. C'est un truc physique. Il parle, se tait, se tend vers vous et écoute. » Pour ne rien oublier, il note tout depuis toujours sur des carnets noirs en moleskine, qu'il numérote consciencieusement. Plus récemment, il prend en photo avec son téléphone portable des mémos rédigés le week-end qu'il juge importants et les envoie à ses collaborateurs. À n'importe quel moment de la journée. Il fait un usage frénétique du téléphone. Il arrive avant tout le monde au bureau et repart après tout le monde. « C'est un fonceur, voire un peu borné, analyse Roger Dillenseger, secrétaire général de l'UNSA ferroviaire. Il a du mal à ce que ça ne suive pas à la vitesse qu'il veut[1] ! » Les rendez-vous qu'il donne durent rarement plus d'un quart d'heure. Ses journées sont réglées comme un métronome.

Son enthousiasme a quelque chose d'un peu adolescent, voire « boy-scout » : « Il est optimiste, honnête, et prend tout sur lui », souligne un proche. S'il n'a pas de grande vision industrielle, c'est un as du marketing. « Un vendeur, un communicant, poursuit Dillenseger. Il est le VRP de la SNCF. Il en abuse. Mais c'est un homme de parole. » À la fin des années 1990, Guillaume Pepy engage un marathon médiatique. Une performance unique dans l'histoire du service public. Sur le site de l'Institut national de l'audiovisuel (INA), son nom est cité dans sept cents reportages, magazines, interviews… Loin devant Louis Gallois (575) ou d'autres patrons d'entreprises publiques (126 occurrences pour Jean-Cyril Spinetta, ex-patron d'Air France, 55 pour Gérard Mestrallet, président du conseil d'administration de Suez). Le 20 mai 1998, Guillaume Pepy donne ainsi sa première interview à l'émission « Les 4 Vérités » sur Antenne 2. La première d'une longue série dans cette émission. Face à la journaliste Françoise Laborde, il porte un costume vert foncé et la cravate assortie. Il enchaîne déjà les phrases-chocs, les slogans : « Un train plus simple et moins cher », « Le vrai patron de la SNCF, c'est le client », « Notre objectif est de lui faire préférer le train ». L'art de parler comme une affiche publicitaire. Dix minutes de discours, rodé,

1. Entretien avec les auteurs, 23 août 2018.

bien ficelé. Françoise Laborde rend l'antenne à William Leymergie. Sur le plateau de « Télématin », Guillaume Pepy est un peu comme chez lui. À l'heure du petit déjeuner, les plus fidèles téléspectateurs de l'émission auront l'occasion de le voir quinze fois en dix-sept ans (1998-2015).

En 2003, Louis Gallois nomme son « poulain » directeur général exécutif du groupe. Guillaume Pepy met l'entreprise sur les rails de la modernité et crée Voyages. sncf.com. Gallois le presse d'aller voir ailleurs : « Allez dans le privé ! » « J'aime cette entreprise, ma vie est ici », répond Guillaume Pepy. En 2006, la présidence du groupe lui échappe au profit d'Anne-Marie Idrac, venue de la RATP, ex-secrétaire d'État aux Transports sous Alain Juppé, première femme à piloter l'entreprise. Il est déçu. Louis Gallois ne l'a pas soutenu pour prendre sa succession. Il pense que ce n'est pas encore son heure.

Deux ans plus tard, lorsque le poste est remis en jeu, Guillaume Pepy mène une intense campagne de lobbying pour décrocher le job, contrairement à Anne-Marie Idrac, convaincue qu'un bilan qu'elle juge satisfaisant lui suffira pour garder son poste. Erreur. Nicolas Sarkozy vient d'être élu président de la République. Avec son conseiller social, Raymond Soubie, il veut avoir la paix avec la CGT. Guillaume Pepy sait actionner les bons leviers et convaincre qu'il est l'homme de la situation pour faire tourner le groupe ferroviaire. Dans un climat d'ouverture du côté du pouvoir, son étiquette socialiste n'est pas pour déplaire. Anne-Marie Idrac comprend peu à peu que le poste lui échappe mais ne digère pas la manière dont elle est éconduite. Le Premier ministre, François Fillon, la reçoit pour évoquer sa feuille de route. Il lui dit qu'il est inutile de demander audience à Claude Guéant, alors secrétaire général de l'Élysée, la lettre de mission devrait suivre. Le jour de l'officialisation approche. Elle a rendez-vous avec Jean-Louis Borloo, ministre de l'Écologie et de l'Aménagement du territoire, dont dépend le secrétariat d'État aux Transports. Mais ce dernier l'annule deux heures avant. Pierre Méhaignerie, centriste comme elle, l'appelle pour lui dire en substance : « Je crois que tu es virée mais il ne faut pas que tu t'énerves. » Nicolas Sarkozy finit par lui annoncer sa décision. L'échange est glacial. Il lui explique qu'en tant qu'actionnaire « il fait ce qu'il veut ». Il lui propose le Commissariat à l'énergie atomique, qu'elle refuse. Dans l'entourage d'Anne-Marie Idrac, on soupçonne Guillaume Pepy d'avoir fait jouer ses réseaux déjà nombreux pour lui griller la politesse.

« La SNCF, c'est explosif, confirme Claude Guéant[1], alors secrétaire général de l'Élysée. Le fait qu'il ait une connaissance fine des relations sociales était important. De plus, il avait une bonne réputation et était très engagé ! Qu'il soit à gauche, ça pouvait servir. Je me souviens que Raymond Soubie, le conseiller social, en pensait beaucoup de bien. Nicolas Sarkozy le connaissait et l'appréciait. » À l'époque, le président de la République prend un malin plaisir à capturer des proies à gauche pour neutraliser et déstabiliser ses adversaires. Il essaie à plusieurs reprises de faire venir Richard Descoings dans son gouvernement. Il lui propose même un secrétariat d'État ou un poste de haut-commissaire. Au ministère de l'Enseignement

1. Entretien avec les auteurs, 16 octobre 2018.

supérieur, on enrage contre le patron de Sciences Po qui court-circuite en permanence l'administration pour obtenir ses arbitrages directement à l'Élysée. Les subventions allouées à l'IEP explosent. Descoings et Pepy sont devenus deux hommes puissants. L'un à la tête de la SNCF, l'autre pilote l'école des élites. Les jeunes démocrates sociaux du début des années 1980 sont à l'apogée de leur carrière. Le 27 février 2008, Nicolas Sarkozy nomme Guillaume Pepy pour cinq ans. La nouvelle lui a été annoncée par le journaliste Jean-Pierre Elkabbach, qui sortait du bureau du président de la République.

Guillaume Pepy a 49 ans. La vie et les rails devant lui.

2

Pepy le Grand

Le temps a fait son œuvre. C'est devenu une évidence. Mais l'avènement de Guillaume Pepy à la tête de la SNCF n'allait pas de soi. À l'annonce de sa consécration, en février 2008, les journaux télévisés évoquent la victoire de l'« éternel numéro 2 », du « Poulidor de l'entreprise », d'un homme qui était « souvent au second plan ». Une fois assis sur le trône, le P-DG de l'entreprise la plus connue des Français ne boude pas son plaisir. L'une des premières interviews de son ère présidentielle consiste à annoncer des bénéfices record. Guillaume Pepy prend toute la mesure du groupe qu'il dirige, près de cent soixante mille agents. Pendant les quelques années qu'il a passées aux côtés de Louis Gallois, il a identifié les archaïsmes de la SNCF, s'est frotté à la force syndicale. Une ambiance « Bataille du rail », la CGT en tête. « Il y a trois mille gars dont le seul boulot est de s'occuper de faire des grèves », aurait eu coutume de dire l'un des anciens dirigeants du groupe. Les jours et les nuits des P-DG successifs sont hantés par la crainte d'un blocage du pays. Dans l'entreprise, Guillaume Pepy part avec un avantage. Il a appris à se faire aimer.

« Il se sent responsable des gens, de la boîte, du pays, confie l'un d'eux. Le temps politique est insuffisant pour lui. Un ministre, ça ne dure que deux ans ! » Le patron des cheminots porte la marque SNCF en lui et sur lui, au sens propre, le pin's qu'il arbore en permanence comme nous l'avons vu le rappelle à tous ses interlocuteurs. L'idée est venue de l'ancien directeur de la communication, Bernard Emsellem, qui a quitté le groupe en 2018. L'objectif était de donner la possibilité aux agents d'être « fiers » de leur maison. En 2005, le pin's était déjà passé de mode, mais le plan com a fonctionné. Guillaume Pepy perpétue le port de la petite épingle. Légèrement suranné, mais symboliquement fort. L'homme a de fortes envies de réformes qui passent aussi par des détails. Il a coutume de dire : « Lorsqu'il y aura la concurrence, les trains seront plus propres. » La difficulté est de trouver l'équilibre entre les syndicats, l'État et l'entreprise. À ce jeu, Guillaume Pepy serait passé maître dans l'art du dialogue, flattant un jour les politiques, un autre les syndicats : « C'est un contorsionniste d'élite, raconte un parlementaire. Quand il reçoit un ordre, lui se dit "Comment le contourner ?". Quand on lui tourne le dos, il vaut mieux regarder dans les rétroviseurs. »

Qu'est-ce qui fait courir Guillaume Pepy ?

Mais a-t-il vraiment le choix face aux injonctions contradictoires de l'État qui ne veut pas de mouvements sociaux, sauver les usines d'Alstom, son principal fournisseur, tout en demandant à la SNCF de devenir une entreprise comme les autres ?

Guillaume Pepy apprend rapidement à se jouer du pouvoir. Il sait qu'il tient dans la main une véritable cocotte-minute sociale. Claude Guéant, dans le récit qu'il livre de ses rapports avec Pepy, illustre en quelques phrases tous ces paradoxes : « Le premier test a été la modification des régimes spéciaux (en 2010). Il a joué le jeu[1] », se remémore l'ex-secrétaire général de l'Élysée. Mais quelques mois plus tard, l'homme « le plus puissant de France », surnommé le Cardinal, se rend compte qu'il est face à plus fort que lui : « Il y avait eu une grève. Nous avions mis une condition pour la sortie du conflit. Pas de paiement des jours de grève ! Par la suite, nous nous sommes rendu compte que les syndicats avaient négocié de rattraper les heures non effectuées en travaillant deux minutes quarante-trois secondes de plus pendant trois ans ! » L'ex-secrétaire général de l'Élysée a en mémoire un autre souvenir qu'il juge « déplaisant ». En octobre 2010, la compagnie Eurostar annonce avoir commandé dix trains à grande vitesse au groupe allemand Siemens. Alstom, constructeur français, chouchouté par Nicolas Sarkozy qui l'a sauvé en 2004, avait jusqu'alors fourni la flotte qui circule sous la Manche. Un marché estimé à 600 millions d'euros. Stupeur ! Eurostar est une filiale à 55 % de la SNCF. Pourquoi avoir laissé passer un tel pactole ? « C'est Guillaume Pepy qui avait pris la décision, assure le Cardinal. Je l'ai convoqué. Je n'étais pas content car il n'a pas joué patriote. » Le ministre de l'Écologie, Jean-Louis Borloo, et le secrétaire d'État aux Transports, Dominique Bussereau, étaient montés au créneau, considérant que les rames Siemens n'offraient pas les

1. Entretien avec les auteurs, 16 octobre 2018.

garanties de sécurité suffisantes pour circuler sous la Manche. Des rames allemandes effectuent bel et bien la navette entre Paris et Londres. On se souvient qu'en 2013 Arnaud Montebourg, ministre du Redressement productif, avait contraint la SNCF à une commande de quarante rames TGV dont elle n'avait pas besoin pour sauver le site de Belfort. Dominique Bussereau conserve le souvenir d'un personnage « chaleureux, empathique » : « Il a le portable de tout le monde, il connaît tout le monde. Avec moi, il y avait du respect. Notre relation était amicale[1]. »

Le 20 mars 2013, Guillaume Pepy est reconduit quelques jours avant l'expiration de son mandat par François Hollande, même si celui-ci l'apprécie modérément en raison de sa proximité avec Martine Aubry, sa rivale socialiste des primaires de 2012. Une reconduction qui commence par un accroc. Après d'abondantes chutes de neige, de nombreux voyageurs sont bloqués dans les gares. La SNCF aurait informé trop tardivement les passagers. Selon *Le Canard enchaîné*, François Hollande aurait intronisé Guillaume Pepy en Conseil des ministres en commençant par un trait d'humour vachard : « Nous venons de reconduire Guillaume Pepy à la présidence de la SNCF. Il faudrait lui dire que la communication du président de la SNCF, c'est bien, mais que la communication de la SNCF en direction des usagers, c'est mieux. » Le décret présidentiel est signé. Guillaume Pepy construit son statut d'insubmersible. Qui connaît mieux que lui les rouages de la maison ? Sa lettre de mission consiste alors à mener à bien la grande réforme ferroviaire visant à réunifier la compagnie, qui

1. Entretien avec les auteurs, 23 octobre 2018.

est éclatée, divisée, au bord de l'explosion. Une réforme qui consistera à unifier deux entreprises (SNCF et Réseau ferré de France) pour en créer trois autres. La loi est votée le 4 août 2014. Mission accomplie.

Pourquoi rester accroché à ce job où il faut – comme on le verra ensuite – parfois avaler des couleuvres plus longues qu'un double TGV ? En 2015, un brin lassé, Guillaume Pepy fait savoir qu'il changerait bien de voie, lorgnant notamment du côté d'Air France. À l'occasion de la fin de mandat d'Alexandre de Juniac à la tête de la compagnie aérienne, il espère un geste de François Hollande. Peine perdue. Le secrétaire général de l'Élysée, Jean-Pierre Jouyet, qui l'apprécie beaucoup, lui annonce en personne que Juniac est reconduit[1]. Ils se connaissent depuis longtemps. Jean-Pierre Jouyet était directeur des études à l'IEP de Paris entre 1981 et 1988, alors que Pepy y terminait ses études. L'envie d'ailleurs – qu'il conteste – est vite oubliée. Le pouvoir est une drogue dure, surtout à la SNCF. La vie de Guillaume Pepy, c'est la SNCF. À 100 %. Sa liaison avec Richard Descoings, ex-directeur de Sciences Po, mort à New York en avril 2012, a été la seule brèche ouverte sur un tout autre univers. Et quelle brèche. Très peu de personnes ont osé aborder le sujet dans l'entreprise mais tout le monde a suivi les obsèques de Richard Descoings avec fascination. Un enterrement quasi national à l'église Saint-Sulpice, où avaient été dressés deux immenses portraits du directeur de Sciences Po. À l'intérieur, plusieurs membres du gouvernement Sarkozy, de nombreuses personnalités socialistes et le maire de Paris, Bertrand Delanoë. Des hauts

1. *L'Obs*, 25 mars 2015.

fonctionnaires, des banquiers… le Tout-Paris, dont il a reçu les condoléances au même titre que la femme du défunt, s'est pressé au pied du cercueil. « On se serait cru à l'enterrement de Mitterrand avec ses deux familles Mazarine, sa mère, Danielle et les garçons, se souvient un ancien ministre, c'était très étrange. »

La plupart des collaborateurs de Guillaume Pepy ont appris sa relation avec le patron de Sciences Po en découvrant le faire-part de décès dans *Le Monde*, où il apparaissait au côté de l'épouse de Richard Descoings. Lorsque Raphaëlle Bacqué a enquêté sur la vie romanesque de son compagnon dont elle a dressé un subtil portrait dans *Richie*, il a refusé de la rencontrer, exigeant de ses proches la plus grande discrétion. Une chasse gardée.

Pour l'entreprise, c'est un homme qui dédie sa vie au train. Ses seuls loisirs, des séances de fitness et de vélo dans la salle de sport de la SNCF, le goût de la chanson populaire (Joe Dassin, France Gall, Charles Aznavour, Jean Ferrat), du bricolage et de l'Égypte. L'été, il marche en montagne. Officiellement, sa vie « en dehors » du rail se résume à peu. Il doit tout à cette maison qui lui donne un statut du maître du temps social, du temps industriel, du temps politique… Un cheminot qui tousse, c'est la France qui s'enrhume. « Il se rend insupportable, mais indispensable », grimace un parlementaire. « Ce qui le fait tenir, c'est le pouvoir et la lumière », analyse un de ses anciens conseillers. « La capacité de faire et de transformer, tranche avec bienveillance Pervenche Berès, son amie d'enfance. Il est très attaché à cette entreprise, à son esprit, à ce qu'elle est tout en cherchant à la moderniser. »

Les réseaux

Pour durer, Guillaume Pepy entretient son réseau avec soin. Un réseau qui a peu d'équivalent en France. Il est membre de l'Institut Montaigne, dont le vice-président est depuis janvier 2017 son ami et proche collaborateur pendant quinze ans à la SNCF, David Azéma. Un endroit où l'on peut faire passer des messages. Dans une note publiée par l'Institut début 2017 intitulée « L'impossible État actionnaire », David Azéma fustige la « tentation » de l'État de « jouer au chef d'entreprise », « rôle de composition dans lequel il est loin d'exceller ». Il est clairement fait référence à Alain Vidalies, qui aurait déchiré la copie du patron de la SNCF désireux de mettre en place en 2016 une réforme sociale. Dans ce document, David Azéma dénonce aussi le fait que l'État impose à la SNCF l'achat de matériel (notamment des rames TGV) dont elle n'a pas l'usage. Une pratique qui pourrait relever de l'« abus de bien social » dans le cadre d'une société anonyme. Nul doute que Guillaume Pepy qui ne tient pas formellement la plume… pense la même chose.

L'un des terrains d'influence de prédilection du patron de la SNCF est le Siècle, dont il est membre depuis le tout début des années 1990. Sa « période d'essai » en tant qu'invité n'a duré qu'un an. Très vite, celui qui n'est alors que jeune conseiller ministériel s'est fait une place au sein de cette association où se croisent le ban et l'arrière-ban des décideurs français. Patrons de grandes entreprises, dirigeants des médias, journalistes, avocats, hauts fonctionnaires, hommes politiques, syndicalistes… se retrouvent chaque dernier mercredi du mois à l'Automobile club de France place de la Concorde à Paris (8e). La règle d'or est la discrétion. Ce qui se dit au cocktail puis au dîner du Siècle reste au Siècle. Le chic de l'entre-soi. Le lieu idéal pour rencontrer facilement les interlocuteurs qui comptent. « C'est un marqueur social, nuance un conseiller ministériel. Ça crée des amitiés, ça permet de faire circuler son nom, mais ce n'est pas pour faire du business, sauf pour les petits. » Louis Gallois en fait partie, comme une quinzaine de cadres dirigeants de la SNCF. Devenu un membre assidu du club, Pepy a intégré son conseil d'administration entre 2010 et 2012, ce qui traduit un engagement prononcé dans l'association. Selon les périodes, ce conseil est composé de dix à quinze membres, dont un bureau plus restreint qui était piloté lorsqu'il y est entré par Denis Kessler, P-DG du groupe Scor, et Louis Gallois, à la tête d'EADS. Il y a siégé aux côtés de l'avocat Nicolas Baverez, Nicole Notat, ancienne patronne de la CFDT et présidente de Vigeo, Louis Schweitzer, ancien président de Renault, Olivier Nora des Éditions Grasset, Marc Ladreit de Lacharrière, président de Fimalac et de l'agence de notation Finch… « Pour être au conseil d'administration, confie un fin connaisseur, il ne suffit pas d'avoir du réseau. Il faut vraiment être souple et ne compter aucun ennemi car si vous avez un vote contre vous, vous êtes éliminé. » Guillaume Pepy a laissé de très bons souvenirs à ses partenaires du Siècle. Au début des années 2010, il avait notamment organisé un dîner où étaient invités tous les anciens membres du conseil d'administration dans la Halle Freyssinet, ancien bâtiment de la société des messageries de la gare d'Austerlitz. Les locaux désaffectés depuis 2006, qui appartiennent à la SNCF, ont été depuis rachetés par la ville de Paris pour devenir la Station F, le grand incubateur de start-up. Pittoresque !

Plus confidentiel, il préside un club appelé « Un train d'avance », le bien nommé qui réunit de manière informelle différents intervenants en vue de « réfléchir à l'air du temps ». Les sujets évoqués au sein de ce « cercle d'échanges et de prospective » ne sont pas strictement liés au ferroviaire. Personnalités, élus... se retrouvent une fois par mois dans un restaurant parisien, le Pershing Hall dans le 8e arrondissement. Le dîner est animé par Claude Sérillon, qui n'hésite pas à envoyer des textos au patron de la SNCF lorsque les trains sont en retard. Fin 2018, Audrey Pulvar, présidente de la Fondation pour la Nature et l'Homme, est venue parler des « enjeux de la transition écologique ». Elle avait été précédée quelques semaines plus tôt par l'avocat Éric Dupond-Moretti, devenu aussi assidu des dîners en ville que des cours d'assises. Fin 2017, Jean-Paul Delevoye, haut-commissaire à la réforme des retraites, était venu discuter des « défis de la métamorphose ». Diantre !

Un pied dans le monde parisien, un autre dans l'appareil d'État. Selon une subtile logique de flux, les réseaux Pepy passent de l'un à l'autre. Cela finit par obliger. « Il est immergé dans l'administration publique comme un poisson dans l'eau », témoigne un ex-numéro 2. Il y a ceux qui ont travaillé à la SNCF et qui se retrouvent à des postes stratégiques. Et l'inverse. Ceux que l'entreprise nationale recase sans forcément avoir le choix. Ils peuvent aussi offrir protection et influence. « Pepy fait travailler tout le monde pour neutraliser tout le monde, résume un ex-député spécialiste du ferroviaire. Surtout les politiques, notamment dans les filiales, mais aussi des consultants, des avocats... » Dans l'actuel gouvernement, trois ministres sont passés par la SNCF : Muriel Pénicaud (Travail), Florence Parly (Armée) et la ministre des Transports. Élisabeth Borne a été la directrice de la stratégie de la SNCF pendant cinq ans (2002-2007). Venue du cabinet de Lionel Jospin, où elle était conseillère chargée des Transports, elle a officié sous la direction de… Guillaume Pepy, alors directeur général exécutif. Les relations entre la ministre et le patron de la SNCF seraient peu chaleureuses. Guillaume Pepy n'a notamment pas apprécié d'être convoqué comme un banal vassal du service public par son ex-subordonnée en janvier 2018 en raison des crises à répétition sur le réseau.

Par capillarité, le monde ferroviaire est petit. Au-delà des inimitiés personnelles, la compagnie nationale et son actionnaire, l'État, entretiennent des liens quasi incestueux. Guillaume Pepy a développé une stratégie d'« outplacement », un maillage méthodique. Élisabeth Borne est entourée de très bons connaisseurs de la société nationale, qui peuvent utilement relayer des messages dans les deux sens. « Il y en a jamais eu autant[1] », assure Roger Dillenseger, patron de l'UNSA ferroviaire. Le directeur de cabinet de la ministre, Julien Dehornoy, a travaillé pendant six ans à la SNCF, notamment, entre 2012 et 2014, comme directeur de cabinet de Guillaume Pepy où il a contribué à la préparation de la réforme ferroviaire. Le conseiller social de la ministre des Transports, Benjamin Maurice, a officié de 1998 à 2004 comme chef d'une agence commerciale fret de la SNCF. Son chef de cabinet, Aymeric Lang, est l'ancien collaborateur parlementaire du sénateur Hervé Maurey,

1. Entretien avec les auteurs, 23 août 2018.

président de la commission du développement durable, qui a joué un rôle moteur au moment du vote de la loi sur la réforme de 2018.

Cette consanguinité permet à Guillaume Pepy de s'assurer des relais dans tous les ministères. Notamment à Bercy, qui tient les cordons de la bourse du groupe ferroviaire. Antoine de Rocquigny, son directeur de cabinet entre 2010 et 2012, a ainsi passé deux ans au ministère du Budget (2012-2013) au cabinet de Jérôme Cahuzac. Depuis, il a retrouvé le siège de la SNCF, où il dirige le département finances et stratégie juridique. Un autre directeur de cabinet de Guillaume Pepy, Pierre Cunéo (en 2008), a occupé la même fonction auprès de Delphine Batho au ministère de l'Écologie et du Développement durable qui a la tutelle des Transports. Enfin, Emmanuel Kesler, dix ans de bons et loyaux services au sein de la SNCF, a piloté, entre 2012 et 2014, le cabinet du ministre délégué aux Transports, Frédéric Cuvillier. Ce dernier a demandé le renouvellement de Guillaume Pepy en 2013. Cette stratégie de noyautage joue pour façonner les contours de la future SNCF : pour rédiger son rapport sur « L'avenir du transport ferroviaire » (février 2018), Jean-Cyril Spinetta s'est appuyé sur l'expertise de Grégoire Marlot, « référent de la mission désigné par la SNCF », remercié dans les annexes du document, car il a aidé « à mieux comprendre et à approfondir les questions les plus complexes ». Grégoire Marlot est aussi l'ancien directeur général stratégie de SNCF Réseau, qui a pu ainsi souffler quelques idées à la mission Spinetta, rampe de lancement de la réforme ferroviaire.

S'il place ses pions à l'extérieur, Guillaume Pepy recrute aussi dans la sphère politique. Il faut soigner les élus ! En 2017, Gilles Savary, député socialiste, emporté par la vague macroniste, spécialiste des transports, a reçu immédiatement un coup de fil du patron de la SNCF, qui s'est inquiété de son avenir, ouvrant la porte sur un éventuel job. C'est du moins ce qu'il a compris. L'élu a préféré se tourner vers un concurrent du groupe ferroviaire, pour lequel il effectue aujourd'hui des missions ponctuelles. D'autres, avant lui, ont cédé aux appels de la SNCF. Alain Le Vern, sénateur et président (PS) du conseil régional de Haute-Normandie, a ainsi été nommé en 2013 directeur général Régions et Intercités de la SNCF. L'élu avait démissionné de son mandat pour rejoindre le groupe ferroviaire qui lui avait confié la tâche de « construire avec les élus une nouvelle génération de services TER ». Au bout de deux ans, il a jeté l'éponge pour des « raisons personnelles et familiales ». La SNCF a l'art de recruter des collaborateurs avec des connexions politiques. Ainsi, Karine Grossetete, fille de Françoise, première vice-présidente du Parti populaire européen (PPE), s'occupe depuis 2008 des relations de la SNCF avec le monde politique, tout d'abord comme conseillère parlementaire, puis comme directrice des affaires publiques.

Le soin porté aux élus et aux VIP se traduit par un petit sésame appelé Carte T. Elle ne donne droit à aucune réduction sur les voyages, mais permet de bénéficier d'un traitement préférentiel. Trois mille seraient en circulation. Officiellement, ses détenteurs disposent d'un numéro de téléphone privilégié où ils peuvent changer leurs réservations, obtenir des informations sur le réseau… La SNCF sait ainsi qui prend ses trains et si des personnalités sont bloquées quelque part sur le réseau. Un outil marketing efficace. Ainsi, un député européen, fraîchement nommé, a reçu la sienne quelques jours après l'annonce officielle avec un mot manuscrit de Stéphane Volant, secrétaire général du groupe ferroviaire, lui en souhaitant bonne réception. Les politiques y prennent goût. Les ministres socialistes du dernier gouvernement Valls ont vu leur petit sésame désactivé le jour de l'élection d'Emmanuel Macron. Alain Vidalies, ministre des Transports, a immédiatement fait savoir leur mécontentement aux dirigeants de la SNCF, arguant qu'ils auraient pu avoir la délicatesse d'attendre qu'ils quittent effectivement leur fonction. Les Cartes T ont été prolongées quelques jours. Une petite marque d'attention. Ni plus, ni moins.

L'indispensable M. Pepy

Et puis, il y a la face moins connue de Guillaume Pepy. Derrière l'infatigable gilet rouge qui arpente les gares et les terrains de crise, derrière ces lunettes rondes et ce visage souriant qui absorbe les récriminations (des usagers, des syndicats, de l'État...), il y a un côté plus sombre. Celui d'un homme inquiet, angoissé chronique, qui adore et brûle vite. Une part d'ombre et de mystère insaisissable, comme un galet lisse qui échappe à la prise : « Guillaume, c'est l'élève qui cache sa copie. Il ne se découvre pas », confie un proche. Seule certitude : il consomme beaucoup. Le taux de rotation de ses collaborateurs est élevé. Ses directeurs de cabinet ne durent pas plus de deux ans. « Il délègue peu, il contrôle, témoigne un ancien haut responsable du groupe. Il sait travailler avec les n -2, pas les n -1. Un très grand patron devrait savoir responsabiliser. » Une manière de décourager de potentiels successeurs ? « Il est d'une agilité intellectuelle hors du commun, a un niveau de connaissance de l'entreprise incroyable, poursuit un haut fonctionnaire. Le revers, c'est qu'il se lasse. C'est plus un tacticien qu'un stratège. » Au quotidien, il n'est pas un patron facile : « Il est biface dans tous les domaines, relève un ancien dirigeant. Il peut hurler sur une personne, puis se calmer. » Charmeur, mais aussi destructeur. « Il n'a pas de surmoi », hasarde l'un de ses conseillers. Lorsqu'il a voulu prendre la place d'Anne-Marie Idrac, cette dernière aurait douté face à ses proches collaborateurs de sa « loyauté ». Manière de dire que son ambition ne s'encombrerait pas de considérations morales.

Nombreux sont ceux dont le nom a été cité pour prendre sa place. Ils en ont été pour leurs frais. Dernier en date, Mathias Vicherat. Nommé en janvier 2017 avec le titre de « directeur général adjoint en charge du projet d'entreprise, de la communication et de l'image de la SNCF », cet énarque a tenu deux ans. La greffe n'a pas pris. Élevé sous les auspices socialistes, ancien directeur de cabinet de Bertrand Delanoë, puis d'Anne Hidalgo à la mairie de Paris, il a la particularité d'être un camarade d'Emmanuel Macron, tous deux issus de la promotion Senghor à l'ENA. Beaucoup ont vu dans son recrutement une habile manœuvre de Guillaume Pepy pour s'assurer les bonnes grâces du président de la République. Ce qui supposait un don de voyance extrême puisque le fondateur d'En Marche ! n'était pas encore élu (il ne s'était porté candidat que depuis deux mois). À l'époque, Guillaume Pepy aurait, en fait, envisagé une retraite médiatique. Mathias Vicherat, fringuant quadra, sans passé ferroviaire, avait le profil pour incarner l'entreprise et la rajeunir. À son arrivée, il se familiarise avec les grands dossiers de la SNCF, sans savoir qu'il devra aussi gérer la réforme ferroviaire. Il défend la maison pendant les crises à répétition (pannes de Montparnasse, grèves...). Cette surexposition médiatique lui donne rapidement du poids, notamment à l'intérieur du groupe. Son nom commence à être cité comme futur numéro 1. Guillaume Pepy le ressent comme un affront. Le 12 avril 2018, un écho de l'hebdomadaire *L'Obs* met le feu aux poudres : « Macron préfère Vicherat à Pepy. » Un crime de lèse-majesté pour le premier des gilets rouges. « Ça l'a rendu hystérique », rapporte un cadre dirigeant. Pepy ne se prive pas de répondre : « Il doit encore faire ses classes. » La messe est dite. *Exit* Vicherat.

Ainsi avance Guillaume Pepy. « Il ne veut pas vivre avec l'idée qu'il puisse être remplacé », observe un membre de l'équipe dirigeante. Même ses collaborateurs proches prennent la porte. Faute de pouvoir exister. Ou pour exister ailleurs. David Azéma, son « frère d'armes », a fini par rejoindre le privé. « Sans qu'ils se soient fâchés », assure un bon connaisseur du secteur. L'homme a la bougeotte. Le propre des dirigeants dont l'intelligence décomplexée s'accompagne d'une forme d'ennui et d'instabilité. Depuis la banque d'affaires américaine qu'il a rejointe il y a deux ans, David Azéma, basé à Londres, continuerait à élargir le cercle d'influence de son ancien patron. D'autres départs ont été plus brusques. Sophie Boissard, étoile montante du groupe, directrice générale de Gares et connexions (2009-2012), directrice stratégie et développement (2012-2014), puis responsable de SNCF Immobilier (2014-2016), a filé vers le privé. Ex-conseillère de François Fillon à Matignon, puis directrice adjointe de cabinet de Christine Lagarde au ministère de l'Économie, cette énarque a pris fin 2015 la tête du groupe Korian, numéro 1 européen des maisons de retraite. Son nom a été cité comme future remplaçante de Guillaume Pepy, mais leurs relations se seraient détériorées. D'autres figures extérieures de bon niveau, qui ne parlaient pas « cheminot » dans le texte, ont pris la porte. Un turnover étourdissant. Barbara Dalibard, directrice générale de SNCF Voyages, qui a mis en place Ouigo, premier train low cost, était elle aussi promise à un bel avenir à la SNCF. Elle est descendue du train en mars 2016 pour devenir P-DG de Sita, leader mondial des services d'information pour le transport aérien. Elle a été remplacée par Florence Parly, ancienne secrétaire d'État au Budget sous Lionel Jospin, puis vice-présidente du conseil régional de Bourgogne. Au sein de la maison, l'actuelle ministre des Armées aurait eu du mal à se faire une place. « Elle avait un non-boulot », glisse froidement l'un des anciens directeurs du groupe. De son passage à la SNCF, on ne retient malheureusement pour elle qu'une polémique autour de son salaire et des primes supérieures à celles de Guillaume Pepy. Il sait repérer les talents, mais pas les garder.

L'état-major

À l'inverse, Guillame Pepy dispose autour de lui d'un carré de fidèles, les grognards de la SNCF, présents dans l'entreprise depuis plusieurs décennies. Ils ont grandi et évolué grâce et avec Guillaume Pepy. « Ils sont hautement inconditionnels et prêts à aller au feu pour lui », assure un ancien responsable. Lorsqu'il faut opérer des changements de stratégie ou de postes un peu délicats, il a coutume de répéter à ses collaborateurs : « Ne t'inquiète pas, ils me doivent tout ! » Les Pepy's boys sont dans le même moule que leur patron. Personne ne s'oppose à lui. Un règne (presque) sans partage. « Quand Pepy se laisse pousser la moustache, tout le monde se laisse pousser la moustache », ironise un conseiller. Au sein de cette garde rapprochée, il y a Patrick Ropert, le directeur général de Gares et Connexions (depuis 2014), porte-flingue de Guillaume Pepy, que lui-même surnomme le « méchant ». Ancien directeur de la gare de Grenoble (1995), il a gravi tous les échelons au sein du groupe pour en devenir le responsable de la communication en 2010. Il a eu à traiter le délicat épisode de la mort du compagnon de Guillaume Pepy, Richard Descoings. En interne, il a la réputation d'être brutal et haï. Mais il a l'oreille du chef : « Ils se téléphonent une fois par jour », témoigne un ancien membre de l'équipe communication. « Un animal de sang-froid, un tueur, mais un bon tacticien », décrit un autre. Il dispose aujourd'hui d'un poste à part, en dirigeant le patrimoine inestimable de la SNCF, à savoir ses gares. Un État dans l'État. Alain Krakovitch, directeur de Transilien depuis 2014, fait également partie de ce cercle. Entré dans le groupe en 2002 pour s'occuper de la restructuration du fret, il a lui aussi décroché les galons : directeur de la gare du Nord (2005-2007), directeur de cabinet du président, directeur des lignes D et R du RER (2008-2012), directeur général « sécurité et qualité de service ferroviaire » (2012-2014). À la tête de Transilien, qui gère le réseau de trains de banlieue parisienne, soit trois millions et demi de passagers par jour, il est l'un des hommes pivots de la SNCF. Il a bonne réputation. Rachel Picard, directrice de Voyages SNCF et Jean-Pierre Farandou, patron de Keolis (filiale qui exploite métro, tramway, train, bus, en France et à l'international), qui a effectué toute sa carrière au sein du groupe depuis 1981, complètent l'état-major.

Au sein de cette baronnie, Stéphane Volant, secrétaire général de SNCF, gardien des petits et grands secrets, paratonnerre du chef, occupe une place à part. Il a connu quatre présidents successifs de la SNCF (Le Floch-Prigent, Gallois, Idrac, Pepy). Mis à part un bref passage chez Vinci comme directeur des relations institutionnelles, en 2007, pendant la présidence d'Anne-Marie Idrac, il a fait l'essentiel de sa carrière au sein du groupe. L'entourage de cette dernière, qui s'est fait souffler le poste de présidente en 2008 par Pepy, soupçonne Volant d'avoir intrigué à l'époque en coulisse pour favoriser son champion. « Ce n'est pas un ferroviaire, mais un politique, raconte un expert du secteur. Il a des relations avec tout le monde. » Selon le site de la SNCF, un véritable homme-orchestre : « Il dirige les affaires publiques du Groupe et de ses filiales et exerce la tutelle des directions de la Sûreté, des Affaires européennes, du Développement durable, de la Fondation SNCF et de l'Accessibilité. » Son CV officiel mentionne qu'avant de rentrer à la SNCF il a travaillé « auprès d'hommes politiques à l'Assemblée nationale, au Sénat et au Parlement européen ». Coquetterie ? Gêne ? Il refuse de les citer. « J'ai des opinions, mais je ne suis pas partisan, pas inféodé », confie-t-il à son entourage. Seule certitude : son arrivée au sein de la SNCF s'est faite sous l'impulsion de Jacques Chirac ; sa sensibilité politique se situe plus à droite qu'à gauche. L'un des élus dont il a été l'assistant parlementaire dans les années 1980 était même très à droite. Mais il est difficile de classer l'homme dans une chapelle ou dans une écurie. Il compte des amitiés dans tous les partis. Il a ainsi entretenu de très bonnes relations avec Manuel Valls, sous le quinquennat de François Hollande. Il connaissait le Premier ministre, ex-député-maire d'Évry, depuis longtemps. Ce dernier lui a remis la Légion d'honneur dans son bureau autour d'un petit déjeuner, lorsqu'il était à Matignon. Signe que les relations entre Volant et Valls dépassent le cadre strictement professionnel. Anne Gravoin, la compagne du Premier ministre, devait se joindre à cette cérémonie intime mais elle n'a pu s'y rendre. Seul Guillaume Pepy fut présent autour de la table.

Stéphane Volant dirige aussi la Fondation groupe SNCF, qui consacre 5 millions d'euros par an à soutenir des projets (éducation, culture et solidarité) dans toute la France. Même si elles ne sont pas liées à l'activité ferroviaire, ces actions servent à entretenir l'image d'un groupe « acteur engagé ». Une académie de football à Paris, un centre social à La Duchère (Lyon), les Restos du cœur à Tourcoing (Hauts-de-France), un festival de musique classique à Brive-la-Gaillarde (Nouvelle-Aquitaine)... Plus de mille associations sont soutenues pour des dotations comprises entre 1 000 et 5 000 euros. De quoi avoir une écoute attentive des élus.

Sous la houlette de Stéphane Volant, des partenariats sont également menés avec des villes. Le secrétaire général dispose d'une enveloppe personnelle pour financer ces opérations qui permettent de tisser la toile de la SNCF. « C'est un droit de tirage sur le service communication, assure-t-on dans la maison. Il y a très peu de cash versé, ce sont souvent des échanges marchandises. »

Il en a été ainsi pour les « 500 ans du Havre », manifestation qui s'est déroulée du 27 mai au 5 novembre 2017. La SNCF a sponsorisé des « parcours urbains » pour découvrir des œuvres exposées dans toute la ville. Montant de l'opération : 150 000 euros. Selon l'un des responsables du projet, le financement s'est fait via un « échange de marchandises. » Le groupe ferroviaire a largement promu les animations sur ses sites Internet (Oui SNCF, Gares et Connexions...). Elle a aussi proposé des billets à tarif réduit pour se rendre au Havre et mis à disposition sa logistique (vélos...). Au moment de la préparation de l'opération, le député-maire du Havre, Édouard Philippe, n'était pas encore Premier ministre. Il est entré en fonction une semaine avant la date officielle de la manifestation. Mais le Normand, ex-bras droit d'Alain Juppé, a dû apprécier le geste. Qui lui a peut-être fait oublier que sa Région est particulièrement mal desservie.

Au sein de la SNCF, Stéphane Volant est à la fois respecté et craint. « Il vaut mieux l'avoir avec soi que contre soi », glisse un parlementaire, qui n'hésite pas à l'appeler en cas de crise pour se faire communiquer des « éléments de langage ». D'autres lui prêtent des intentions de flicage inavouables : « Je suis sûr qu'il y a des écoutes, assure un haut responsable du groupe qui ne communique que par messagerie cryptée. Il surveille les cadres dirigeants. » Parmi les multiples attributions de Stéphane Volant, sa fonction de directeur de la Suge (Sûreté générale), la police ferroviaire, nourrit tous les fantasmes. Outre une connaissance parfaite de la carte politique française, il est très introduit dans les milieux militaires et policiers. D'anciens gendarmes, douaniers ou policiers viennent commencer une seconde carrière au sein de la SNCF pour faire profiter de leur expérience. Lui-même colonel de réserve affecté au cabinet du chef d'état-major de l'armée de terre, Stéphane Volant est aussi administrateur de la Fondation Saint-Cyr, qui a pour objectif de « favoriser le lien entre le monde militaire et civil » et de l'Institut des hautes études de la Défense nationale (IHEDN). « Par amour de l'État, de la République et parce que j'aime être utile », a-t-il coutume de dire. À la tête de la Suge, il a surtout la responsabilité de lutter contre la délinquance au quotidien. Les dernières attaques terroristes ont aussi placé la sécurité au cœur des sujets de la SNCF. Lors de l'attentat avorté du Thalys en août 2015, un contrôleur de la SNCF est accusé par le comédien Jean-Hugues Anglade, qui se trouvait à bord avec sa famille, de s'être réfugié dans un fourgon en fermant la porte. Thalys monte au créneau pour le défendre. De son côté, Stéphane Volant apprend que les quatre passagers américains et britannique qui ont désarmé le terroriste vont être décorés de la Légion d'honneur, la plus haute distinction française. Il décroche son téléphone pour appeler François Hollande, président de la République. Il lui explique avec diplomatie qu'il ne serait pas bienvenu d'oublier les cheminots français, à savoir un conducteur de Thalys en voyage privé qui a aidé à neutraliser le terroriste et le deuxième contrôleur de la rame qui a été mis en joue par le tireur avant de prévenir ses collègues à la tête du train. L'honneur sera rendu aux agents de la SNCF quelques semaines plus tard. « En fait, le président de la République a pu décorer les Américains rapidement, alors que pour les Français, ça prend du temps, car il y a une enquête de moralité avant de décerner cette récompense », explique un conseiller. Signe de son influence dans les milieux préfectoraux et policiers, Stéphane Volant a obtenu que la salle de crise RATP-SNCF de la Suge soit installée au cœur de la préfecture de police de Paris. Elle devait être initialement implantée dans une gare parisienne.

Le secrétaire général de la SNCF, qui a grandi au Sénégal (dont il a la nationalité), soigne aussi son pré carré africain. Personnel et professionnel. Passionné d'agriculture, il a participé à la rédaction de la loi d'orientation agricole du Sénégal. Il a aussi supervisé le lancement du premier TER africain, entre Dakar et l'aéroport international. L'exploitation et la maintenance seront bien sûr assurées par la SNCF (avec la RATP).

S'il entretient ses réseaux, il aime aussi cultiver son jardin : Stéphane Volant a préfacé un *Petit traité du jardin punk*, paru en novembre 2018[1]. Quant à son avenir à la SNCF, il était jusqu'alors très lié à Guillaume Pepy, qui a annoncé qu'il partirait en 2020. Selon des sources internes, Stéphane Volant aurait pris ses distances avec le patron de la SNCF en raison de divergences sur la stratégie d'entreprise. Il est très attaché au service public, à l'unicité de l'entreprise… Il n'approuve pas totalement, dit-on, la politique de filialisation de ces dernières années. Guillaume Pepy s'apprête à quitter l'entreprise sans dauphin désigné : « C'est l'apanage de tous les grands patrons de ne pas avoir de numéro 2 », avance un de ses proches. Il est probablement l'incarnation d'un modèle de grand patron de service public de l'ancien temps : « Ben Smith, le nouveau patron canadien d'Air France-KLM, n'est pas un obligé de l'État, analyse Gilles Dansart, directeur de Mobilettre,

1. Éric Lenoir, *Petit traité du jardin punk*, Terre vivante, 2018.

site spécialisé sur les transports et la mobilité. Il peut davantage lui dire ses quatre vérités et mettre en place une vraie politique industrielle. Guillaume Pepy reste un fonctionnaire aligné sur les exigences de Bercy et largement financé par les collectivités territoriales et... l'État[1]. »

Y a-t-il une vie après SNCF ? « J'aurais rêvé qu'il soit ministre des Finances », sourit son amie, Pervenche Berès. Au siège du groupe, viendra alors le temps d'accrocher son portrait, là où ont été immortalisés tous les présidents. La dernière photo en date est celle d'une femme, Anne-Marie Idrac. Sous son cliché, où elle pose avec élégance, figure la légende : « La réformatrice ». Sous celui de Jacques Fournier : « Le TGV Atlantique » ; et sous celui de Louis Gallois : « Une impulsion nouvelle ». Comment résumer en un mot le parcours de Guillaume Pepy ? Un communicant de génie. Assurément.

1. Entretien avec les auteurs, 6 décembre 2018.

3

L'ami des médias

« Guillaume ne vous connaît pas ???? Pourtant il connaît TOUS les journalistes ! » Lorsque nous avons pris contact avec Stéphane Volant, le secrétaire général du groupe, la remarque a claqué sans une seconde d'hésitation tant le carnet d'adresses du patron de la SNCF est fourni à la rubrique médias. Fin de non-recevoir. Il connaît tout le monde et tout le monde le connaît. La plupart des journalistes l'appellent sur son portable, par son prénom, beaucoup le tutoient. Et il répond toujours avec la même courtoisie. Parfois, c'est même lui qui téléphone pour corriger une analyse qu'il a lue sous une plume amie, jamais de manière péremptoire, toujours avec fair-play. Ses colères sont rares et brèves. Il entretient savamment le lien sans jamais tomber dans la camaraderie ou la familiarité. Par goût ? On a vu que l'homme avait plutôt celui du secret. Parce qu'il est persuadé que le meilleur porte-parole de la SNCF, c'est lui. Sa grande disponibilité, sa capacité à incarner l'entreprise sont même devenues un cas d'école pour les spécialistes. Dans le métier de la communication, la règle d'or exige de ne pas trop exposer le président – dans les entreprises et même jusqu'au plus haut sommet de l'État – pour ne pas faire de lui le seul fusible d'une crise. Pepy fait exactement l'inverse. Plus les problèmes sont importants, plus il occupe l'arène médiatique. À l'instar des hommes politiques de la trempe d'un Nicolas Sarkozy ou d'un Emmanuel Macron.

Depuis le 16 janvier 2018, une vidéo filmée à l'aide d'un smartphone circule sur les réseaux sociaux où l'on découvre le président de la SNCF en bras de chemise dans une rame de TGV bloquée sur la ligne Lille-Paris informant les passagers des raisons de leur immobilisation. Parti à 13 h 13 et attendu gare du Nord à 14 h 14, le train mettra plus de quatre heures à rejoindre son terminus. « Je suis désolé mais je suis bloqué comme vous. Il s'agit d'un suicide. Je reviens vers vous dès que j'en sais plus. En fait nous rebroussons chemin vers Lille pour prendre la ligne normale à l'embranchement d'Arras, sinon nous pouvons mettre des heures à redémarrer. C'est la meilleure solution », explique-t-il. Le P-DG joue au contrôleur. Il est le contrôleur. Il est la SNCF. Le numéro ne pouvait mieux tomber. La SNCF venait de subir des accidents et autres pannes en série. Comme nous l'avons vu précédemment, quelques jours plus tôt Guillaume Pepy avait même été convoqué par la ministre des Transports, Élisabeth Borne, pour se faire remonter les bretelles. Après une telle démonstration de dévouement, difficile de remettre en cause son implication.

Ce talent de communicant est une seconde nature chez lui. Jeune membre du Conseil d'État, ses étudiants de Sciences Po se souviennent de ses talents de pédagogue. À une époque où l'école était plus sélective qu'aujourd'hui, il assurait la « direction d'étude », c'est-à-dire le cours magistral consacré à la préparation de l'épreuve de « note sur dossier » en droit public. Il avait pour auditoire la fine fleur d'une promotion, futurs hauts fonctionnaires, conseillers ministériels, ministres, qui se destinait à l'ENA. La plupart se souviennent encore de ses interventions dans l'amphi Boutmy, du nom du fondateur de l'Institut ; il faisait le plein alors que les enseignements magistraux n'attiraient guère. Seuls Pierre Moscovici – son camarade de la promo Louise Michel – et François Hollande, déjà des personnalités politiques influentes, qui animaient les conférences d'économie, faisaient le plein. Pepy n'était pas encore une vedette. Mais son esprit brillant, la fausse nonchalance avec laquelle il s'asseyait sur le rebord du bureau, en un mot son charisme, lui avaient déjà donné une certaine notoriété parmi les postulants à l'ENA. Sa matière était pourtant particulièrement ardue. Il devait apprendre à préparer une note sur dossier juridique. Une redoutable épreuve du concours. Sur la table, le postulant découvre une chemise contenant une soixantaine de pages, textes de lois, décrets, amendements, articles de presse… Il doit les comprendre, les classer, en éliminer certains et mettre sur le haut de la pile les plus pertinents afin de rédiger une note de quatre à six pages destinée à faire prendre la bonne décision. Le tout en quatre heures. Le prérequis du haut fonctionnaire français ! Guillaume Pepy excellait dans l'exercice qui consiste à appréhender une question complexe et savait communiquer son savoir. Il a su se rendre sympathique à ses futurs collègues quand Pierre Moscovici, tout aussi admiré que lui, a laissé un souvenir d'arrogance désinvolte et superficielle.

Quelques années plus tard, lorsqu'il est devenu le directeur de cabinet de Martine Aubry au ministère du Travail, Guillaume Pepy a approfondi encore sa connaissance de l'État et confirmé son sens politique. Denis Olivennes[1], qui a fait depuis une carrière dans différents groupes de médias, se souvient de son habileté. Il était à l'époque membre du cabinet du Premier ministre Pierre Bérégovoy. « Martine Aubry et Dominique Strauss-Kahn représentaient alors l'avenir triomphant du PS, explique-t-il. Martine Aubry n'obéissait à aucune discipline. Pierre Bérégovoy, avec ses deux CAP en poche, était tétanisé par sa ministre, de surcroît fille de Jacques Delors. Elle était très ascendante et lui avait des faiblesses. Elle en profitait. Guillaume jouait les tampons entre les deux cabinets. C'était de la diplomatie de haut vol. Il amortissait les éruptions volcaniques de sa ministre. Je me souviens que lorsque nous nous appelions pour régler un problème, il devait masquer le combiné avec sa main car j'entendais les cris étouffés de Martine qui traitait le Premier ministre et moi-même de tous les noms. »

Tout pour la com

Comment un homme aussi doué en communication a-t-il besoin d'autant de conseillers dans ce domaine ? « C'est devenu chez lui une drogue dont il a du mal à faire l'économie. Il consulte beaucoup, réunit parfois tous ses conseillers autour de la même table, raconte un de ses proches collaborateurs. Souvent il a déjà la

1. Entretien avec l'un des auteurs, 29 novembre 2018.

solution ou la trouvera finalement au petit matin après réflexion. » La question des consultants a surgi en 2013, lorsque la Cour des comptes a publié dans son rapport annuel une insertion intitulée « Les dépenses de communication de la SNCF, des opérations dispendieuses, des marchés irréguliers ». La boulimie de l'entreprise publique et de son président était un secret de famille bien mal gardé. Depuis longtemps, elle amusait la tutelle et les journalistes. Lorsque l'entreprise concurrente Transdev a cherché un cabinet, un de ses dirigeants ironisait qu'il était difficile de trouver une agence à Paris qui n'avait pas un contrat avec la SNCF. Dans l'émission « Secret d'infos » diffusée sur France Inter, l'enquête de Laetitia Cherel[1] donne la parole à différents journalistes qui racontent les voyages de presse organisés par la SNCF. « Il y a quelques années, des séminaires de plusieurs jours étaient monnaie courante. C'était toujours à l'extérieur de Paris, parfois loin, comme à Berlin, explique Florent Guyotat, journaliste à France Info et ancien spécialiste des transports. Une année, à Lyon, une halle entière a été privatisée avec des cours de cuisine pour les journalistes, ce qui n'avait pas grand rapport avec l'intérêt du séminaire. » Jusqu'en 2015, les membres de l'association des journalistes de transports bénéficiaient grâce à leur seule carte de membre à une réduction de 50 % sur tous les billets de train. Jusqu'aux remontrances de la Cour personne ne s'en était jamais ému.

Les mauvais points distribués chaque année par la juridiction chargée de veiller à la bonne utilisation

1. « Secret d'infos », France Inter, 21 octobre 2017.

des deniers de l'État sont toujours attendus avec intérêt. Et cette fois le sujet s'est retrouvé en une des journaux. En 2013, la gestion de l'image de la très endettée SNCF a ravi la vedette aux autres établissements publics ou administrations épinglés, comme l'Office national de l'eau et des milieux aquatiques (ONEMA), dont la transformation avait été mal préparée, ou EDF SA, réprimandée sur sa politique de rémunération sans cohérence avec ses performances. Les magistrats de la rue Cambon ont comptabilisé entre 2007 et 2011, pour le seul établissement public à l'exclusion de ses innombrables filiales, une dépense annuelle moyenne de communication de plus de 200 millions d'euros, soit 13 % des investissements, un service interne pléthorique de cinq cents personnes, dont soixante-dix-sept à la direction, mais aussi des achats de prestations à des cabinets extérieurs pour des montants impressionnants. Cerise sur le gâteau, les magistrats ont constaté que sur les quarante et un marchés de communication parmi les plus importants conclus pendant cette période pour un montant de 106 millions d'euros, trente étaient passés sans mise en concurrence. Pour expliquer cette dérogation aux règles des marchés publics, la Cour s'est vu avancer trois arguments : des marchés spécifiques, la confidentialité mais aussi… les « demandes du président ». Interrogé par la Cour des comptes – qui, selon la procédure, a publié sa réponse –, Guillaume Pepy a fait amende honorable en annonçant un vaste plan de réorganisation et des économies. Il a également justifié les dérapages reprochés par la nature même de l'entreprise. « Elle transporte quotidiennement, trois cent soixante-cinq jours par an, avec les aléas opérationnels que cela suppose, plus de six millions de personnes, et constitue à ce titre l'une des entreprises les plus connues, les plus exposées et sans doute les plus médiatisées sur le territoire français. En outre, au cours de la période de dix ans étudiée par la Cour, SNCF a connu une profonde transformation. […] Il a fallu accompagner et expliquer ces évolutions successives aux deux cent quarante-cinq mille salariés, dont cent cinquante mille cheminots de l'établissement public. À cela il faut ajouter un contexte de forte pression opérationnelle sur les activités ferroviaires[1]. » Dont acte. Plusieurs magistrats de la quatrième chambre qui a procédé à ce contrôle se souviennent que Guillaume Pepy lorsqu'il a reçu le relevé d'observations provisoires, le ROP, également appelé le « jaune » dans le jargon de la Cour, a immédiatement appelé le président de chambre pour se justifier et expliquer à quel point il était lui-même désolé de tels dérapages et que bien évidemment on ne l'y reprendrait pas. Une fois de plus, il a su trouver les mots pour convaincre.

Le coup de griffe, très élimé, de la Cour des comptes a glissé sur Guillaume Pepy sans laisser la moindre égratignure. Les ministres de l'Économie et du Budget, en l'espèce Michel Sapin et Jérôme Cahuzac, ont balayé les critiques en quelques phrases : « Le contrôle a révélé la faiblesse du pilotage et certaines irrégularités dans les procédures d'achat […]. Nous souscrivons pleinement aux préconisations formulées. […] Nous tenons en revanche à souligner qu'elles relèvent du management de l'entreprise […] et que la SNCF s'est montrée prête à suivre ces recommandations. » Le propriétaire

1. Cour des comptes, rapport public annuel, février 2013.

reconnaît le problème, se dédouane de toute responsabilité et renouvelle sa confiance au président qu'il s'est choisi. On se souvient que Matthieu Gallet, ancien patron de Radio France, avait été renvoyé devant la justice pour favoritisme pour deux contrats passés à l'Institut national de l'audiovisuel (INA), lorsqu'il le présidait. Le premier avec le géant allemand de la communication Roland Berger, missionné pour restructurer le département des collections par le biais d'un avenant à un contrat plus ancien pour 290 000 euros, le second concernait les conseils prodigués par son ami Denis Pingaud au tarif de 100 000 euros par an, pendant trois ans avec un pic à 130 000 euros la dernière année. Un coach personnel payé sur fonds publics, lui a-t-on reproché. À l'époque, Fleur Pellerin, ministre de la Culture et de tutelle de l'INA, n'a pas été aussi indulgente avec Matthieu Gallet que Michel Sapin avec Guillaume Pepy. Selon la procédure de l'article 40 du Code de procédure pénale, « toute autorité constituée [...] qui acquiert la connaissance d'un crime ou d'un délit est tenue d'en donner avis sans délai au procureur de la République ». Elle a saisi la justice. Ce qui a valu à l'ancien patron de l'INA une amende et une condamnation à un an de prison avec sursis. Il a fait appel de ce jugement mais il a définitivement perdu son job de patron de Radio France où il avait su se faire apprécier des équipes et remonter les audiences. Dans les attendus du jugement, on lui reproche « la parfaite conscience qu'il avait alors de ses agissements délictueux et de leurs conséquences sur les finances de cet établissement public industriel et commercial et pour l'image de cette institution nationale, le tout au regard de sa formation universitaire et de sa brillante carrière passée ». Ce rappel n'a pas pour objet de mettre en cause la probité de Guillaume Pepy. Sa carrière a montré que l'argent n'était pas son carburant. Mais de relever l'incohérence de la tutelle qui pour des faits apparemment similaires – les arrangements avec les règles des marchés publics et le choix d'un fournisseur plutôt qu'un autre – signale les faits à la justice et dans l'autre passe l'éponge sans sourciller. Sans même remettre en cause le mandat du dirigeant fautif. Guillaume Pepy n'a même pas été interrogé sur le sujet lorsqu'il a été questionné par les parlementaires au moment de remettre son mandat en jeu en 2015.

La publication du contrôle de la Cour des comptes a bien sûr provoqué les railleries et les critiques de la presse, les journalistes rapportant dans leurs articles les perles relevées par les magistrats dont un séminaire des managers opérationnels à Tanger en 2011. Outre les six cent cinquante tablettes offertes aux participants, le séjour de quatre jours a coûté à l'entreprise publique 2,7 millions d'euros, soit 4 289 euros par personne, le tout hors taxe. Sur les marchés de conseil, la Cour est beaucoup plus succincte. Elle note que les prestations de coaching à l'initiative de la présidence font l'objet d'un soin particulier de la direction de la communication. Sur la période étudiée, six marchés récurrents ont tout de même représenté entre 2 et 3 millions d'euros de dépenses. Deux prestataires sont dans le collimateur : TBWA, agence de publicité qui travaille avec la SNCF depuis 1995 et qui conseille également la direction de l'entreprise, et la société Giacometti et Péron, devenue No com. C'est Pierre Giacometti qui travaille particulièrement avec Guillaume Pepy depuis 2008. Il est connu du grand public car il intervient dans les émissions politiques, notamment les soirs d'élection, pour analyser l'état de l'opinion et les stratégies partisanes. C'est un proche de Nicolas Sarkozy et il avait ses entrées dans tous les ministères de ses gouvernements successifs. « Entre 2007 et 2012, il était recommandé de travailler avec lui car il faisait passer des messages au président », raconte un ancien conseiller de l'Élysée. Pierre Giacometti a été mis en examen dans l'affaire dite des sondages de l'Élysée pour favoritisme. Un prestataire peut en cacher un autre.

Sa parole est d'or

Le nom de Matthias Leridon, l'un des principaux conseillers du président de la SNCF, n'est même pas cité dans le rapport public de la Cour des comptes. Il est pourtant l'un des plus fidèles consultants de Guillaume Pepy. Il fait partie des prestataires remunérés entre deux et trois millions d'euros par an. Selon plusieurs cadres de l'entreprise, s'il a échappé à la vigilance de la Cour des comptes, c'est parce que ses prestations sont diluées dans les différentes entités que constitue le groupe. « Il facture un forfait de 30 000 euros par mois à l'établissement public et à une petite dizaine de ses filiales, les principales. En échange de cette rémunération, il répond à toutes les demandes à n'importe quelle heure du jour et de la nuit, surtout lorsqu'elles émanent du patron », rapporte l'un d'entre eux. Quelques mois seulement après la publication du rapport de la Cour des comptes, l'entreprise fait à nouveau appel à lui. Il s'agit de préparer le séminaire de presse d'octobre 2013 à Lyon. Sur la facture est mentionnée l'organisation de « onze séances spécifiques de préparation et de répétition ». Ce sont des séances individuelles d'entraînement aux médias pour les dirigeants de l'entreprise. La prestation devant être réalisée entre le 1er octobre et le 31 octobre 2013 pour la somme de 55 000 euros hors taxe. Quelques semaines plus tard, les 6 et 15 novembre, Guillaume Pepy bénéficie de deux journées d'entraînement pour un coût de 23 000 euros chacune. Toujours hors taxe. « Lorsque le président participe à des événements où il est susceptible d'être interviewé par plusieurs personnes, il s'entraîne avec des journalistes qui participent à l'exercice. Certains d'entre eux exigent plus de 1 000 euros par intervention », justifie un ancien cadre de la communication de la SNCF. Pour l'année 2015, le patron de la communication de la SNCF a signé une autorisation de dépenses, un droit de tirage entre le 1er et le 31 décembre de 1 470 000 euros auprès du cabinet Tilder qui n'organise pas d'événements et ne produit aucun sondage. Les factures de 2014, que les auteurs ont consultées, font apparaître le détail des frais « techniques ». Au quatrième trimestre, le montant total atteignait 10 614 euros et 35 centimes. Quatorze restaurants entre le 3 septembre et le 13 novembre pour un montant de 1 950 euros, principalement des journalistes, des conseillers ministériels, des conseillers d'État, une note de taxi de 5 641 euros, mais aussi des abonnements à la presse et à des lettres confidentielles. Au premier trimestre 2015, la note s'élevait à 9 935 euros, dont 3 091 euros pour seize restaurants entre le 1er décembre 2014 et le 20 février 2015, toujours des journalistes et même un ancien ministre de Nicolas Sarkozy, et 2 500 euros de taxi, soit vingt-trois courses, exclusivement entre l'adresse du cabinet Tilder (Paris 8e) et le siège de la SNCF (Saint-Denis), soit dix kilomètres. Le moins que l'on puisse en déduire, c'est que les conseillers en communication du groupe SNCF n'apprécient guère les transports en commun publics.

La spécialité de Matthias Leridon, la gestion de crise. Il y excelle mais est également capable d'élaborer des stratégies de court et moyen terme. « Leridon, c'est une idée par minute », raconte un des hommes qui l'a vu débuter dans le métier. Ses équipes étaient très mobilisées au moment de la grande panne de Montparnasse. Il était déjà dans l'ombre pour l'accident de Brétigny. Tilder s'est également investi lors de la mort de Richard Descoings, l'ami intime du président Pepy. « Notre mission fut d'aider à mettre en lumière et même parfois de sublimer l'émotion des étudiants de l'Institut d'études politiques, raconte un ancien de la maison Tilder. Richard Descoings était apprécié mais il fallait raconter une histoire assez forte pour faire oublier les conditions sulfureuses de sa mort. Le récit aurait pu être beaucoup plus glauque. Le compagnon de Pepy pendant plus de trente ans a tout de même été retrouvé mort sur son lit alors que les employés de l'hôtel ont témoigné qu'il avait eu de nombreux visiteurs cette nuit-là... » Le cabinet a travaillé main dans la main avec le directeur de la communication de l'entreprise de l'époque, Patrick Ropert, aujourd'hui à la tête de Gares et Connexions.

Lorsque le prénom de Guillaume s'affiche sur son smartphone, Matthias Leridon se lève séance tenante quelle que soit la réunion en cours et s'éclipse. Guillaume Pepy est l'un de ses plus gros clients. Ils se sont servis l'un de l'autre pour conquérir le pouvoir et s'y maintenir. Fils du réalisateur de télévision Jean-Luc Leridon, qui s'est rendu célèbre au travers d'émissions comme « Les dossiers de l'écran », « Apostrophes » ou encore de grands débats politiques (Mitterrand-Chirac en 1988, Chirac-Jospin en 1995), il a découvert sa vocation en effectuant son service militaire au SIRPA, le service de presse des armées. Une affectation souvent réservée aux enfants de journalistes ou de personnalités après leurs classes. Appelé du contingent en juillet 1985, en pleine affaire du *Rainbow Warrior*, le sabotage du navire amiral de l'organisation Greenpeace en Nouvelle-Zélande par les services secrets, il devait écouter la nuit, à cause du décalage horaire, les commentaires des médias autochtones et rédiger un rapport quotidien destiné au ministre de la Défense. Il s'est ensuite porté volontaire pour intégrer les équipes qui accompagnaient le Paris-Dakar. À l'époque, l'armée devait transmettre les images du rallye aux chaînes de télévision. Il était arrivé depuis quelques jours lorsque survint la mort brutale de Thierry Sabine et de Daniel Balavoine. Le jeune homme a l'art de se retrouver au cœur des tempêtes médiatiques. Il en fera son métier. Il fonde son cabinet à la fin des années 1990. Sur son site, il affiche la liste de ses prestigieux clients, Orange, Engie, LCL, Cdiscount… Exclusivement des entreprises. Contrairement à la plupart de ses concurrents, il n'a pas de clients dans le monde politique. Il prodigue uniquement des conseils gracieux à quelques proches… dont Michel Sapin, ministre de l'Économie au moment de la remise du rapport de la Cour des comptes.

Il accompagnait déjà Louis Gallois, le prédécesseur de Pepy à la tête de la SNCF et ne serait pas étranger à la nomination de ce dernier à la présidence de l'entreprise. Rappelons que c'est Anne-Marie Idrac, numéro 2 du groupe, qui devait normalement remplacer Louis Gallois. Matthias Leridon lui aurait proposé de l'aider à conquérir le poste. Chiraquienne, ancienne de la RATP, déjà en place, elle considère sa proposition à la légère et lui répond : « Vous êtes gentil mais je crois que je n'ai besoin de personne. » En 2007, Nicolas Sarkozy lui préfère Guillaume Pepy, qui a accepté sans rechigner l'aide de Leridon. « Il vend bien plus que des prestations de communication, raconte un de ses clients, il donne accès au pouvoir politique, trouve des places dans des conseils d'administration ou de surveillance, obtient les entrées dans les cercles qui comptent, des cours dans des écoles prestigieuses. En un mot, il construit des carrières. » Il a parmi ses collaborateurs et associés nombre d'anciens conseillers politiques. À la fin du quinquennat de Nicolas Sarkozy, il avait fait entrer dans son agence plusieurs membres influents de l'UMP. Et même des ministres. En 2018, il a recruté le dernier ministre de l'Industrie du gouvernement Hollande, Christophe Sirugue, un proche de la Fondation Jean-Jaurès, think tank influent à gauche. Dans le passé, il avait employé Fleur Pellerin, avant qu'elle ne devienne secrétaire d'État au numérique… En 2013, l'hebdomadaire *Marianne* s'était procuré un carton d'invitation conjointe de Matthias Leridon et d'… Emmanuel Macron, conseiller économique de François Hollande, adressé à une dizaine de chefs d'entreprise. Comme le révélait le magazine, le déjeuner avait lieu dans une salle à manger de l'Élysée. Il y aurait eu, selon un ancien du cabinet, près de cinq cents consultants passés chez Tilder au cours des quinze dernières années. Un réseau impressionnant même s'ils n'ont pas tous conservé un bon souvenir ou de bonnes relations avec Matthias Leridon. La force de ce dernier repose également sur ses puissants clients. Isabelle Kocher, directrice générale d'Engie, Jean-Louis Chaussade directeur général de Suez jusqu'en décembre 2018, Anne-Marie Couderc, présidente non exécutive d'Air France-KLM, Stéphane Richard, à la tête d'Orange... Des clients fidèles qui apprécient la qualité des services rendus par Tilder. Anne-Marie Couderc a eu recours à lui lorsqu'elle était à la tête des NMPP, les Nouvelles Messageries de la presse parisienne, et lui a porté chance en débarquant à Air France puisque Tilder y a décroché son premier contrat.

La liste de ses ressources est impressionnante. Lorsque Guillaume Pepy veut se séparer d'un collaborateur, il favorise sa sortie pour que ce dernier ne fasse pas état à l'extérieur de ses ressentiments. À la SNCF, il a ainsi organisé le départ de l'une des anciennes dirigeantes. Elle n'avait pas démérité. Matthias Leridon a activé ses réseaux pour lui obtenir un poste dans une grande administration, un siège dans une fondation honorifique et surtout une intégration dans un grand corps de l'État. Avec sa femme, Gervanne Leridon, et deux de ses associés, il a créé une maison d'édition, Débats Publics, qui propose aux clients de Tilder principalement la publication d'ouvrages de réflexion sur leurs métiers. À la SNCF, Patrick Ropert, le patron de Gares et Connexions, et Alain Picard, celui de la logistique, se sont essayés à l'exercice. Dans le catalogue, on trouve également les ouvrages de Stéphane Richard et Bruno Mettling (Orange), Jean-Louis Chaussade, Anne-Marie Couderc, Michel Mathieu (Crédit agricole), Raymond Redding, ancien patron du courrier à La Poste, Michel Sapin, lorsqu'il était ministre de l'Économie, Martin Vial, à l'époque chez Europ Assistance... Pour un forfait compris entre 10 000 et 50 000 euros en fonction de la prestation, Débats Publics s'occupe de la conception, de l'édition, de la diffusion et de la promotion des ouvrages.

On l'a vu, Tilder organise aussi des relations avec les journalistes, des figures influentes des médias à l'occasion de déjeuners ou, plus rarement, de dîners. La plupart ont lieu place de la Bourse, à l'angle de la rue Vivienne, dans le 2e arrondissement, dans l'un des salons privés du *Mori Venice* qui sert une cuisine italienne raffinée. Dans l'intimité des tentures de velours et sous le contrôle de beaux miroirs de Murano, Guillaume Pepy rencontre des éditorialistes politiques en vogue, des patrons de journaux, des leaders d'opinion. Les invités sont rarement les rubricards du train. Ainsi, au cours du repas, on évoque la Société nationale des chemins de fer, mais aussi le contexte économique national et international, la vie du gouvernement, les nominations en cours dans les grandes entreprises... « Il a reproduit le principe du déjeuner politique, raconte l'un des journalistes habitués de ces rendez-vous. Il vous nourrit de petites infos très précieuses », poursuit-il. C'est une manière pour Guillaume Pepy de faire passer des messages ou de les tester, de récolter aussi des informations, d'étendre sa sphère d'influence. Dans un autre registre, lorsqu'il paye des interviewers pour le préparer à des émissions de télévision ou de radio, il se rode mais diffuse en même temps ses analyses et ses points de vue. Dans Paris, plusieurs éditorialistes, rédacteurs en chef, leaders d'opinion se prêtent au jeu contre de rondelettes piges. « Les journalistes pensent qu'ils l'entraînent à être bon en interview, en fait c'est lui qui les "média-train" et infuse ainsi ses idées dans l'opinion publique », raconte un communicant. L'ère des chaînes d'infos est une période bénie pour Leridon et Pepy car des journalistes et consultants profanes s'improvisent experts du ferroviaire au fil de l'actualité et des émissions. Matthias Leridon avait poussé la formule à l'extrême en créant, avec l'Institut Montaigne, un think tank libéral, une émission livrée clefs en main à Public Sénat, qui n'existe plus.

Pour les recrutements, outre des cabinets de chasseurs de têtes traditionnels, Guillaume Pepy a recours aux avis de Bruno de Courrèges d'Ustou, une sorte de double contrôle, pour les postes sensibles ou les collaborateurs destinés à travailler à son contact. Chaque fois que la SNCF est interpellée sur ses dépenses de communication, elle rétorque toujours que ces sommes importantes sont infimes au regard de son chiffre d'affaires. Certes. Mais dans une entreprise surstaffée, les sommes investies dans des prestataires extérieurs donnent le tournis. Comment admettre qu'un consultant facture la valeur de trois smic par trimestre en notes de taxi... Début 2018, une lettre d'engagement signée par Guillaume Pepy en tant que président du directoire de la SNCF et président de Mobilités, et par Patrick Jeantet, président délégué du directoire, président de Réseau, annonce une reprise en main de la fonction communication dans l'ensemble de la maison, avec mise en cohérence des messages, regroupement des services, rationalisation des moyens. Un plan qui devait être piloté par Mathias Vicherat, le directeur général adjoint en charge de la communication et de la stratégie, mais qui a quitté la SNCF en décembre 2018. Il a été remplacé par Agnès Ogier, ancienne directrice générale de Thalys. Ce programme doit déboucher d'ici à 2020 sur une baisse des effectifs et des dépenses de communication de 30 % par rapport à 2016 et une diminution des campagnes dans les mêmes proportions. Les budgets alloués à Tilder auraient déjà été divisés par trois et ceux de TBWA baissés de 27 %. Quant aux parrainages dilués dans le groupe, ils sont désormais sous la responsabilité de deux « sponsors », le directeur de la communication et le secrétaire général, Stéphane Volant. Au moment de cet engagement, l'ensemble de la filière communication, tous établissements confondus, comptait sept cents personnes. Elle avait encore grossi depuis le rapport de la Cour des comptes et les promesses de la SNCF de réduire son périmètre. L'enfer est pavé de bonnes intentions.

4

L'impossible réforme

Une fanfare à l'arrivée, une au départ... À 16 h 50, le 1er juillet 2017, le premier TGV roule sur la ligne à grande vitesse, Bretagne-Pays de Loire, qui relie désormais Paris à Rennes en une heure et vingt-cinq minutes. Pour ce trajet inaugural, avec à son bord Emmanuel Macron élu depuis quelques jours à peine, le temps aura été d'une heure et vingt-quatre minutes. Les cent quatre-vingt-deux kilomètres de rails nouveaux parcourus à la vitesse de 320 kilomètres à l'heure font que le voyage est raccourci de quarante minutes. Ce raccordement au réseau du TGV Atlantique est une victoire pour les Bretons qui attendent depuis vingt-huit ans l'ouverture de la grande vitesse jusqu'au Mans. Quelques heures plus tôt, c'est le tronçon Sud-Ouest de l'ensemble qui a été célébré par la ministre des Transports, Élisabeth Borne, et Nicolas Hulot, celui de l'Environnement.

Le jeune président est accueilli comme une star à Montparnasse. Il ne sait pas encore que cette chaleureuse popularité se fracassera à la vitesse d'un TGV un an plus tard sur l'affaire Benalla, du nom de son responsable de la sécurité mis en cause sur son rôle à l'Élysée. Parmi ces

Français anonymes qui lui sourient, un certain nombre revêtiront le gilet jaune de la colère dix-huit mois plus tard. L'heure est aux gilets rouges de la SNCF et à l'insouciance. Sur son passage, on se bat pour obtenir un selfie, une poignée de main, un sourire. Il est encadré par le ministre des Affaires étrangères, Jean-Yves Le Drian, maire de Lorient pendant près de dix-sept ans et ancien président du conseil général de Bretagne, l'un des rares rescapés du quinquennat Hollande, et par Guillaume Pepy. Avant le départ, il salue les agents et monte dans la cabine du conducteur, prêt pour le grand voyage. Il fait beau. Un Rafale, suivi d'un Alfajet, survole la rame qui fend le bocage. Toutes les symboliques du nouveau pouvoir sont réunies. Ambition, modernité, grands projets. Fors la sobriété. Guillaume Pepy a organisé une fête fastueuse dont il a le secret. Il a invité près de neuf cents personnes, des élus locaux, des parlementaires, des hauts fonctionnaires, des clients VIP et, bien sûr, des journalistes… Maïtena Biraben, l'animatrice qui a connu un joli succès sur Canal Plus, anime un show arrosé de champagne. Une chorale entame le Chant de la liberté. Gilles Dansart, le redouté journaliste qui dirige la publication Mobilettre, chiffre, quelques jours plus tard, l'événement à plus de 6 millions d'euros. Le groupe SNCF dément et affirme que le budget de l'inauguration n'a pas dépassé… 3,5 millions d'euros. Tout de même, une note de près de 4 000 euros par invité. Une paille, rapportée à son chiffre d'affaires… et à son astronomique endettement. Le montant de la facture fait tout de même grincer les dents à l'Élysée et dans les ministères. Cette ostentatoire opulence n'est pas la marque que souhaite imprimer le nouveau pouvoir. Dans l'entourage du président de la République, on insiste sur le fait que « la fête n'est pas du tout » du goût d'Emmanuel Macron et que l'organisation a été menée de bout en bout par la SNCF. Pour en convaincre les journalistes, les conseillers ministériels invitent en off à relire le discours du chef de l'État prononcé ce jour-là qui prône la rigueur. « Le rêve des cinq prochaines années ne doit pas être un nouveau grand projet comme celui-là. [...] Nous avons vécu dans ce secteur sur beaucoup de mensonges. Ces dettes accumulées, un jour quelqu'un les paiera. » Dans l'assistance, pourtant, la fête de « Guillaume » a fait des heureux et de nombreux participants expriment devant les micros tendus par la presse leur espoir de voir ce rêve de vitesse innerver toute la Bretagne.

Emmanuel Macron se méfie de Guillaume Pepy. Par nature et par construction. Le nouveau président n'a jamais brigué de mandat local. Il n'est pas imprégné comme ses prédécesseurs de la culture du territoire et de la sous-préfecture où la fermeture de la maternité, du bureau de poste ou de la gare peut vous coûter un mandat et où l'arrivée du TGV vous assure une réélection. Par ailleurs, la SNCF est un partenaire précieux des collectivités. L'entreprise ferroviaire est devenue l'un des tout premiers employeurs de nombreuses villes. À Lille, chez Martine Aubry, la SNCF arrive en troisième position après l'hôpital et le conseil régional. Emmanuel Macron n'a jamais eu, comme Gérard Collomb à Lyon, à faire la tournée des administrations et des entreprises pour remplir les bureaux d'une coûteuse tour d'affaires... Dans un article du *Lyon Capitale*[1], un journaliste observe qu'en 2013 le « lancement [de la Tour Incity] a été

1. Fabien Fournier, « Tour Incity. Qui peut s'offrir une tour à 315 euros le mètre carré ? », *Lyon Capitale*, 11 avril 2013.

rendu possible par l'engagement de la SNCF à réserver 22 000 mètres carrés, soit les vingt-deux premiers étages [...] à un tarif affiché de 315 euros le mètre carré de loyer par an. C'est le montant le plus élevé de la place lyonnaise, nettement supérieur au niveau moyen du neuf à la Part-Dieu (270 euros le m²), à la Confluence (250 euros le m²) ou encore à Gerland (200 euros le m²) ». La SNCF y a notamment installé la direction des TER, précédemment à Paris, celle des achats et de l'établissement régional. Les services informatiques sont hébergés depuis dans une autre des tours emblématiques baptisée Oxygène. Pour le nouveau président de la République, avant d'être un partenaire privilégié, la SNCF est un danger pour les finances de l'État.

Comment pourrait-il en être autrement ? Le nouveau président est un banquier – on le lui a souvent reproché – arrivé en politique par la grande porte, celle de l'Élysée. François Hollande avait fait de ce jeune énarque dont on lui disait tant de bien son secrétaire général en charge de l'Économie, puis son ministre de l'Économie. À l'Élysée comme à Bercy, pour Emmanuel Macron, le groupe ferroviaire est avant tout une dette à neuf zéros. Une dette SNCF de quelque 47 milliards d'euros qui, si elle était requalifiée en dette publique, coûterait deux points de PIB à la France. Une charge en partie constituée des 130 milliards de francs (35 milliards d'euros) empruntés par l'entreprise pour l'État à la fin des années 1970 afin de construire le réseau TGV. L'Allemagne avait repris la dette des deux entreprises de chemin de fer de RFA et de RDA – équivalant à 35 milliards d'euros – dès 1994. Pendant le quinquennat Hollande, Emmanuel Macron a entendu les fonctionnaires du Budget se plaindre de cette société dispendieuse et mal gérée. Même si la réforme de la SNCF n'était pas un engagement de campagne, il avait dans son équipe des anciens du ministère des Transports. Ils lui ont transmis de nombreuses notes sur le sujet. Le gouvernement français était tenu de respecter le calendrier européen d'ouverture à la concurrence. Les grandes pannes de la gare Montparnasse finiront de le convaincre qu'il faut passer la vitesse supérieure.

D'ailleurs cette cérémonie inaugurale du TGV Atlantique du vieux monde l'a laissé dubitatif... Il a profité de ce voyage en Bretagne pour rencontrer des cheminots, une douzaine représentant les différents métiers du ferroviaire et leur faire passer quelques messages sur sa vision de l'entreprise. Les élus syndicaux ont été soigneusement écartés. Pas évident. En 2013, l'entreprise comptait dix mille permanents, tous syndicats confondus, sur cent cinquante mille salariés. Il leur livre son projet. L'État va reprendre une partie de la dette et en échange ils devront faire les efforts de productivité nécessaires pour aligner la SNCF sur ses principaux concurrents et abandonner leur très protecteur statut. Depuis des années, rapport après rapport, le coût du travail à la SNCF est évalué entre 20 % et 30 % au-dessus de celui de ses concurrents européens. Cette conversation informelle entre le président de la République et les cheminots pose les prémices de la réforme à venir qui débouchera au printemps 2018 sur une grève « perlée » de près de trois mois.

Les réunions préparatoires ont commencé discrètement en février 2018. C'est Matignon qui est à la manœuvre. Édouard Philippe s'est personnellement engagé dans la réforme. Il a, comme un Français sur six – si on remonte aux arrière-grands-parents –, un cheminot dans sa famille. Surtout, il enrage du mauvais service de la ligne Paris-Le Havre, dont il est un habitué. Benoît Ribadeau-Dumas, son directeur de cabinet et l'un de ses plus proches amis, se saisit du dossier. Il installe un groupe de travail qui se réunit plusieurs heures tous les samedis matin rue de Varenne. Les réunions se déroulent en deux temps. Les technos des différents ministères concernés, Transports, Travail, Finances, Budget, discutent tout d'abord à huis clos, puis invitent les dirigeants de l'entreprise à se joindre à eux. Les négociations sont âpres et débordent largement sur le déjeuner. L'enjeu est clair : mettre en pratique le deal du président de la République. Abandon du statut et reprise de la dette. Il y a dans ce partage la reconnaissance d'une responsabilité partagée. Chaque année, le groupe perd 3 milliards d'euros, la moitié correspond aux intérêts de la dette, l'autre aux retards de productivité. Chaque avancée décisive, chaque blocage majeur donne lieu à une réunion entre les ministres. « La SNCF, qui a souvent joué des intérêts divergents des différents ministères à son profit, n'avait cette fois guère de marge de manœuvre car nous étions tous autour de la même table », raconte un des participants. Ses dirigeants allaient devoir faire des efforts de productivité bien au-delà de la réforme du statut. À part l'emploi à vie et la retraite qui en sont les pivots, la plupart des rigidités d'organisation relèvent d'accords d'entreprise et ne sont pas inscrites dans la loi. Ribadeau-Dumas, secondé par Thomas Fatome, son directeur de cabinet adjoint, font vite comprendre aux dirigeants de la SNCF qu'ils doivent trouver des marges d'amélioration en interne. Il y a, dans cette nouvelle équipe ministérielle, une méfiance vis-à-vis des présidents du groupe public. Les négociations ont été longues.

Où ranger la dette ?

Au moment où les cheminots ont commencé leur grève dite « perlée » le 3 avril 2018, personne ne savait autour de la table quel montant de la dette l'État accepterait de reprendre. La ministre des Transports, Élisabeth Borne, plaidait pour un minimum compris entre 27 et 36 milliards d'euros. Ancienne de la SNCF, elle connaît les contraintes de l'entreprise, comme son directeur de cabinet, Julien Dehornoy, qui, on l'a vu, vient tout droit de la SNCF, où il a occupé les fonctions de directeur de cabinet de Guillaume Pepy. Sur son compte Twitter personnel, il se présente avant tout comme un ferrovipathe, un passionné du train. Dans le ministère des Transports, on est pétri de la culture du service public et de l'aménagement du territoire. Cependant, les représentants du ministère des Finances ont une autre conception du service public. Ils défendent une position minimaliste. Ils proposent que l'État reprenne 17 milliards de dette à sa charge, et que l'entreprise sabre dans les petites lignes non rentables et réduise son effectif de cent cinquante mille à cent mille cheminots. La rivalité historique entre les fonctionnaires de Bercy et ceux des transports prend corps. Les premiers garants de l'orthodoxie budgétaire brandissent la crainte de voir Bruxelles s'opposer à cet arrangement, considérant qu'il s'agit d'une distorsion de concurrence. Cette opération pourrait amener le gendarme européen à se pencher sur les liaisons incestueuses entre l'État et ses trois EPIC[1].

1. La SNCF est organisée autour de trois EPIC (établissement public industriel et commercial) : un EPIC de tête, EPIC SNCF Réseau et EPIC SNCF Mobilités.

Finalement, Emmanuel Macron tranche autour du 18 mai. Au cours d'une réunion où sont présents Bruno Le Maire et Élisabeth Borne, il est décidé d'opter pour la fourchette haute. L'État reprend 35 milliards d'euros à sa charge, soit l'équivalent des 139 milliards de francs empruntés pour le TGV. Mais à ce tarif, il veut une entreprise viable. On demande à Pepy, Saint-Geours et Jeantet une drastique diminution du train de vie. Ils doivent mettre fin à la croissance de la masse salariale de 4 % chaque année, quitte à envisager un plan de départs volontaires ! Les dirigeants de la SNCF sont également rappelés à l'ordre sur la dérive de la dette. De quelque 47 milliards à la fin de 2017, on l'annonce à 50 milliards dès 2020.

L'opération de rachat est en réalité un jeu d'écriture. L'EPIC SNCF Réseau est transformé en administration publique. Sa dette devient donc mécaniquement celle de l'État. L'Insee a validé cette mutation le 6 septembre 2018 en accord avec Eurostat, la direction générale de la Commission chargée de l'information statistique. L'opération se justifie, car ses tarifs ne sont plus couverts par ses recettes (les péages) – les experts datent ce basculement de l'année 2016. La dette publique a ainsi intégré une partie du passif de la SNCF, soit 37 milliards d'euros fin 2016 et 39,5 milliards d'euros fin 2017, soit 1,7 point de PIB. Délestée de ce poids, SNCF Réseau deviendra en 2020 une société anonyme à capitaux publics avec des comptes assainis.

Rappel historique. En 1997, le gouvernement, dirigé par Lionel Jospin sous la présidence de Jacques Chirac, a créé une nouvelle entité baptisée Réseau ferré de France (RFF). L'objectif affiché était de séparer le gestionnaire d'infrastructure (RFF) de la compagnie nationale (SNCF) pour se mettre en conformité avec la réglementation européenne. Et préparer l'arrivée de la concurrence. En réalité, il s'agissait surtout de planquer la dette, qui s'élevait déjà à 20 milliards d'euros à l'époque, au sein d'une nouvelle structure, loin du regard de la Commission européenne, laquelle aurait pu pointer un déficit excessif. Cette vraie-fausse séparation est vite devenue intenable. En effet, RFF déléguait à la SNCF, précisément à sa branche « Infra », l'exploitation et la maintenance du réseau dont elle avait normalement la responsabilité. L'entretien de l'infrastructure était donc en réalité confié à la SNCF elle-même, la seule à disposer des ressources humaines et techniques. Les cheminots n'avaient pas voulu basculer dans la nouvelle entité et les syndicats avaient obtenu le *statu quo*. Très loin de l'esprit de la réforme demandée par l'Europe. RFF est vite entré en conflit avec la maison mère, faute d'avoir les informations suffisantes sur le vrai coût du réseau et son entretien. SNCF se plaignait de son côté de devoir acquitter des péages de plus en plus onéreux pour faire circuler ses trains. Il s'agit de redevances payées par l'opérateur, en l'espèce la SNCF, à chaque passage d'un train, l'équivalent des taxes payées par les compagnies aériennes pour faire atterrir leurs avions. Parfois, les deux structures effectuaient les mêmes tâches ! Une guerre de tranchées. Et surtout un pied de nez grotesque à Bruxelles. La SNCF se retrouvait en position de conflit d'intérêts en ayant un accès discret au réseau. « RFF était tenu de faire réaliser les travaux par la SNCF, raconte un ancien de l'entreprise. On savait que Vinci pouvait effectuer la même chose deux fois moins cher. » Fanny Arav, déléguée UNSA, qui travaillait aux services des études économiques de RFF, renchérit : « On était là pour aiguillonner la SNCF, tout requestionner, on dérangeait. SNCF Infra facturait au maximum et nous n'avions pas la vraie connaissance du réseau[1]. » Du coup, au début des années 2000, RFF, avec la bénédiction de l'État, augmente les péages pour faire face aux dépenses. Un cercle vicieux qui creuse le déficit. Au plus fort de sa croissance, RFF, qui avait commencé avec cent personnes, emploie quinze cents agents, essentiellement des experts ferroviaires et des financiers. « On y développait la culture du privé, se souvient un ex-responsable de RFF. C'était le choc des cultures. RFF qui regarde les beaufs de la SNCF, qui regarde les crânes d'œufs de RFF. » Un agent de voie SNCF se souvient de cette guerre : « RFF ne servait à rien, raconte-t-il, tout ce qu'ils savaient faire, c'était de marquer les traverses en béton de leurs trois lettres. »

Avec le retour de la gauche au pouvoir en 1997 à la suite de la dissolution de l'Assemblée, la philosophie de la réforme, pourtant organisée par la droite, est plutôt bien accueillie. « C'est l'un des derniers décrets signés par Bernard Pons, soupire Jean-Claude Gayssot, cinq jours seulement avant le départ du gouvernement Juppé[2]. » Le ministre communiste des Transports de Jospin pendant la cohabitation de 1997 à 2002 n'en peut plus de se voir attribuer cette réforme libérale. Il faut dire que ses camarades CGT, qui y étaient farouchement opposés, lui en ont beaucoup voulu. Un comble pour l'ancien agent SNCF qui avait créé en 1967 le syndicat CGT de Saint-Flour. Fils d'une famille pauvre, la plus pauvre de son village, aime-t-il

1. Entretien avec l'un des auteurs, 29 août 2018.
2. Entretien avec les auteurs, 18 décembre 2018.

rappeler, il avait commencé aux ateliers de Béziers en 1962. « La séparation des deux structures, c'était la suite de la directive européenne 91-440 du 29 juillet 1991, à l'époque du gouvernement d'Édith Cresson, poursuit Jean-Claude Gayssot. L'Europe dans le cadre du développement des chemins de fer communautaires demandait au minimum une séparation comptable entre l'infrastructure et l'opérateur. Nous avons été maximalistes en créant deux structures. J'étais contre mais je n'ai pas voulu revenir dessus. Je voulais également une reprise de dette par l'État mais je n'ai pas réussi. Nous avions assez d'argent pour la maintenance mais plus pour les travaux. RFF, c'était clairement pour planquer la dette. En tant qu'ancien cheminot, j'étais attaché à l'unicité. Mais cela permettait, il est vrai, de sortir de la routine et de l'ordre établi. »

Les relations entre Louis Gallois puis Guillaume Pepy, et les dirigeants de RFF ont souvent été tendues, notamment avec Claude Martinand, communiste, ancien directeur de cabinet de Charles Fiterman, ministre des Transports de Pierre Mauroy en 1981 ou encore avec Hubert du Mesnil, ingénieur des Ponts et Chaussées, haut fonctionnaire spécialiste des transports. Sous Nicolas Sarkozy, la dette enfle, les deux entreprises vont mal. La question de la gouvernance devient épineuse. Il faut préparer l'intégration du troisième paquet ferroviaire (ouverture à la concurrence du transport international de voyageurs). En 2011, Nathalie Kosciusko-Morizet, ministre de tutelle, organise les assises du ferroviaire. La grand-messe a le mérite de faire émerger un diagnostic sévère mais réaliste des deux entités, maintenance et productivité défaillantes, et ouverture à la concurrence toujours embryonnaire. À l'issue d'un débat national de près de trois mois, les acteurs du ferroviaire avaient tout lieu de penser : « Le changement, c'est maintenant. » Une illusion.

5

Les ministres passent

Pour remettre (enfin) de l'ordre, le gouvernement Ayrault décide en 2014 de faire voter une loi qui prévoit de réunifier la SNCF en créant un groupe composé de trois structures. Pourquoi faire simple lorsqu'on peut faire encore plus compliqué ? Il y aura désormais un EPIC (établissement public et commercial) de tête, piloté par un conseil de surveillance, un EPIC d'exploitation, SNCF Mobilités, et un EPIC de gestionnaire du réseau, SNCF Réseau (qui regroupe les fonctions de RFF et SNCF Infra). On progresse tout de même un peu puisqu'il s'agit de donner au gestionnaire d'infrastructure la capacité d'entretenir son réseau sans dépendre d'un tiers. Ce qui n'avait jamais été possible jusqu'alors, principalement en raison des résistances syndicales. Entre les assises du ferroviaire organisées par Nathalie Kosciusko-Morizet et cette réforme la SNCF a vécu la terrible catastrophe de Brétigny. La recherche des responsabilités par la justice a montré l'absurdité du système et les tensions entre les deux entités.

Le grand rapprochement

Frédéric Cuvillier, le ministre des Transports, est un proche de François Hollande. Socialiste précocement blanchi sous le harnais de la politique dans le Pas-de-Calais, le maire de Boulogne a en commun avec le président le talent du compromis et du deal. Lorsqu'il lance la réforme à l'automne 2012, il donne le ton dans un entretien accordé au *Monde* : « Nous voulons réunir la famille cheminote[1]. » On ne rêve pas ! Derrière cette expression du siècle dernier, chère aux syndicats, il s'agit pourtant de mettre le réseau ferroviaire en ligne avec le quatrième paquet ferroviaire. Au menu, l'ouverture à la concurrence des LGV, des Intercités et des TER. L'opération séduction de Cuvillier fonctionne à merveille. Tout le monde est ravi. Les syndicats, notamment SUD et la CGT, qui représentent plus de 52 % des voix aux élections du personnel, obtiennent un texte qui oublie étonnamment d'évoquer la libéralisation du secteur. La question de la dette a soudainement perdu de son acuité alors que les dernières prévisions l'évaluent à 72 milliards en 2025…

Guillaume Pepy apparaît comme le grand vainqueur de la séquence. La loi du 4 août 2014 correspond au schéma qu'il avait imaginé. Dans tous les articles de presse on salue son succès. C'est son modèle d'organisation – un tantinet technocratique – qui a séduit l'exécutif aux dépens de celui défendu par Hubert du Mesnil, le patron de RFF, qui demandait une plus

1. « Nous voulons réunir la famille cheminote sous un même toit », *Le Monde*, le 29 octobre 2012.

grande indépendance. Pendant la phase préparatoire de la loi, les deux dirigeants se sont lancés dans un lobbying intense. Mais Hubert du Mesnil n'a pas résisté à la force de frappe de Guillaume Pepy. Il se plaint de plus en plus fort et publiquement des tarifs prohibitifs que lui impose la SNCF. Du Mesnil, peu à l'aise avec les médias, mène une campagne offensive, organisant même un voyage en Suède pour montrer aux journalistes le gestionnaire d'infrastructures local. Le thème du déplacement est symbolique : les mérites d'une politique d'achats rationnelle. Son projet, pourtant plus cohérent au regard des engagements européens pris par la France, est balayé. Son mandat arrive à échéance en novembre 2014, il est clair pour tout le monde qu'il ne sera pas reconduit et qu'il ne souhaite pas rester. Désabusé, Hubert du Mesnil dirige désormais le Collège de Bernardins, un cercle de réflexion catholique. Un changement de voie radical. « Guillaume Pepy avait plusieurs longueurs d'avance, ricane un parlementaire, la partie était perdue avant même de commencer. C'est lui qui écrit les lois. Pour lui, un rapport parlementaire, ça agrémente les étagères. » La réforme très politique de Frédéric Cuvillier passe comme une lettre à la poste. Les syndicats l'accueillent par une petite semaine de grève. Autant dire avec... enthousiasme. L'affichage volontariste suffit à répondre aux exigences européennes et la création de SNCF Réseau, véritable gestionnaire d'infrastructure, est actée. Jacques Rapoport, haut fonctionnaire zélé, consciencieux, qui a longtemps travaillé dans l'ombre de Jean-Paul Bailly à la RATP et à La Poste, s'arrange fort bien de la personnalité flamboyante de Guillaume Pepy. Pendant les conférences de presse, le président de SNCF Réseau, président délégué de la SNCF, se tient discrètement à ses côtés sans jamais s'arroger la première place. Le couple fonctionne. Rapoport s'attelle avec efficacité à sa tâche et crée l'EPIC SNCF Réseau, seule avancée notable de cette réformette. Il met en place les nouveaux certificats ferroviaires et fait basculer sans heurts cinquante-cinq mille cheminots dans la nouvelle structure. Ce qui s'explique en deux lignes se révèle une opération administrative, juridique et psychologique complexe. Outre le déménagement des équipes, il faut créer de nouveaux départements, établir de nouvelles fiches de paie, et surtout faire travailler ensemble des gens qui au mieux s'ignoraient cordialement depuis dix-sept ans… En 1997, au moment de la création de RFF, la SNCF s'était débarrassée des éléments dont elle ne voulait plus. C'est du moins la rumeur qui courait dans la maison. Les beaufs et les crânes d'œufs appartiennent désormais à la même entreprise. Jacques Rapoport n'a pas bénéficié du fruit de son travail puisqu'il a quitté SNCF Réseau en septembre 2016, à peine la restructuration achevée. Il a été remplacé par Patrick Jeantet, ingénieur des Ponts et Chaussées de formation, ancien directeur général d'Aéroport de Paris. Guillaume Pepy avait un autre candidat, Jean-Pierre Farandou, le patron de la filiale Keolis, qui a effectué la quasi-totalité de sa carrière à la SNCF où il est entré en 1981. La tutelle a cependant considéré que mettre à la tête d'une entreprise censée prendre de plus en plus d'indépendance vis-à-vis de la maison nourricière un homme qui y a été biberonné toute sa vie n'était pas la meilleure idée qui soit. Fût-elle de Guillaume Pepy.

Le RH077, tout un symbole

La réforme ferroviaire adoptée, François Hollande n'en a pas terminé avec le dossier SNCF. Et les risques du grand mouvement social qu'il redoutait tant depuis son arrivée à l'Élysée ne sont pas totalement écartés. La loi de 2014 prévoit une révision de l'organisation du temps de travail des cheminots. Les nouvelles règles discutées dans les entreprises ferroviaires doivent être fixées avant le 30 juin 2016. Faute de quoi un décret socle concocté par le ministère des Transports s'appliquera automatiquement. Entre 2014 et 2016, trois négociations doivent donc être conduites en même temps : par la tutelle, au niveau de la branche qui compte environ deux cent mille salariés (Colas Rail, EuroCargo Rail, Europorte, VFLI, etc.) et dans les entreprises du groupe public. En jeu à la SNCF : la réforme du RH077, le règlement du temps de travail des cheminots. Il ne s'agit pas du fameux statut (RH001) mais cela y ressemble beaucoup. Travaillant sept jours sur sept, de nuit comme de jour, les cheminots bénéficient légitimement d'un régime spécial. Mais au fil des ans, et des mouvements sociaux, il s'est considérablement étoffé. Le RH077 est devenu si complexe que toutes les centrales syndicales fournissent à leurs adhérents un décryptage d'une trentaine de pages pour leur expliquer les règles de fonctionnement de leur propre organisation du travail. Le texte fixe le nombre de congés, les RTT, les plages horaires de travail, le nombre de dimanches libérés, de congés doubles, les conditions d'astreintes, les heures de nuit. Le règlement fait notamment la différence entre le temps de trajet en fonction du mode de circulation, à pied, en métro ou en train. En fonction du transport utilisé, il est plus ou moins converti en temps de récupération ou de congés. Un trajet en train en place assise ou debout ne sera pas décompté de la même manière. Il faut savoir qu'un cheminot dont l'horaire de travail prévu est avancé de deux heures pour des raisons de service perçoit une indemnité ; il en sera de même si le début de sa journée est retardé.

Symbole des acquis sociaux, le RH077 a valeur de totem, marqueur d'un temps révolu, celui où le cheminot appartenait à l'aristocratie ouvrière. Dans ce contexte, tout ce qui peut apparaître comme un retour au droit commun devient tabou et explosif. Pour la direction, il est surtout le symbole d'une productivité poussive : il entraînerait un surcoût du personnel de 7 à 15 % « par rapport au droit commun »[1].

À l'intérieur de ce dogme, il y a une disposition particulièrement sensible, celle du 19/6. Cette règle est inscrite dans un décret datant de 1999, qui détaille comment l'entreprise peut décliner les 35 heures. Elle stipule que le personnel roulant ne peut finir son service après 19 heures si son congé hebdomadaire débute le lendemain, et ne peut reprendre ensuite son travail avant 6 heures le lendemain matin. « Depuis 2011, Guillaume Pepy a en tête d'assouplir les règles du 19/6, rappelle l'un de ses adjoints. Il voulait faire baisser les coûts. » La direction fait passer le message au gouvernement que, cette fois, il ne faut pas reculer et que, si rien ne change, les cheminots français resteront plus chers que leurs homologues du privé. Début 2016, six

1. « L'entretien du réseau ferré national », Communication à la commission des finances du Sénat, Cour des comptes, juillet 2012.

mois avant l'échéance du 30 juin, le sujet de la révision du RH077 vire au conflit. Les syndicats s'unissent et hurlent à la « régression sociale ». Une grève se profile. La tension monte. Alain Vidalies, secrétaire d'État aux Transports, a des consignes claires de l'Élysée. Priorité est donnée à la loi El Khomri sur le travail, qui suscite elle aussi l'ire des syndicats. Pas question de mettre de l'huile sur le feu et de risquer un blocage de la France à la veille de l'Euro 2016. De son côté, Alain Vidalies a préparé le terrain. Il a rédigé un décret socle qu'il a bloqué au Conseil d'État afin de ne pas froisser les organisations syndicales en leur donnant le sentiment que la partie était jouée d'avance. Il a multiplié les discussions avec la CFDT et l'UNSA, les deux fédérations susceptibles de signer un accord, pour évaluer les marges de négociations possibles. Il se dessine un compromis autour de gains de productivité liés à une plus grande polyvalence des agents avec des dérogations au 19/6 dans le cadre d'accords locaux uniquement. Le secrétaire d'État trouve un terrain d'entente avec la CGT qui ne fera pas jouer son droit d'opposition. « Je me suis assez vite rendu compte que Guillaume Pepy avait des relations exécrables avec la CFDT et son représentant, Didier Aubert, raconte Alain Vidalies, je pensais néanmoins que les négociations avançaient dans l'entreprise. Nous rentrions dans la dernière ligne droite lorsque j'ai compris que ce n'était pas le cas et qu'aucun texte n'était prêt. La direction de la SNCF jouait la montre et attendait manifestement le décret socle pour éviter le conflit en interne. J'ai alors décidé de convoquer tout le monde au ministère pour tenir le calendrier. J'étais très en colère car j'ai appris alors par Matignon que Guillaume Pepy jouait double jeu. Il essayait d'obtenir de Manuel Valls et de Jean-Pierre Jouyet, le secrétaire général de l'Élysée, le report de la réforme. J'ai dû faire appel à François Hollande pour qu'il tranche et qu'elle se poursuive[1]. » Vidalies et Pepy veulent libéraliser l'entreprise, mais pas au même rythme.

Chacun a son calendrier et ses stratégies, notamment vis-à-vis des syndicats. Cet épisode illustre un des drames de la SNCF : son destin dépend de facteurs politiques qui lui sont souvent étrangers. Selon Alain Vidalies, la SNCF, qui emploie 95 % des salariés de la branche, s'est rapidement révélée incapable de trouver des accords à l'intérieur de l'entreprise pour modifier le 19-6. Pepy aurait alors joué la montre et l'échec de sa négociation interne attendant patiemment que le précédent règlement, rendu caduque le 1er juillet par la loi de 2014, n'arrive à échéance. « Son objectif était manifestement que le gouvernement assume la fin du 19-6 à sa place, peste Alain Vidalies, nous lui avions annoncé dès le départ que cela ne serait pas le cas. »

Le samedi 28 mai, lors de la dernière réunion de négociations avec les syndicats réformistes (CFDT, UNSA) organisée au ministère des Transports, Guillaume Pepy ne prend pas la peine de se déplacer : il envoie son directeur des ressources humaines, Jean-Marc Ambrosini, avec une feuille de route précise : « Tu ne valides rien. Tu fais potiche. » Le pacte social concocté par le gouvernement n'est pas au goût de Guillaume Pepy. Les acquis des cheminots sont

1. Entretiens avec l'un des auteurs, 19 décembre 2018 et 13 janvier 2019.

préservés, voire améliorés ! La règle du 19/6 est maintenue. Le statut de « travailleur de nuit » (repos compensateur, suivi médical...) est désormais conditionné à 300 heures pour les roulants (contre 330 dans le décret socle) et à 385 heures pour les sédentaires (contre 455). La rigidité des conditions de travail qui devait être abolie est renforcée. En échange d'une plus grande polyvalence et d'une réduction du nombre de jours de congé. « Nous n'avions pas réduit le différentiel de productivité de 20 % à 30 %, reconnaît un conseil ministériel, mais de 10 % à 15 % et nous avions évité le blocage, ce qui n'était pas si mal. » Le DRH sort défait du ministère. Guillaume Pepy encaisse mal le camouflet. « La réunion s'est terminée vers 17 heures, il m'a appelé dans la soirée pour me dire qu'il ne pouvait accepter cet accord qui le contraindrait à démissionner, raconte Alain Vidalies. Je lui ai dit que je comprenais mais que je ne reviendrais pas sur le texte. Aux alentours de 22 heures, j'ai alerté Loïc Rocard, le conseiller de Matignon, que le patron de la SNCF allait démissionner. » La nouvelle n'émeut guère Ségolène Royal, ministre de tutelle, dont le directeur de cabinet est prévenu. Elle n'aime pas Guillaume Pepy. Il avait ridiculisé son idée de portique dans les gares pour lutter contre les risques d'attentat. Elle n'adresse plus la parole à son secrétaire d'État depuis plusieurs mois. En décembre 2015, elle s'était opposée sur RTL à une augmentation de tarifs de 2,6 % qu'il avait validée. Vidalies était allé se plaindre chez François Hollande en menaçant de démissionner. Désavouée, Ségolène Royal avait pris ses distances avec son secrétaire d'État et... le train. « Au début, on avait une réunion de cabinet tous les mercredis matin, sourit Alain Vidalies, après nous avons dû nous voir trois fois en deux ans. »

La démission de Pepy

Guillaume Pepy a lui aussi appelé le bureau du Premier ministre et obtenu un rendez-vous dès le lendemain avec Manuel Valls. Les deux hommes se connaissent bien et s'apprécient. Gilles Gateau, le directeur de cabinet adjoint et conseiller social du Premier ministre, est son ancien collègue du cabinet de Martine Aubry au ministère du Travail. Pepy arrive à Matignon trempé. Il est venu en moto-taxi et le soleil n'est définitivement pas de la partie. Manuel Valls reçoit Guillaume Pepy en tête à tête dans son bureau. Alain Vidalies n'est pas présent. Il n'apprendra ce rendez-vous que plus tard. Pepy n'obtient pas ce qu'il est venu chercher. Valls lui promet des moyens pour l'entreprise et une sortie honorable mais refuse de revenir sur la négociation conduite par le ministre des Transports et demande à Guillaume Pepy d'appliquer la réforme. Il lui dit que François Hollande n'apprécierait pas le psychodrame d'une démission. Pendant ce temps, la nouvelle fait rapidement le tour du landerneau ferroviaire. « Alain Vidalies m'a appelé à 9 heures du matin pour me dire que Guillaume Pepy avait démissionné, raconte Roger Dillenseger, secrétaire général de l'UNSA ferroviaire. Deux heures plus tard, ce dernier me téléphone pour me dire que c'est faux. » Info ? Intox ? Le lendemain, en réunion interne, Guillaume Pepy confie à ses collaborateurs tout le mal qu'il pense des ministres : « Ils sont en dessous de tout. » Le patron de la SNCF refuse de mettre sa signature au bas de l'accord. « Il n'y avait personne pour signer », soupire Didier Aubert, secrétaire général de la CFDT cheminots. « En tout cas, il a très mal vécu cet épisode », poursuit Dillenseger. Publiquement, Guillaume Pepy se tait, mais fait savoir qu'il trouve l'attitude du gouvernement scandaleuse. Alain Vidalies n'a pas le temps de savourer sa victoire. Il voit fleurir dans la presse une série d'articles peu amènes sur son ministère, qu'il estime inspirés par Guillaume Pepy. « Au cours des derniers mois j'avais souvent constaté que les éléments de langage qu'il m'envoyait le soir, déclare-t-il, se retrouvaient *in extenso* dans les journaux du matin. Donc je savais très bien qu'il avait l'oreille des journalistes. » Un conseiller à Matignon raconte un épisode dans le bureau du Premier ministre qui avait réuni une vingtaine de plumitifs pour leur donner en « off » le cap de la réforme. « Il y avait des éditorialistes de premier plan comme Bruno Jeudy et Claude Askolovitch, raconte l'observateur. J'étais assis entre deux d'entre eux et je voyais tomber les SMS signés de Pepy. "Si tu veux que je te débriefe après..." » Cette fois Alain Vidalies lui répond du tac au tac par média interposé : « C'est toujours le ministre [des Transports] qui porte la responsabilité. La SNCF est une entreprise publique, elle n'appartient ni aux syndicats, ni à la direction, mais aux Français. C'est le gouvernement qui décide. » Au début de l'année 2019, Alain Vidalies, retiré de la vie politique, a écrit un livre sur son expérience gouvernementale dont le titre donne le ton : *Ministre sous François Hollande*[1]. Un ouvrage publié

1. Les Dossiers d'Aquitaine.

dans une petite maison d'édition régionale. Avocat de formation, ce spécialiste des relations sociales rêvait du ministère du Travail. Il a tout d'abord hérité d'un titre de ministre délégué en charge des relations avec le Parlement dans le gouvernement Ayrault, son ami, puis de secrétaire d'État aux Transports. Il a derrière lui une carrière de militant socialiste landais, alternant les mandats de député et de conseiller général depuis 1979. Fils d'un sous-officier de l'armée de l'air, rompu à l'exercice de la vie parlementaire où il compte de solides réseaux, il apprécie peu le monde de la haute fonction publique et des cabinets ministériels et fait peu d'effort pour s'y intégrer. « Je ne suis jamais allé dans la loge de la SNCF au Stade de France, se félicite-t-il. Tout se réglait entre collègues du Conseil d'État, poursuit-il, ou autour d'un dîner dans un club parisien. Moi j'étais transparent pour Guillaume Pepy. Il me court-circuitait en permanence pour s'adresser directement à Hollande ou à Valls, Jouyet ou Macron... Je me suis rendu compte après avoir quitté le gouvernement que Florence Parly[1] que je recevais fréquemment dans mon bureau touchait trois fois le salaire du président de la République. Aucun des représentants de l'État qui siègent au conseil d'administration ne m'a alerté de quoi que ce soit. Il faut dire qu'à l'époque son mari dirigeait l'Agence de participation de l'État... dont les membres sont censés contrôler la SNCF. » Les ministres passent. En général tous les dix-huit mois.

1. Ministre des Armées depuis mai 2017.

6

Haute fragmentation

Philippe[1] est entré à la SNCF en 1982 en tant qu'agent d'exploitation. Il appartient à la génération Fiterman, ministre communiste des Transports de Pierre Mauroy entre 1981 et 1984. « On est nombreux, nés entre 1958 et 1962, à avoir été recrutés dans ces années-là, raconte-t-il, on va tous partir en même temps. Ce serait déjà fait si Sarkozy n'avait pas reculé l'âge de la retraite à 58 ans et 9 mois. » Lorsqu'il est devenu cheminot, il n'y avait qu'une SNCF. Dans la petite gare du nord de la France où il a débuté sa carrière, ils étaient deux à partager le même bureau. « On faisait tout car on savait tout faire, se souvient-il avec nostalgie, s'il y avait une ampoule à changer on s'en occupait sans se poser de question. Aujourd'hui, il faut faire appel au service électrique à Lille et encore, il faut être habilité pour passer le coup de fil. » En 1997, au moment de la création de Réseau ferré de France, Philippe a été affecté à l'escale, car il avait le sens de la clientèle et

1. Entretien avec les auteurs, 23 décembre 2018. Le prénom a été changé.

le contact facile. L'agent d'escale informe les voyageurs sur le quai et s'assure du départ du train. « Du jour au lendemain je n'ai plus eu le droit de vendre des billets, regrette-t-il, ni de faire quoi que ce soit d'autre. Dans le passé, il m'était arrivé de m'occuper de l'aiguillage. Après la séparation de la SNCF, je l'ai fait un jour pour permettre le départ d'un train. Cela m'a été reproché et je n'ai plus jamais recommencé. On dit que nous ne sommes pas assez polyvalents mais c'est la boîte qui est devenue comme cela. » Martine[1], son épouse, travaille au guichet. Elle a une dizaine d'années de moins que lui. Elle fait partie d'une équipe d'agents de réserve. « Ils sont en train de fermer les guichets les uns après les autres, déplore-t-elle. Ce n'est guère motivant. Désormais c'est beaucoup plus intéressant pour les clients de commander leurs billets en ligne car il y a des tarifs à bon marché que je ne peux pas proposer. Je suis de plus en plus souvent obligée de leur conseiller d'aller sur le site internet », avoue-t-elle. « Avant, renchérit Philippe, le chef de gare, c'était un peu comme un chef de famille. On était une équipe, aujourd'hui on travaille les uns à côté des autres sans se préoccuper de ce qui se passe à côté. L'esprit maison disparaît. Il y a le patron régional de Gares et Connexions pour les quais et les bâtiments, de Mobilités pour les voyageurs, de Réseau pour la maintenance, de SNCF Voyages pour la vente, celui des TER, de la Suge pour la sécurité… »

1. Entretien avec les auteurs, 23 décembre 2018. Le prénom a été changé.

La famille cheminote désunie

Les agents SNCF ont le blues, au siège de la Plaine-Saint-Denis, à l'étage des crânes d'œufs comme sur le terrain. À la fin de l'année 2018, la dernière étude Tempo, qui mesure le climat social dans l'entreprise, montre un net décrochage managérial depuis 2015. Selon les secteurs, le niveau d'engagement des cadres a chuté de 10 à 20 points au cours des trois dernières années. Lors de la réforme de 2018, une enquête interne relevait que seuls 45 % des managers soutenaient le projet. Une proportion relativement faible quand on la compare aux 85 % de cadres qui adhéraient aux évolutions de La Poste au moment de sa transformation. À la SNCF, leur implication est pourtant traditionnellement très forte avec 50 % de cols blancs qui viennent du rang. La société nationale a longtemps favorisé la promotion interne.

L'un des maux de la grande famille ferroviaire est un sentiment de déresponsabilisation et une perte d'autonomie sur le terrain. Ce que Philippe exprime crûment par un « Y en a marre des jeunes merdeux qui sortent des écoles sans rien y connaître ». En d'autres termes, beaucoup plus choisis, le rapport sur la robustesse[1] ne dit pas autre chose. Il souligne le même malaise et la même réalité : « Les responsabilités sont très vite fragmentées tout au long de la chaîne managériale, rarement en cohérence avec les processus. De

1. « À la reconquête des services ferroviaires », rapport établi par le Comité international d'experts ferroviaires composé de Jacques Damas, Noël de Saint-Pulgent, Bruno Gazeau, Vince Lucas, Yves Putallaz, Yves Ramette, Alain Thauvette, 7 juillet 2017.

ce fait, les décisions sont soit particulièrement difficiles à obtenir, soit, au contraire, se prennent au fil de l'eau sans poser les tenants et les aboutissants avec les bons acteurs. » Un cadre dirigeant confirme : « Il y a une dizaine de patrons dans chaque territoire sans qu'aucun ait vraiment d'autorité sur les autres, alors forcément, il y a des bugs. » Dans les Régions, les patrons et les associations d'usagers s'en plaignent de plus en plus ouvertement. Cette fragmentation peut avoir de graves conséquences. C'est l'un des enseignements d'une mission d'expertise mandatée par SNCF Réseau et SNCF Gares et Connexions en 2018[1]. De nombreux incidents d'origine électrique avaient affecté en 2017 le réseau ferroviaire d'Île-de-France avec des répercussions importantes sur les trafics[2]. L'audit réalisé sur neuf grandes gares[3] a mis en évidence un nombre de fragilités qualifié de « conséquent » – plus de 400 – par les auteurs même si toutes n'ont pas le même niveau d'importance. Selon le rapport, les causes de ces fragilités apparaissent « multiples et profondes » : techniques (problèmes liés à la conception ou à l'obsolescence des équipements et des systèmes…), organisationnelles et culturelles, avec une certaine tendance au « délit d'habitude ». Dans sa note de synthèse, la mission insiste sur un manque de clarté et de délimitation des rôles, notamment entre le gestionnaire des gares et les services chargés de la maintenance.

1. Mission d'expertise grandes gares, réalisée en mars 2018.

2. Paris Est le 22 juin 2017, Paris Saint-Lazare le 26 novembre 2017, Paris Montparnasse le 11 décembre 2017, Paris Saint-Lazare le 26 décembre 2017.

3. Paris Saint-Lazare, Gare d'Austerlitz, Paris Montparnasse et Gare de Lyon, Gare de l'Est, Gare du Nord et Lille Flandres, Lyon Part-Dieu et Marseille Saint-Charles.

Cette fragmentation est apparue progressivement. On l'a vu, en raison des tergiversations de l'État, qui n'a cessé de balancer entre intégration et autonomie au gré des majorités, libérales ou socialistes, des engagements communautaires, de la crainte des mouvements sociaux. Difficile en effet de promettre à la fois l'unicité de la famille cheminote à Paris et la fin du monopole à Bruxelles. Le « en même temps » n'a qu'un temps.

Le morcellement de l'entreprise est accentué par une organisation par activité et d'inévitables rivalités entre les managers. À commencer par celle qui oppose structurellement Guillaume Pepy, président du directoire et de SNCF Mobilités, et Patrick Jeantet, le patron de SNCF Réseau. Le premier est destiné à devenir un client du second, parmi d'autres. Patrick Ropert, ancien chef de gare de Grenoble, dans l'ombre de Guillaume Pepy depuis des années, est aujourd'hui le puissant dirigeant de Gares et Connexions. Il développe un business important qui rapporte de l'argent dans l'entreprise en créant de véritables centres commerciaux à l'intérieur des gares. L'un de ses projets phares ? La rénovation et le raccordement des gares du Nord et de l'Est dans le cadre d'un ambitieux projet. Il compte de solides inimitiés à l'intérieur du comité exécutif du groupe. « Patrick Jeantet, avec lequel il doit travailler en étroite collaboration, se méfie de lui, raconte un cadre, il a tellement manœuvré auprès des parlementaires au moment de la loi de 2018 pour obtenir son indépendance en poussant certains amendements que ce dernier est sur ses gardes. » Des élus confirment son activisme. L'ascension de Rachel Picard, « Mme Oui », à la tête du premier site d'e-commerce français suscite également la méfiance des autres dirigeants du groupe.

Elle règne avec succès sur la grande vitesse, version haut de gamme avec Inoui, et Ouigo, son pendant low cost. Le portrait d'une page que lui a consacré *Le Monde*[1] à la fin de l'année 2018 n'est pas passé inaperçu. Ce qui a le plus inquiété, voire chagriné dans cette biographie assez élogieuse, ce sont les commentaires repris sous forme de citations de Guillaume Pepy. « C'est extrêmement rare qu'il s'exprime sur ses collaborateurs », remarque-t-on dans son entourage, qui a vu dans cette bienveillance le signe de l'ascension de Rachel Picard. « Pourtant au moment du lancement de la marque Inoui, elle a bien failli mettre le feu à la maison en allant trop vite. Tout le monde avait compris que le nom TGV allait disparaître », persifle un de ses détracteurs. Alain Krakovitch, à la tête du Transilien, Franck Lacroix des TER, qui transportent à eux deux près de 90 % des 5 millions de passagers quotidiens du train, prospèrent chacun dans leur couloir de nage. Tous ces dirigeants n'ont pas toujours le même intérêt, le nombre de sillons n'étant pas extensible. Certains gagnent plus d'argent que d'autres. Les impératifs des responsables des lignes ne sont pas les mêmes que ceux des établissements régionaux. Comme dans tout corps social, les turpitudes du sommet irriguent l'ensemble. « L'organisation par métier fait que les sujets d'interfaces entraînent la création de "structures de concertation" internes dont l'alignement est souvent davantage en phase avec les préoccupations de chacun qu'avec l'amélioration de la performance dans son ensemble. Les acteurs contribuant à la production ferroviaire sont

1. « Rachel Picard, la "Mme Oui" du TGV », *Le Monde*, 18 décembre 2018.

nombreux (activités, métiers) et chacun a tendance à se préoccuper de l'efficacité de ce qu'il fait plutôt que de celle de l'ensemble de la chaîne à laquelle il appartient. Cela rend la coopération particulièrement difficile et exige une mobilisation d'énergie qui épuise les équipes et les managers[1] », ont remarqué les auteurs du rapport Robustesse. Une ambiance loin d'assurer la sérénité. « Pepy a fait une erreur majeure en donnant la date de son départ, raconte un communicant de l'entreprise, tous ses affidés pensent, désormais à la suite. Jusqu'à présent, la mise en orbite d'un de ses collaborateurs n'inquiétait guère les autres, car on savait que cela n'aurait qu'un temps. Aujourd'hui, les courtisans s'affolent. » Au cours des dix dernières années, tous les managers stars qui ont intégré l'entreprise ont eu un destin d'étoiles filantes.

L'entreprise aux mille deux cents filiales

À l'instabilité interne se conjugue la filialisation galopante. Si on regarde dans le rétroviseur, les filiales étaient moins de deux cents il y a une dizaine d'années contre douze cents aujourd'hui. « Cela avait commencé sous Louis Gallois, explique David Gobé[2] de la CGT, élu en 2018 à la présidence du syndicat international des travailleurs du transport, mais c'est vraiment Pepy qui a développé cette politique. Un terrain d'expérimentation de l'entreprise. La crise de 2008 l'a accélérée. Le groupe

1. « À la reconquête des services ferroviaires », rapport établi par le Comité international d'experts ferroviaires, *op. cit.*
2. Entretien avec l'un des auteurs, 21 novembre 2018.

ferroviaire compte 260 000 salariés dont 151 740[1] dans l'EPIC. Les autres travaillent dans neuf cents filiales dont la SNCF est actionnaire à plus de 50 %. C'est devenu une constellation ! » Pour être tout à fait honnête, il faut préciser que dans cet ensemble deux astres brillent plus intensément que les autres : Keolis, les transports en commun, de Jean-Pierre Farandou et Geodis, entreprise de logistique, sous la houlette d'Alain Picard. Ces deux entités emploient près de quatre-vingt mille personnes. « On est obligés ou presque de créer une société chaque fois qu'on installe un réseau de bus, explique-t-on à la SNCF, cette impression d'émiettement ne reflète pas la réalité. C'est un succès de Guillaume Pepy d'avoir développé l'international. Il est allé vingt fois au Qatar pour décrocher le marché du tramway de Doha. À l'étranger, on gagne de l'argent dont 93 % des résultats sont réinvestis en France. » Cela reste une façon de sortir du cadre national contraint par les syndicats, l'État et la législation… Les mésaventures de la filiale Stelsia l'ont montré. Cette société par actions simplifiée, propriété de la SNCF, a été radiée en août 2017. Elle avait été créée en décembre 2007 pour s'occuper de l'informatique de la SNCF. Outre la fronde du service interne du groupe, la société nationale s'est fait épingler par la Commission européenne en avril 2015. Même si cette dernière n'a pas engagé de procédures contentieuses, elle a considéré à la suite de ses échanges avec l'État français que « Stelsia est bien l'élément central d'une construction artificielle mettant en cause l'effet utile de la directive 2004/17/CE. […] Des éléments de

1. Inscrits sur les listes des élections professionnelles de novembre 2018.

preuves et de nombreux documents en possession des services de la Commission indiquent clairement que Stelsia joue essentiellement le rôle d'acheteur formel pour répondre aux besoins informatiques de la SNCF qui est le vrai destinataire de la presque totalité de ces achats en fournitures et services. Stelsia devrait donc appliquer le droit de commande publique lors de ces achats ». L'intérêt de la Commission avait été suscité par les plaintes d'un acheteur informatique du groupe, Denis Breteau[1], qui dénonce de présumées malversations dans le cadre de plusieurs contrats conclus entre IBM et SNCF[2]. Une de ces plaintes a été classée à Lyon. Une enquête est en cours au Parquet national financier. « Moins de 50 % de notre activité est aujourd'hui dans le train, se désole le cégétiste David Gobé. On nous a expliqué qu'il fallait investir dans les cars avec Ouibus, une structure qui est exploitée par des sous-traitants et qui perd beaucoup d'argent. Elle vient d'être cédée à Blablacar, le site de covoiturage, on a l'impression d'être entre les mains d'apprentis sorciers. Quelle est la stratégie ? On ferme des lignes d'équilibre du territoire pour mettre des bus et après on arrête tout… » À plusieurs reprises, les syndicats ont réclamé une étude du groupe ferroviaire pour y voir plus clair dans la « stratégie de filialisation » : « Nous aimerions avoir une grille de

1. Entretien avec les auteurs, 30 décembre 2018.

2. Une plainte datant de 2013 déposée à Lyon a été classée sans suite. Une seconde portant sur des faits de favoritisme adressée au Parquet national financier (PNF) fait l'objet d'une enquête préliminaire au moment de la rédaction de l'ouvrage. Le 26 décembre, Denis Breteau, qui estime relever du statut de lanceur d'alerte, a été licencié par la SNCF. Il invoque des faits de harcèlement. Sa direction rétorque qu'il a refusé tous les emplois qu'elle lui proposait.

lecture dans ce maquis, souligne un responsable de la CFDT. Ces filiales ont-elles un intérêt stratégique, tactique, défensif ? On n'y comprend pas grand-chose. »

Y a-t-il un pilote dans l'avion ? Dans le millefeuille ferroviaire, le conseil de surveillance de la SNCF, présidé par Frédéric Saint-Geours, devrait se positionner au-dessus de la mêlée, avoir une vision d'ensemble, arbitrer entre les deux piliers du groupe (Réseau et Mobilités). Ce grand cénacle, qui se réunit au sixième étage du siège de la SNCF, ressemblerait plus à une caisse d'enregistrement qu'à un lieu de décision stratégique. Autour de la table, placés par ordre alphabétique, se retrouvent vingt-huit administrateurs représentant l'État (Bercy, Transports...), les salariés et les représentants choisis par l'État en raison de leur compétence (Hervé Maurey, sénateur, Valérie Pécresse, représentant le syndicat des transports d'Île-de-France...). Au moins six fois par an, ils sont censés arrêter les grandes orientations du groupe, contrôler la gestion de la SNCF, discuter des opérations d'investissement de plus de 100 millions d'euros... Mais l'échange ne serait pas à la hauteur. Tribune syndicale pour certains, présence peu assidue ou silencieuse pour d'autres... « Nous avons des personnes de très haut niveau, la crème de la crème de l'administration centrale, relate un membre du conseil de surveillance, mais seuls trois ou quatre sur les douze sont présents. Parfois, nous avons du mal à atteindre le quorum. Cela se fait par téléphone. » Pourtant, si la présence au conseil d'administration n'est pas rémunérée, les frais de déplacement et de séjour sont remboursés. Les membres bénéficient tous de l'entière gratuité de circulation sur le réseau SNCF.

En avril 2018, les syndicats ont déposé une demande d'audit auprès de la SNCF après avoir constaté de nombreux dysfonctionnements : documents non communiqués, mauvaise coordination avec les autres conseils du groupe (SNCF Mobilités et SNCF Réseau)... Plus grave, les sujets de fond ne feraient l'objet d'aucun « examen anticipé » : en clair, les membres du conseil ont l'impression d'être mis devant le fait accompli. Les syndicats ont joint à leur demande d'audit une longue liste de requêtes non suivies d'effets. Trois pages bien remplies. « Il y a une culture de manque de transparence », conclut un administrateur salarié. Mais aussi une gouvernance déséquilibrée. Le conseil de surveillance et son président, le discret Frédéric Saint-Geours, auraient du mal à exercer pleinement leur rôle de contrôle, notamment auprès du directoire, présidé par Guillaume Pepy, peu habitué à devoir rendre des comptes. La haute fragmentation, serait-elle aussi une manière de diviser pour mieux régner ?

Troisième partie

La France à deux vitesses

1

« Prévenez M. Pepy ! »

Le 14 novembre 2015, le soleil froid déverse ses rayons sur le plateau lorrain et la plaine alsacienne. En ce samedi automnal, la rame TGV 744 file à plus de 300 kilomètres à l'heure. Ce train n'est pas tout à fait comme les autres. Il s'agit d'une rame d'essai, qui effectue des allers-retours sur la ligne à grande vitesse est-européenne (LGV-EE). Ce tronçon relie Baudrecourt (Moselle) à Vendenheim, à douze kilomètres de Strasbourg, soit une centaine de kilomètres. L'objectif est de lancer quelques mois plus tard la première ligne commerciale qui circulera à 320 kilomètres à l'heure sur la totalité du parcours. Paris ne sera plus qu'à une heure quarante de Strasbourg. Un défi. Une performance. Entreposés dans la caisse métallique de ce TGV duplex gris, trente ans de technologie de la SNCF. Le TGV est une fierté française, la Rolls-Royce du chemin de fer. Record du monde de vitesse. Succès grand public. La politique du « tout TGV », très prestigieuse, est aussi responsable du gouffre financier de la compagnie nationale. Trop d'argent englouti. Trop d'élus gourmands qui veulent et obtiennent « leur »

TGV. Mais ce samedi, l'heure n'est ni aux questions, ni au bilan comptable.

Dans la rame, sont menés les derniers tests, ce que les experts appellent des « essais de montée en vitesse ». Après la réception du matériel en usine, les essais statiques, cette ultime phase vise à démontrer que le train pourra circuler en toute sécurité sur la nouvelle ligne. Pour cela, le TGV roule non seulement à la vitesse maximum d'exploitation (320 km/h), mais aussi en survitesse (10 % plus vite, soit 352 km/h), et le système automatique qui permet de ne pas dépasser la vitesse de sécurité est désactivé.

Dans la cabine de tête, l'homme qui « tient le manche » s'est levé tôt. À 6 h 30, Denis T. a retrouvé ses collègues à la gare de l'Est. Il a été rejoint par le second conducteur, Jean-Yves L., avec lequel il se relaie pendant les essais, qui ont démarré en septembre. Également présent, le chef traction, Francis L., responsable de l'équipe, et Philippe B., un pilote d'essai. Tous ont fait carrière au sein de la SNCF et parlent « cheminot » dans le texte. Denis est entré comme apprenti dans l'entreprise en 1983. Jean-Yves, trois ans plus tard. Philippe vient juste de prendre sa retraite, mais a rempilé en contrat à durée déterminée pour réaliser ces essais. Francis, le chef, est le vétéran. Quarante ans de boîte. D'abord contrôleur, il a été formé à la conduite en 1990. Comme ses collègues, il a conduit des trains « normaux », des Corail, des TER, des trains de banlieue, des convois de marchandises, avant d'être formé à la conduite du TGV en 2012. Une aristocratie dans le milieu du rail. L'objectif de tout conducteur est d'être un jour aux manettes d'un TGV. Pour des raisons de prestige, mais aussi financières. Ce sont les conducteurs les mieux payés.

Au sein de cette élite, ces quatre hommes sont censés incarner l'élite de l'élite. Ils ont un statut de formateurs, sélectionnés pour leur compétence. Ils appartiennent à des structures internes à la SNCF ou à des filiales spécialement dédiées aux essais.

À l'intérieur des deux motrices et huit remorques, l'ambiance est à la fois studieuse et détendue mais aussi grave. Ce samedi est un jour particulier. Dans la cabine qui file vers Strasbourg, tous ont encore en tête les images de la nuit. La veille, un commando terroriste islamiste a semé la mort à Paris. Le Stade de France, les terrasses de bars du 11e arrondissement, puis le Bataclan. Bilan : cent trente morts. Denis, qui réside à Paris, a été tenu éveillé une partie de la soirée par les sirènes des pompiers et les images diffusées en boucle sur les chaînes d'information en continu. Les hommes en parlent entre eux, échangent leur dégoût, mais restent concentrés sur leur mission.

14 novembre 2015,
dernier jour de test en survitesse

L'équipe de conduite est en contact régulier avec un autre groupe basé à l'arrière du TGV. À l'intérieur, une dizaine de personnes, des ingénieurs responsables des essais. Ce sont eux qui fixent les objectifs à l'équipe de conduite : la vitesse à atteindre, les tronçons à emprunter… La voiture a été transformée en laboratoire. Pour enregistrer les données des essais, les analyser, le train est truffé d'électronique. Les sièges ont laissé place à des tables où sont posés des ordinateurs. Sur les écrans, les caténaires défilent, des graphiques s'affichent. Le train et les rails sont auscultés comme un champion mécanique. Les performances sont testées, les défauts repérés.

Pour cette journée particulière, le TGV accueille aussi des invités extérieurs, une trentaine ce jour-là. Une tradition. La plupart sont des proches des agents. Il y a des familles entières, enfants compris, des amis. Lors de ces essais, parfois des écoliers sont conviés. Cela s'est produit un mois plus tôt. La SNCF a envie de montrer ce qu'elle fait de mieux. Une stratégie de communication interne et externe. Cette pratique d'invitation n'est pas réellement encadrée. Ce samedi, certains sont montés à bord sans figurer sur la liste officielle, mais à la suite d'un simple accord verbal. Des amis d'amis. Où est le mal ?

Dans la matinée, le TGV 744 a effectué un premier aller-retour entre la gare TGV Meuse, près de Bar-le-Duc, et Strasbourg. Rien à signaler. Vers midi, un buffet est servi dans la voiture-bar. Un peu de vin et de champagne viennent égayer la journée. « Une consommation raisonnable », assurent tous les agents. Vers 15 heures, la rame reprend le chemin inverse TGV Meuse-Strasbourg. Certains passagers commencent à somnoler, bercés par la vitesse supersonique du train et les bulles de champagne. D'autres surveillent les kilomètres qui défilent sur de petits écrans. 160, 230, 300, 350 kilomètres à l'heure. Un peu de sable jaillit de temps en temps sous les bogies. Normal pour des rails neufs.

Dans la cabine avant, Denis est placé au centre. Il est le seul à être assis. À sa droite, Francis, le cadre transport traction (CTT), responsable de l'équipe de conduite, donne les consignes. Accélération, ralentissement, points kilométriques. À sa gauche, Philippe, le pilote d'essai, connaît le profil de la ligne par cœur. Pentes, virages... il l'a parcourue des dizaines de fois, parfois même à pied. Ses conseils sont précieux pour ajuster la conduite en fonction des particularités de la ligne. Il assure l'interface entre l'équipe de conduite et le chef d'essais. Le second conducteur, Jean-Yves, est en retrait. Il surveille ce que fait son collègue. Voilà, en théorie, la répartition des tâches. À l'entrée de la cabine, Francis a pris soin d'afficher une feuille qui stipule – comme l'ordonne le règlement – que le nombre maximum de personnes dans la cabine est de quatre. L'espace est exigu. À cette vitesse, toute erreur peut être fatale. Pourtant, deux invités et un technicien y ont pris place. Trois cadres supérieurs de la SNCF. L'un des responsables de SNCF Réseau aurait imposé leur présence. Personne n'a osé s'y opposer. Ils se font tout petits pour ne pas gêner. Ils peuvent voir la vitesse et les points kilométriques qui s'affichent sur le tableau de bord. Une radio, la « boîte à gueule » dans le jargon, permet de communiquer avec le labo. Invités, conducteurs, ingénieurs... tous sont fiers d'être là. Certains arborent un tee-shirt à l'effigie de la « LGV est-européenne phase 2 ».

Le TGV s'approche de la commune d'Eckwersheim, à quelques kilomètres de Strasbourg. La nouvelle ligne enjambe à cet endroit le canal de la Marne au Rhin. Non loin du site, Magali, membre d'un centre équestre local, se promène avec une amie. La cavalière est venue voir ce nouvel engin, qui transperce le paysage. Elle est curieuse d'entendre le bruit que peut faire le train. Va-t-il effrayer les chevaux ? Elle aperçoit au loin le TGV qui se profile dans la ligne droite et s'apprête à emprunter le pont. À 15 h 4, le train se met à vibrer, à tanguer dangereusement. Dans la cabine, l'équipe de conduite sent la machine se déporter. Comme un roulis latéral, un paquebot qui se couche. Avant le choc qui paraît inéluctable, les passagers ont une impression de temps suspendu. « Nous avions une sensation de ralenti, comme si le temps s'était arrêté[1] », raconte le chef traction. L'un des invités dans la cabine : « Je croyais que j'allais mourir et j'attendais le choc ultime. » Hervé, un autre invité, cadre voie à la SNCF, présent dans la voiture laboratoire à l'autre bout du train : « Je me suis mis la tête entre les deux mains et j'ai senti que le train frottait par terre. Je me disais plusieurs fois : cela va s'arrêter. Je ne pouvais pas bouger. » Agnès, épouse d'un des responsable d'exploitation de la LGV Est, aperçoit son mari qui sort de la cabine laboratoire. Leurs regards se croisent. Pour la dernière fois. Son ultime vision est celle du corps de son mari emporté dans la voiture « comme un fétu de paille », comme elle le racontera aux enquêteurs. Puis le trou noir. Les valises se déversent dans la rame. Magali, juchée sur son cheval, n'en croit pas ses yeux. Le TGV déraille. Le feu prend au bas des roues, la motrice passe littéralement au-dessus du pont. « J'ai vu le TGV s'envoler », se souvient Magali. Le train dévale la pente, fait des tonneaux et se retrouve en partie immergé dans le canal.

Après le choc, Hervé, l'agent assis dans la voiture labo, ne peut plus bouger. Il est pris au piège de la rame qui est tombée dans le canal. De la boue pénètre dans sa bouche. Des hommes arrivent pour l'aider à sortir.

1. Les citations du récit de l'accident sont extraites des auditions de témoins menées dans le cadre de l'enquête.

Les premiers à s'extraire, parfois après un temps d'évanouissement, découvrent une scène de film catastrophe. Des débris en feu, des tôles arrachées, des corps mutilés. « En voyant le carnage, j'ai cru que tout le monde était mort », raconte un rescapé, Philippe, qui travaille au technicentre est-européen à Bobigny. Au milieu des décombres, un petit garçon pleure et explique que sa mère se trouve dans la rame. Nul ne sait si elle est vivante. Le chaos.

À l'avant, dans la cabine, l'un des invités, agent caténaire, est grièvement blessé au ventre. Les autres membres de l'équipe tentent de l'aider. Une caméra Go Pro posée par un technicien pour immortaliser l'essai enregistre les premières conversations. Quelques jours plus tard, l'officier de police judiciaire qui procède à la retranscription note : « Aucune panique n'est perceptible dans cette cabine. Les propos sont posés, relativement calmes et explicites. » En revanche, impossible de savoir qui parle :

« Ils vont se demander qu'est-ce qu'on a foutu.

– Ah je sais pas, j'ai pas compris !

– Moi non plus !

– On était bon, hein !

– Ah là on n'est pas clair.

[...]

– Oh putain, mais c'est pas possible ! Qu'est-ce qui s'est passé ?

– On a déraillé... on était trop vite.

– Mais putain, on était à la bonne vitesse ! »

Alors que les secours tentent de briser la vitre pour dégager l'équipe dans la cabine de tête, l'un des invités blessés, Jean-Marc B., directeur de projets à SNCF Réseau, coincé la tête en bas, appelle sa hiérarchie.

Là aussi, la caméra enregistre la conversation : « C'est pour prévenir tout de suite, on a déraillé avec le TGV d'essai sur la LGV est-européenne. [...] Il faut prévenir M. Pepy tout de suite [...] Prévenez la direction de la SNCF tout de suite. » Malgré sa situation inconfortable et ses blessures, ce cadre a le réflexe de demander à prévenir le patron de la SNCF. Juste après avoir appelé sa femme. Les pompiers arrivent rapidement. Ils découpent les vitres de la cabine pour dégager les blessés. Ils inspectent les remorques une par une pour tenter de trouver des rescapés, au milieu du fatras de tôles, câbles et boue. La Rolls du train fait peine à voir. La SNCF a un genou à terre. La famille cheminote pleure ses morts, alors que la France enterre ses enfants massacrés par les djihadistes.

Le bilan est lourd : onze personnes décédées âgées de 25 à 60 ans, et quarante-deux blessés. L'information est à peine audible tant l'émotion est forte en France après les attentats parisiens. Mais la réalité est là : un TGV a déraillé, tuant en grande partie ceux qui l'ont conçu, conduit, aimé. Parmi eux, Alain Cuccaroni, 59 ans, responsable du projet LGV à SNCF Réseau. Une figure respectée dans le groupe : il avait piloté les essais du record de vitesse en 2007 sur la première phase de la ligne du TGV Est. Aujourd'hui encore, évoquer son nom face à un grand nombre d'agents provoque une tristesse profonde, des larmes : « C'était un personnage emblématique de RFF, raconte une ancienne collègue. Un type adorable. Ça n'aurait jamais dû arriver. » Sur les onze victimes, quatre sont membres de la SNCF, cinq appartiennent à sa filiale, Systra. Les deux dernières victimes sont des femmes, invitées extérieures : l'une accompagnait son époux, salarié de Systra, également décédé, l'autre était la compagne d'un membre de Systra, qui a survécu au drame.

Le choc est immense. La SNCF – et le TGV en particulier –, synonyme de sûreté, paraissent soudain vulnérables : « Ce qui faisait notre force, c'était la rigueur. Là elle n'y est plus. Il y a eu un excès de confiance », analyse un conducteur chevronné. Entendu le soir même, Francis L., le chef traction, reste prudent : « Il est à peu près certain que notre vitesse était trop élevée, mais j'ignore pourquoi[1]. » Le conducteur, Denis T., est, lui, un peu plus précis : « Le freinage a été commandé trop tard à mon avis, la vitesse en courbe était trop rapide et le train n'a pas suivi les rails[2]. » Jean-Yves L., le second conducteur, ne se prononce pas mais insiste sur un point : « Le conducteur est un simple exécutant[3]. »

L'erreur est-elle humaine ?

L'enquête est rapide. Comme souvent, la SNCF est la première à dégainer via la direction des audits de sécurité, qui publie un rapport six jours plus tard. Ses conclusions tiennent en deux lignes : « Le matériel roulant n'est pas en cause dans cet accident. [...] Les enquêteurs attribuent de façon certaine le déraillement du train d'essai [...] à une vitesse du train de 243 km/h au point de déraillement, nettement supérieure à celle prescrite au programme d'essais (176 km/h). » Le TGV roulait donc trop vite au moment d'aborder le pont et le virage qui s'annonçait. L'option d'une erreur humaine

1. Audition de Francis L. comme témoin, 15 novembre 2018.
2. Audition en garde à vue de Denis T., 14 novembre 2018.
3. Audition en garde à vue de Jean-Yves L., 14 novembre 2018.

semble la plus plausible. « Cette vitesse trop importante résulte d'un freinage trop tardif qui aurait dû être exercé sensiblement plus en amont », poursuit la direction des audits. Des témoins dans le train assurent que le TGV n'avait jamais circulé aussi vite à cet endroit et qu'ils n'ont pas perçu le coup de frein qu'ils attendaient. Le rapport du BEA-TT rendu en mars 2017 estime que le freinage a été déclenché avec un « retard de douze secondes ». Reste à savoir pourquoi. Trois juges d'instruction du pôle accident collectif du tribunal de grande instance de Paris sont désignés. Ils cherchent à identifier dans un premier temps qui fait quoi.

Pour comprendre l'organisation des essais, il faut se plonger dans l'organigramme complexe du groupe ferroviaire. En matière d'essais, la SNCF fait appel à l'une de ses filiales, Systra[1], société d'ingénierie ferroviaire spécialisée. Celle-ci s'appuie sur Eurailtest, une petite structure d'expertise créée par la SNCF. Elle a pour mission de commercialiser des prestations, qui sont assurées par l'AEF (Agence d'essai ferroviaire), un laboratoire installé en région parisienne, qui lui-même sous-traite la partie conduite à l'EAST (Équipe d'appui du service traction), une structure de trente personnes, dépendante de la SNCF. Trois membres de l'équipe de conduite du TGV Est qui circulait ce jour-là appartiennent à l'EAST, alors que le pilote d'essai travaille pour Systra. Les auditions font rapidement apparaître une confusion dans la répartition des rôles et la réalisation des essais semble un peu floue.

1. Systra est un groupe d'ingénierie et de conseil spécialisé dans le transport, détenu à la fois par la SNCF et la RATP.

L'homme qui donne les consignes, celui qui a autorité dans la cabine, s'appelle donc le chef traction. Francis L. effectuait sa première campagne d'essais en survitesse. Avant les tests, il reçoit les demandes du chef d'essai (qui dépend de Systra) sous forme des documents écrits (vitesse à atteindre et points kilométriques correspondants). À charge pour lui de les mettre en musique, puis de transmettre ces consignes aux pilotes. Avant même d'entrer dans les détails de l'accident, lors de son audition devant les gendarmes, Francis L. se défend : « Ils nous forçaient à rouler plus vite que ce qui est nécessaire. [...] Systra voulait qu'on aille le plus vite possible, le plus loin possible[1]. » Il explique également que les points de freinage sont calculés... au doigt mouillé : « Moi je prenais quoi qu'il en soit trois kilomètres pour freiner. Il a existé des logiciels à la SNCF pour calculer cela, mais malheureusement on n'a jamais été formés là-dessus. On calculait les points à l'appréciation. Avec l'expérience, on se dit ce sera bon. » Pour être sûrs de bien comprendre, les gendarmes, qui semblent médusés, reposent la question, façon maître d'école :

« Par exemple, monsieur L., pouvez-vous calculer la distance minimum qu'il faut à un TGV pour réduire sa vitesse de 360 kilomètres à l'heure à 180 kilomètres à l'heure en freinage maximum ?

– Non, je ne sais pas le calculer précisément, mais par l'expérience je peux arriver à quelque chose. »

Personne dans la cabine, selon lui, n'aurait été « compétent » pour calculer des distances de freinage. Denis T., conducteur au moment de l'accident, semble

1. Audition en garde à vue de Francis L., 10 octobre 2016.

confirmer devant les enquêteurs : « Ces points kilométriques de freinage étaient déterminés à la louche, en fonction de l'expérience et du ressenti. [...] Je suis juste le conducteur et j'applique[1]. » Stratégie de défense ou véritable incompétence ? L'entreprise et ses salariés se renvoient la responsabilité.

L'enquête a révélé que le 11 novembre, trois jours avant le déraillement, la rame d'essai a roulé au même endroit. Et l'équipe de conduite s'était fait peur. Les vitesses demandées n'avaient pas été respectées. Sur une vidéo Go Pro qui tournait également ce jour-là, les gendarmes découvrent que quinze minutes avant l'arrivée au point fatidique (la courbe et le pont), les conducteurs et leur chef discutent à bâtons rompus pour savoir comment réaliser les objectifs. Des décisions qui devraient *a priori* être prises avant le départ du train. Résultat : le TGV passe 65 kilomètres à l'heure au-dessus de la vitesse requise. « C'est énorme, comme excès », reconnaît T., lorsque les enquêteurs évoquent cette erreur. Ce jour-là, l'incident est sans conséquence. L'équipe de conduite se défend en expliquant que les objectifs étaient « irréalistes » et « infaisables ». Le dépassement est signalé verbalement au chef d'essai, qui, cependant, valide la marche. « RAS », note-t-il sur son rapport. Aucun enseignement n'est tiré de cette première alerte.

Trois jours plus tard, le 14 novembre, les consignes des responsables des essais sont claires : le train qui circule à 360 kilomètres à l'heure doit aborder la courbe d'Eckwersheim à 176 kilomètres à l'heure (en

1. Audition en garde à vue de Denis T., 10 octobre 2016.

survitesse). Pour cela, le conducteur doit respecter un certain nombre de paliers. Après l'incident qui s'est déroulé le 11 novembre, Francis L. donne l'ordre de freiner bien avant l'arrivée du virage. Dans la matinée, lors du premier trajet Meuse TGV-Strasbourg, la vitesse de 176 kilomètres à l'heure a été atteinte. Mais beaucoup trop tôt, avec un kilomètre et demi d'avance ! Est-ce que quelqu'un s'en rend compte ? Dans l'après-midi, le TGV repart pour un nouvel essai. Pour atteindre la vitesse requise, l'équipe pense apparemment disposer de suffisamment de marge pour freiner plus tard. Excès d'optimisme. Le conducteur donne le coup de frein final… un kilomètre trop tard. Au même moment, Francis L., distrait par un appel venant du laboratoire, ne semble pas s'en apercevoir. Signe d'impréparation ? Sur les documents retrouvés dans la cabine, sur la vidéo enregistrée pendant l'accident, il apparaît que la décision de freiner à ce moment-là a été prise par Francis L., le chef de la cabine. Pressé par les gendarmes, l'agent s'embrouille, explique qu'il aurait pris cette décision sous l'« influence » du conducteur et du pilote d'essai qui considéraient qu'il y avait de la « marge ». Les gendarmes interrogent[1] :

« Vous avez donc validé ce freinage au PK 402 ?

– Malheureusement, oui, je l'ai validé.

– Que pensez-vous de cela ?

– Je n'en reviens pas d'avoir validé quelque chose comme cela et d'être passé à côté. »

Les enquêteurs insistent :

« Pourquoi ne pas avoir pris le temps de bien réfléchir à ce point kilométrique de freinage ?

1. Audition en garde à vue de Francis L., 11 octobre 2016.

– [...] Nous étions contraints par le temps donc je n'ai pas consacré le temps nécessaire à la réflexion pour prendre cette décision. »

Le responsable de l'équipe aurait donc calculé le freinage à partir du point kilométrique du trajet précédent, qui était faux. Une erreur banale, mais fatale de calcul. Réentendu quelques mois plus tard, le cadre traction a nuancé ses propos, expliquant que les consignes qu'il avait données au conducteur n'avaient pas été bien respectées, à savoir le maintien d'un freinage électrique (actif sur les deux motrices) et pneumatique (qui agit sur toutes les voitures et freine plus que l'électrique) sur la portion litigieuse. Selon lui, si cette recommandation avait été suivie, il n'y aurait pas eu d'accident.

Au-delà de cette erreur humaine vraisemblable, les enquêteurs découvrent que l'ensemble du processus des essais à très grande vitesse présenterait des lacunes. L'enquête a mis en évidence que la répartition des tâches n'était pas très claire, que les décisions, notamment pour fixer les points de freinage, auraient été prises en partie collégialement, sans plus de précision. Francis L., le chef traction, a même relevé : « Il n'y a pas de procédure qui dit comment faire[1]. » Sur les quatre personnes présentes dans la cabine ce jour-là, aucune n'avait jusqu'alors participé à des essais en survitesse. Tous des débutants. Philippe B., le pilote de Systra, évoque également un « manque de concertation, et une mauvaise formation, voire pas de formation du tout[2] ». Et de souligner un autre problème : « Sur le fond, je n'étais pas d'accord pour qu'on circule à ces vitesses-là. » En octobre 2016,

1. Audition devant le juge d'instruction, 10 mars 2017.
2. Audition devant le juge d'instruction, 8 mars 2017.

Francis L., Denis T. et Philippe B. ont été mis en examen pour « homicides et blessures involontaires »[1].

Si le facteur humain paraît difficilement contestable, l'une des responsables de Systra, Cécile L., chef de projet, a reconnu que l'accident relevait aussi d'un possible problème d'encadrement : « Une erreur humaine de la part de l'équipe de conduite ne doit pas amener de telles conséquences. [...] Une procédure plus poussée aurait dû être mise en place pour contrôler les actions de chaque entité[2]. » Le 30 octobre 2017, des experts judiciaires ont souligné dans un premier rapport un « manque de rigueur dans l'organisation des essais » et une analyse insuffisante des risques. Ils s'interrogent aussi sur la pertinence de réaliser des essais en survitesse en se basant sur la vitesse de conception de la ligne et non sur la vitesse commerciale. Selon eux, cela aurait à coup sûr évité le déraillement.

« Ni impossible, ni interdit »

Après les fautes individuelles viennent donc les dysfonctionnements des structures. Le 19 décembre 2017, Systra a été mis en examen pour « blessures et homicides involontaires ». Dans un communiqué, la filiale de la SNCF et de la RATP assure qu'elle s'attachera à démontrer qu'elle n'a « commis aucun délit » et que la « procédure n'affecte pas le fonctionnement de l'entreprise, qui poursuit ses activités normalement ». Deux jours plus tard, la maison mère, SNCF Mobilités,

1. En attente d'un éventuel procès, les mis en examen restent présumés innocents.
2. Audition en garde à vue, 13 décembre 2016.

est mise en examen pour les mêmes faits. La justice reproche aux deux entités leur manque de coordination et de collaboration ainsi qu'un défaut de formation des équipes. Au cours de leurs auditions, elles se renvoient la balle.

Systra, représentée par Pierre G., directeur technique, déclare que la SNCF, « commanditaire » des essais, a la responsabilité de la conduite. Si la société d'ingénierie exploite la ligne pendant les essais et donne les indications de vitesse à atteindre, elle sous-traite la faisabilité des essais. L'accident, selon elle, provenant d'une erreur de l'équipe de conduite, la faute en reviendrait à SNCF Mobilités. Pierre G. : « Systra n'a aucune responsabilité sur la fixation des points kilométriques de freinage [...] je ne suis pas en mesure de vous expliquer les raisons qui ont conduit à un freinage tardif[1]. » Systra avait-elle envisagé que le train pouvait dérailler ? « Il n'est pas possible de faire dérailler la rame si la vitesse de 176 kilomètres à l'heure est respectée au PK 403,809, a soutenu Pierre G. Et de conclure : « Systra considère ne pas avoir fait de fautes lors des essais du 14 novembre. Ce qui était demandé n'était ni impossible, ni interdit. »

Pour s'expliquer, SNCF Mobilités, dont les dirigeants président à tour de rôle (avec la RATP) le conseil de surveillance de... Systra[2], a envoyé Damien P., actuel directeur sécurité, qui n'était pas en charge des essais lors du drame. Muni d'un pouvoir de Guillaume Pepy,

1. Audition de Pierre G. devant le juge d'instruction, 19 décembre 2017.

2. Le conseil de surveillance de Systra est présidé depuis décembre 2016 par Pierre Izard, directeur général délégué Système et technologie ferroviaire de la SNCF.

P-DG de la société, il a paru en difficulté, semblant incapable de répondre à de nombreuses questions. Les magistrats ont noté que les deux services chargés des essais au sein de SNCF Mobilités (AEF et EAST) relèvent de deux directions différentes et très éloignées l'une de l'autre. « Qui coordonne les deux entités ? » interrogent les juges. « Je n'ai pas de position à ce jour [...] je rechercherai[1] », répond le directeur sécurité. La SNCF avait-elle connaissance des documents relatifs à la sécurité ? « Ils étaient connus mais je ne sais pas comment et par qui. » Damien P. valide-t-il la position de Systra qui fait un distinguo entre la sécurité de la circulation (qui relèverait de la responsabilité de Systra) et celle de la conduite (qui relèverait de celle de la SNCF) ? « C'est une vision peut-être trop simple dans la mesure où se pose la question du réalisme de ce qui est demandé », répond le responsable de la SNCF.

En clair, la demande de vitesse de Systra était-elle faisable ? À qui revenait la responsabilité de dire qu'elle ne l'était pas ? Selon les enquêteurs, les consignes auraient été mal passées entre le donneur d'ordre (la SNCF) et sa filiale. Au pays des référentiels qui s'ajoutent aux référentiels, le travail aurait été bâclé. Concernant le calcul des points de freinage, le directeur sécurité de SNCF Mobilités a confirmé que cela se faisait en fonction des « connaissances du cadre traction », une « méthode qui n'avait pas causé de difficulté dans le passé ». Interrogé sur l'absence de formation de l'équipe en matière de survitesse, il a botté en touche, n'ayant pas « connaissance du contenu » de leur formation. Enfin, comble

1. Audition de Damien P. devant le juge d'instruction, 20 décembre 2017.

de l'ironie, la SNCF était – semble-t-il – équipée d'un logiciel de contrôle de vitesse (COVIT) qui surveille le respect des plages de vitesse en temps réel. Lorsque la vitesse est supérieure à la consigne donnée, une alarme visuelle et sonore informe l'opérateur. Cette application était-elle active dans le TGV de l'accident ? Selon la SNCF, oui. Mais il n'en aurait été retrouvé aucune trace sur les ordinateurs saisis. Quoi qu'il en soit, il aurait probablement été d'une utilité très relative. Pour qu'il soit efficace, il faut en effet saisir les points de freinage prévus. Or, l'enquête a montré que leur mode de définition était artisanal, informel, souvent fixé à la dernière minute. Donc, potentiellement moins fiable. Les agents de Systra ont assuré, eux, qu'ils n'avaient jamais eu connaissance de ce logiciel.

Parmi les passagers blessés ou parmi les proches des victimes, peu ont déposé plainte. La famille cheminote se serre les coudes. Une forme de solidarité qui frôle le déni. Denis T., conducteur principal lors de l'accident, a résumé le sentiment ambiant : « On ne peut pas penser qu'il y aurait un déraillement, ce n'est pas possible parce que ce n'est jamais arrivé, parce qu'on n'y pense pas[1]. » Un discours insupportable pour Arthur Mary, dont la sœur, Fanny, 25 ans, ingénieur agronome, est décédée dans l'accident. Son compagnon travaillait chez Systra. « Il y a de gros désaccords au sein des familles de victimes, dont certaines considèrent qu'elles ont eu une "belle mort"[2] », raconte Arthur. Lui et sa famille n'acceptent pas l'idée que Fanny soit montée à bord de ce train, sans savoir qu'il s'agissait d'une rame

1. Audition devant le juge d'instruction, 9 mars 2017.
2. Entretien avec l'un des auteurs, 14 juin 2018.

d'essai dont les systèmes de sécurité étaient désactivés : « Pourquoi inviter des passagers ? D'habitude, ils mettent des sacs de sable. » Comme dans le dossier Brétigny, l'extrême technicité de l'enquête repousse la perspective d'un procès. Le 10 janvier 2019, un rapport d'expertise judiciaire complémentaire a pointé la responsabilité des deux structures. Systra se voit notamment reprocher d'avoir fait rouler le train plus vite que nécessaire et SNCF Mobilités d'avoir insuffisamment formé l'équipe en charge des essais. Conclusion : « Le manque de préparation des essais [...] a conduit l'équipe de conduite à effectuer, par manque de compétence et de réactivité, des actions inappropriées qui ont été directement à l'origine de l'accident. »

En attendant, tous les ans au mois de novembre, les familles se recueillent sur les lieux de l'accident où a été aménagé un jardin du souvenir.

L'accident du TGV Est a durablement entaché l'histoire de ce fleuron français. L'envie d'aller toujours plus vite, plus loin, partout en France, a connu un brutal coup d'arrêt. Symboliquement, ce déraillement raconte aussi une histoire de l'entreprise grisée par sa vitesse, ses records et ses succès commerciaux. Elle en a oublié son réseau traditionnel et les règles de la prudence. Cet accident intervient au moment où le développement du TGV est de plus en plus remis en cause. Comme un signe du destin. Et une invitation à passer à la vitesse inférieure.

Une histoire commencée il y a plus de trente ans.

2

La créature a dépassé le créateur

Au début des années 1980, la SNCF est moribonde. Sa dernière innovation date des années 1970 : la voiture Corail, avec ses portes à la couleur orange vif, son design moderne (pour l'époque) et son confort (climatisation généralisée). Le train subit de plein fouet la concurrence des autoroutes et de l'aérien (avec Air Inter). Lorsque Mireille Faugère arrive chez les cheminots, le train à grande vitesse est techniquement prêt. Le résultat d'une alchimie parfaite entre des ingénieurs inspirés et des économistes visionnaires, notamment Michel Walrave, ex-numéro 2 de la SNCF. Le pouvoir politique n'en voulait pas. François Mitterrand en a récolté les lauriers. Le 22 septembre 1981, le président socialiste inaugure le premier TGV sur le tronçon Paris-Lyon. Aller deux fois plus vite que le train classique. Une révolution. La France s'émerveille de ce bijou technologique. Comme on visite un monument, une incarnation de la nation, certains paient leur billet aller-retour Lyon-Paris juste pour voir « ce que ça fait ». Une fierté française. Restait à transformer la prouesse technologique en succès commercial.

La grande vitesse pour tous

L'objectif est de mettre la grande vitesse à la portée de tous. Seule solution : avoir des trains remplis pour rentabiliser ces lignes très coûteuses à construire. Derrière ce défi commercial, il y a une femme. Mireille Faugère, silhouette menue, main ferme et voix assurée, est surnommée « Mme TGV ». Lorsqu'elle arrive dans l'entreprise nationale en 1979, fraîchement débarquée d'HEC, elle a un double handicap : être une femme (dans un univers masculin) formée aux techniques commerciales (dans un monde d'ingénieurs). De surcroît, au moment de passer son entretien d'embauche, elle se trouve enceinte. « Le DRH m'a dit : “Ce n'est pas grave, vous êtes ici pour trente-cinq ans !” J'ai toujours eu une énorme gratitude pour cet homme et cette entreprise[1]. » Avec son bagage HEC, Mireille Faugère, nommée directrice des grandes lignes en 1982, fait réaliser des études commerciales et innove : « On a lancé le système des réservations obligatoires. Il fallait que l'on connaisse à l'avance le volume de voyageurs. » Le dispositif permet d'optimiser le remplissage des trains. Il n'est désormais plus possible de changer son billet après le départ. Dix ans plus tard, ce système débouchera sur les tarifs modulables. Si le train est vide, les prix baissent (et inversement). Le succès est au rendez-vous. Le trafic bondit. La grande vitesse modifie le rapport des Français au territoire. « Cela a transformé la France même mentalement », souligne un ancien communicant du groupe ferroviaire. Lyon se retrouve à deux heures de Paris, Lille à une heure de la

1. Entretien avec les auteurs, 4 octobre 2018.

capitale. Aucune de ces deux villes ne serait ce qu'elle est aujourd'hui sans le train orange au profil effilé.

Pendant quinze ans, la SNCF baigne dans une ambiance euphorique. Le TGV Paris-Lyon est prolongé jusqu'à Valence, Nice et Marseille, la ligne Paris-Lille permet d'ouvrir le réseau à l'international (l'Angleterre avec l'Eurostar, la Belgique avec le Thalys). L'arrêt dans la capitale des Flandres n'était pas prévu. Un coup de génie signé Pierre Mauroy : « Il a profité de son statut de Premier ministre pour que le TGV s'arrête dans le centre de Lille », sourit Dominique Bussereau, ex-ministre des Transports. Aujourd'hui, cela paraît une évidence. En réalité, la bataille a été rude avec Amiens, qui s'est fait souffler la priorité. Ce sera l'une des nombreuses passes d'armes autour du joyau français. L'Ouest n'est pas oublié avec le lancement du Tours-Mans. Dès 1987, ingénieurs et commerciaux réfléchissent au TGV Méditerranée. Où faudra-t-il mettre la gare d'Avignon ? Quelle sera la taille du parking ? Il faut convaincre les défenseurs de l'environnement que les nouvelles lignes ne vont pas balafrer les paysages. « On a eu des moments difficiles », se rappelle « Mme TGV ». Mais rien ne semble arrêter l'ère de la grande vitesse. D'autant que le bolide ferroviaire peut rouler sur des lignes classiques.

On ne peut plus satisfaire tout le monde. Les gouvernements de droite comme de gauche refusent de financer le développement de ce deuxième réseau et obligent la SNCF à s'endetter sans fin pour permettre aux grandes villes de se connecter à Paris. Les investissements sont colossaux, la facture gonfle. En interne, les prospectivistes commencent à s'inquiéter : « La grande vitesse est excluante. On ne peut pas s'arrêter partout », souligne Mireille Faugère.

Mais tout le monde veut « son » TGV. Certaines villes n'hésitent pas à prendre en charge le déficit de la ligne par le biais d'une convention signée avec la SNCF. Claude Guéant, qui a exercé la fonction de coordinateur du projet de prolongement de la ligne TGV Ouest lorsqu'il était préfet de Bretagne, en 2000, a subi la pression des élus pour avoir une part du gâteau ferroviaire : « Certaines demandes étaient justifiées, comme le TGV breton. Auparavant, il fallait six heures pour aller à Rennes. Mais sur certaines lignes, les coûts prospectifs calculés par RFF montraient que le taux de rentabilité était faible. » La situation vire parfois à l'absurde : entre Quimper et Rennes, le TGV qui circule sur une voie classique met plus de temps qu'un TER car il s'arrête plus souvent !

Au début des années 2000 s'opère un tournant décisif. L'État n'a plus les moyens de subventionner RFF, qui gère l'infrastructure. Les collectivités territoriales sont sollicitées. La maison mère perd la main sur sa créature. Le changement est profond. La LGV est-européenne sera la première à être financée par les collectivités locales. Une usine à gaz ! Pour sa mise en service complète, en 2016, il faudra vingt-quatre ans, dont quatorze de travaux. La première phase, mise en service en 2007, a associé seize collectivités territoriales de Champagne-Ardenne, Lorraine, Alsace ainsi que la Région Île-de-France. À l'époque Jean-Claude Gayssot, bouillant ministre communiste des Transports de Lionel Jospin, fait des pieds et des mains pour boucler le projet. La déclaration d'utilité publique a été prononcée, mais le tour de table financier n'est pas finalisé. Pour cet ancien agent SNCF, rien n'est trop beau pour le train, y compris l'endettement : « Il y a de la bonne dépense publique. Cela peut servir à cinq ou six générations. Pourquoi la faire payer à une seule ? argumente l'ancien ministre. De plus, ça donne de l'emploi[1] ! » Lorsqu'il reprend en main le projet, l'État n'apporte que 8 milliards de francs (1,2 milliard d'euros) pour un projet évalué à 20 milliards (3,1 milliards d'euros). Gayssot prend son bâton de ministre et fait le tour des financeurs. Il arrive à convaincre le Luxembourg, l'Allemagne et l'Union européenne. Il reçoit aussi le soutien de la Région Alsace. Gayssot a déjeuné avec le président alsacien, Adrien Zeller, et lui a mis le marché en main : « Si on réussit, c'est grâce à vous. Si on ne réussit pas, aussi. » Il parvient finalement à rassembler les fonds et à boucler le projet. La première pierre est posée le 18 janvier 2002 en Lorraine. La grande vitesse est sauve, mais pas la pertinence économique. Selon le rapport public annuel de la Cour des comptes de 2013, le bébé a grandi trop vite : « La recherche de cofinancements a conduit à avaliser des choix d'investissement contestables », notamment la gare TGV Lorraine, implantée en rase campagne sans interconnexion avec le réseau de transport régional, la gare Meuse TGV et la création de dessertes coûteuses. « Pourquoi payer pour voir passer les trains ? » interroge malicieusement Mireille Faugère. Pour satisfaire le plus grand nombre (et surtout les électeurs), les élus négocient toujours plus d'arrêts. Y compris dans des zones où le bassin de population est faible. Le principe même de la grande vitesse est dénaturé. La Cour confirme : « Le nombre excessif de collectivités dans la négociation a entraîné de trop nombreux arrêts à partir de Reims, ville située à seulement

1. Entretien avec les auteurs, 18 décembre 2018.

cinquante minutes de Paris. » Lorsqu'il était préfet de Franche-Comté, Claude Guéant a lutté pour que le TGV ne s'arrête pas dans la vieille ville de Besançon : « Les élus en rajoutaient, mais j'ai résisté. Il fallait aller au plus court[1]. »

Fin 2003, Louis Gallois, P-DG, et Guillaume Pepy, directeur général, fêtent en grande pompe le premier milliard de voyageurs transporté à bord du TGV. Si les TGV tissent leur toile, il faut aussi les remplir. Les prix sont élevés, la concurrence est rude. Pour reconquérir la clientèle, notamment les plus jeunes, qui commencent à préférer la route et les avions à bas coût, la SNCF lance en 2004 l'IDTGV, l'ancêtre du low cost Ouigo. Problème : l'État homologue les tarifs, la SNCF ne peut pas faire ce qu'elle veut. Pour contourner cette contrainte, elle crée une filiale – une première parmi tant d'autres ! – qui va permettre de faire varier les tarifs plus librement. Pour baisser les coûts, l'ensemble des réservations se fait sur Internet. Là aussi, le TGV suscite un changement profond : « La SNCF a été l'un des premiers sites de vente en ligne, raconte un ex-haut cadre. Le basculement des Français vers ce type de paiement s'est fait le jour où la SNCF a lancé sa plateforme. Ils avaient confiance en la solidité du système. » Le contrôle des billets se fait sur le quai avant de monter dans la rame. Les stratèges de la SNCF dénichent une autre astuce : pour ne pas payer le péage de l'IDTGV, ils le jumellent à un TGV classique ! Deux en un. « On a sauvé la grande vitesse », triomphe Mireille Faugère. L'IDTGV sera finalement supprimé en 2017 pour laisser place à d'autres formules.

1. Entretien avec les auteurs, 16 octobre 2018.

La fuite en avant

Où construire ? Combien ? Au final, c'est toujours l'État qui arbitre. Souvent au mépris des finances publiques. Sur quels critères ? À l'intérieur même de l'appareil gouvernemental, les avis divergent. Au ministère du Budget, de petites équipes spécialisées s'opposent au TGV qu'elles jugent trop coûteux, alors que le ministère des Transports livre une analyse plus favorable. Pourtant, au fil des ans, l'intérêt et la rentabilité des LGV deviennent de moins en moins probants. Mireille Faugère : « Il fallait s'arrêter ! La créature a dépassé le créateur. » Un système à bout de souffle. L'État impose pourtant la construction de nouvelles lignes (comme Sud Europe Atlantique). À partir de 2006, pour tenter d'équilibrer le déficit record de Réseau ferré de France (à cause notamment des travaux de lignes à grande vitesse), l'État augmente les péages que la SNCF doit verser au gestionnaire d'infrastructure. Le TGV, vache à lait de l'entreprise, est mis à contribution. Au sein de la SNCF, cette activité est celle qui réalise la plus forte marge (30 % de l'ensemble de l'entreprise). Pendant dix ans (2002-2012), son chiffre d'affaires n'a cessé d'augmenter grâce notamment à des prix du billet élevés et à l'augmentation des trafics. Pour amortir la hausse des péages, SNCF doit encore augmenter le prix des billets. L'opération se révèle suicidaire. Jusqu'où aller sans perdre des clients ?

D'autant qu'elle doit aussi renouveler son matériel et commander des rames à Alstom, dont la nécessité n'est pas toujours flagrante ! Ce qui donne un argument à Guillaume Pepy. Acheter des rames pour sauver Alstom, oui, mais à condition de ne pas alourdir les redevances. Un bras de fer où se mêlent intérêt supérieur de l'État, stratégie personnelle et gestion politique. L'entreprise nationale trouve une oreille attentive auprès de l'Agence de participation de l'État (où a été nommé David Azéma, fidèle lieutenant de Guillaume Pepy) et du ministère des Transports. En 2012, elle obtient ainsi une limitation des hausses de péages. Mais c'est insuffisant. À partir de 2013, la marge de l'activité TGV fond. La faute aux péages, donc. Mais pas seulement. L'État actionnaire a une conviction. Il y a du « gras » chez les cheminots. La SNCF doit réaliser des progrès de productivité, réduire ses coûts d'exploitation interne. En augmentant les péages, pense-t-il, cela forcera l'entreprise nationale à « faire plus avec moins ». « La croyance qu'il faut faire du mal à la SNCF pour qu'elle se bouge est injuste », estime Mireille Faugère.

En octobre 2014, la Cour des comptes se penche à nouveau sur la politique de l'État en matière de grande vitesse et rend un rapport au titre sans ambiguïté : « Un modèle porté au-delà de sa pertinence ». Le TGV a été victime de son succès. Le réseau de la grande vitesse est l'un des plus étendus d'Europe (2 700 km, derrière l'Espagne), dessert un nombre de points record (230) qui n'existe nulle part ailleurs dans le monde. Selon la Cour, une rame de TGV roule près de 40 % du temps sur des lignes classiques à une vitesse de 220 kilomètres à l'heure (au lieu de 320). Le rapport conclut : « Il n'est aujourd'hui plus possible de poursuivre une politique de "tout TGV", *a fortiori* si l'on entreprend parallèlement une rénovation accélérée du réseau classique, tant il est désormais avéré que ce dernier a été négligé depuis trente ans. »

Sera-t-il entendu ?

3

Erreur sur la ligne

Rien ne la distingue d'une rame de TGV traditionnelle. Le design est moderne. Un liseré bleu sur les fauteuils (un peu raides) rappelle la couleur des lampes qui éclairent les tablettes en bois clair. Une liseuse permet de feuilleter un livre comme dans un avion. Le Wifi à bord fonctionne, à part une déconnexion au milieu du voyage. Le TGV Tours-Bordeaux de ce vendredi 2 novembre 2018 est parti à 16 h 14. À l'heure. Une rame à deux étages. À l'exception de quelques fauteuils vides, la seconde classe est remplie. Une voix annonce une voiture-restauration où les clients seront servis par leur « barista ». Un « hôte d'entretien » sera également présent « pendant tout le voyage ». Les mots sont importants. Le TGV à l'ère de la modernité. Sur un écran plasma dans la cabine s'affichent les arrêts, horaires et vitesses : 290 km/h, 297 km/h… avec des messages en français, anglais et espagnol. Le train fonce vers l'Atlantique en longeant l'autoroute où les voitures semblent faire du surplace.

La vraie nouveauté n'est pas dans la rame. Mais à l'extérieur. Pour la première fois, les rails sur lesquels roule le TGV n'ont pas été posés par la SNCF, mais par une entreprise privée. Faute de ressources, l'État n'a eu d'autre choix que de recourir à une concession pour financer le projet, évalué à plus de 8 milliards d'euros. Les ouvrages d'art en béton ont été conçus et construits par le géant du BTP Vinci. Celui-ci est chargé d'exploiter, d'entretenir et de renouveler le réseau via une filiale appelée Lisea (Ligne à grande vitesse Sud Europe Atlantique). Une aberration pour les apôtres du service public. La SNCF se contente, pour la première fois, d'y faire circuler des trains. Elle n'a eu son mot à dire ni sur le nombre de dessertes, ni sur le montant des péages à payer. En revanche, elle a dû mettre la main à la poche. La filiale de Vinci n'a financé qu'environ un tiers du projet. Le reste a été à la charge de la SNCF, de l'État et des collectivités publiques. Si la LGV semble aujourd'hui filer (presque) droit, son acte de naissance s'est révélé un long fleuve tourmenté.

Le contrat de concession pour la ligne à grande vitesse reliant Tours à Bordeaux (302 kilomètres qui prolongent la ligne Paris-Tours) a été signé en juin 2011 par la société concessionnaire Lisea à la suite d'un appel d'offres lancé en 2007 par Réseau ferré de France (devenu SNCF Réseau). La décision avait été politiquement avalisée en 2008 par Nicolas Sarkozy, président de la République (en même temps que la LGV Bretagne-Pays de Loire, le contournement Nîmes-Montpellier et la deuxième phase de la LGV Est jusqu'à Strasbourg). Les actionnaires du projet : Vinci (33,4 %), la Caisse des dépôts (25,4 %) et une structure d'investissements. Objectif : mettre Bordeaux à deux heures cinq de Paris. Il s'agit du plus important partenariat public-privé ferroviaire jamais signé en France, et ce sera le plus gros chantier d'Europe pendant dix ans. Le Sud-Ouest était jusqu'alors la seule Région à ne pas bénéficier de la grande vitesse. Sur le papier, le concessionnaire privé fait une bonne affaire. En ne finançant qu'un tiers du projet (dont 770 millions d'euros de fonds propres), il a la garantie d'empocher la totalité des recettes sous forme de péages payés par la SNCF et ce, pendant quarante-quatre ans. Les crédits bancaires nécessaires à cet investissement sont garantis par l'État et la SNCF. Une partie des risques financiers sont supportés par le secteur public ; le concessionnaire prend à sa charge les risques du projet (construction, entretien et trafic). Pour Bernard Roman, patron de l'Arafer, le régulateur du rail français, le modèle du partenariat public-privé est une sorte de mal nécessaire : « Le PPP, c'est une façon masquée de s'endetter sans s'endetter vraiment via un concessionnaire. Ce n'est probablement pas un bon modèle économique, mais un moyen tactique[1]. » Pour limiter ses risques, le consortium a prévu dans le contrat que les péages peuvent augmenter automatiquement de 3,5 % par an : « Nous avons l'incapacité d'intervenir en tant que régulateur, poursuit Bernard Roman. Nous n'avons pas les moyens d'adapter le niveau des péages à la réalité du marché. » Une forme d'impuissance de l'autorité publique.

Lors du lancement du projet, la SNCF freine à grande vitesse. Ses dirigeants, ses agents, élevés dans le culte du service public, se sentent dépossédés de leur raison d'être. « Quelqu'un d'autre que nous va faire rouler des trains ? entend-on dans les rangs des cheminots. Pas

1. Entretien avec les auteurs, 7 décembre 2018.

possible ! » Ils seront privés de toute recette pendant des dizaines d'années sur un secteur, le TGV, qui a fait le succès de la maison. Pour rentabiliser la ligne, Lisea a besoin d'avoir un nombre de navettes élevé. Dès le début, la SNCF soutient que cette ligne va lui faire perdre de l'argent (entre 150 et 200 millions d'euros, selon ses premières estimations) car les prévisions de trafic sont trop optimistes. Selon elle, les trains seront vides et les péages trop élevés. « Guillaume Pepy a tout fait pour saboter ce projet, souligne un ancien conseiller ministériel. Il estimait que c'était un contrat scélérat. » Comme souvent lorsqu'il n'est pas d'accord, Guillaume Pepy… reste en poste. « Son obsession a été de mettre la ligne en faillite pour récupérer l'infrastructure, poursuit ce conseiller. Pour lui, c'est une balafre dans le réseau. »

Pendant plusieurs années, la future mise en service de la ligne va être l'objet d'intenses discussions et d'une campagne de lobbying du côté de la filiale de Vinci. Si l'État a cassé sa tirelire pour voir aboutir ce projet, il n'est pas le seul : les collectivités Aquitaine et Bordeaux Métropole ont apporté près de 800 millions d'euros. Une alliance de circonstance finit par unir le concessionnaire et les collectivités locales, qui veulent avoir un juste retour sur investissement, au pied de leur gare, dans leur mairie et dans les urnes. Le maire de Bordeaux, Alain Juppé, a tout misé sur cette nouvelle ligne : elle doit attirer des entreprises, des salariés et des sièges sociaux. Pour cela, la ville a investi sans compter : travaux de la gare Saint-Jean (desserte de tramway), aménagement de deux millions de mètres carrés constructibles (record européen), nouveau pont sur la Garonne… Elle entend donc voir arriver dans la capitale de la Gironde le plus grand nombre de trains possible.

Las ! Lors des premières discussions, la SNCF annonce qu'elle entend mettre en place treize allers-retours quotidiens. Loin des espoirs du concessionnaire privé et d'Alain Juppé. En septembre 2015, l'ancien chef du gouvernement trempe sa plume dans les eaux noires de la Garonne et écrit à Manuel Valls, Premier ministre : « La proposition de SNCF est tout à fait insuffisante. Je demande la mise en place d'une vraie navette, c'est-à-dire un train direct à l'heure, et en pointe, à la demi-heure, soit dix-neuf allers-retours directs [...]. C'est la condition du basculement modal de l'aérien vers le TGV de la clientèle professionnelle. » Il relève aussi que les dessertes directes de Lille et Lyon sont supérieures de 40 % à celles proposées pour Bordeaux. Pourquoi cette inégalité de traitement ? L'incompréhension est d'autant plus grande que lors de l'enquête publique la SNCF avait exprimé des besoins plus élevés, à savoir trente et un trains. Le groupe ferroviaire explique son revirement par un coût excessif des péages demandés par Lisea. Réponse de Juppé : « Il convient de rappeler que le montant des péages, qui figure dans le contrat de concession, a été fixé par l'État, après expertise par Merrill Lynch des prévisions de trafic et validation par l'ARAF (qui est l'ancêtre de l'Arafer). Il est difficile d'ajouter foi aux affirmations de SNCF relatives au déficit de la ligne, dès lors que l'opérateur se refuse à communiquer les trafics actuels et prévisionnels ainsi que ses coûts d'exploitation. » La SNCF invoque le secret industriel et commercial.

Le bras de fer est engagé. Pendant ce temps, le chantier avance au rythme prévu. L'inauguration est programmée au cours de l'été 2017. « Une stratégie de desserte aussi malthusienne n'a jamais été mise en œuvre pour aucune ouverture de TGV, peut-on lire dans un argumentaire de Lisea. La fréquence est l'attribut de service le plus important pour garantir le succès d'une ligne TGV. » Le groupe ferroviaire, pas décidé à céder, répond qu'il va mettre en place des rames plus « capacitaires » (des duplex, à deux étages, avec plus de sièges), mais moins fréquentes. « La SNCF sera comptable des trains manquants devant les usagers de la ligne qui resteront à quai ou qui continueront à prendre l'avion », menace le concessionnaire. Selon Lisea, la grille horaire est « illisible », « compliquée » et n'intègre pas les correspondances avec les TER, pourtant l'un des facteurs de la réussite de la ligne.

En mars 2016, sous la pression des collectivités locales, la SNCF finit par plier et accepte dix-huit et demi allers-retours par jour. Elle revoit à la baisse ses prévisions de perte d'exploitation : 90 millions d'euros au second semestre 2017. Inaugurée par François Hollande, président de la République, en février 2017, la ligne est lancée en juillet. Sur le plan commercial, un succès. Quarante millions de passagers transportés la première année par le TGV Atlantique (qui comprend aussi la LGV Le Mans-Rennes), soit une progression du trafic de 20 %. Rachel Picard, directrice générale de Voyages SNCF, ne boude pas son plaisir : « Ce n'est pas tous les jours qu'on fait 20 % de trafic en plus, on est très contents. Ça fait 8 millions de personnes en plus, dont la moitié sont de nouveaux clients qui ne prenaient pas le train. » La SNCF s'était donc trompée. Pourquoi n'a-t-elle pas cru au projet ? Hervé Le Caignec, président de Lisea, qui a fait une partie de sa carrière à la SNCF, a le triomphe modeste : « Chacun avait ses hypothèses. La SNCF a préféré partir prudemment. Désormais, on a de la fréquence et de la capacité. Tout le monde est content[1]. » Non seulement les trains semblent bien remplis, mais ils profitent à tout le monde, notamment au transport régional : « Avec l'arrivée de la LGV, le trafic en correspondance a augmenté de 16 % dans le Sud-Ouest[2] », se félicite Alain Rousset, président du conseil régional Nouvelle-Aquitaine.

Au-delà du modèle financier, l'expérience du TGV Atlantique se veut innovante sur le plan de la maintenance. Lisea dispose d'une équipe réduite d'agents, quarante à Bordeaux et cent quatre-vingt-dix répartis le long de la ligne, dont certains issus du groupe ferroviaire et que le concessionnaire a formés : « Ce sont les mêmes plages horaires que la SNCF, mais il y a plus de polyvalence, poursuit Le Caignec. Le management est proche du terrain, avec des prises de décision courtes. » Certes, le réseau flambant neuf est plus facile à entretenir, ce qui explique des taux de régularité performants. Lisea assure avoir mis en place un système de maintenance prédictive : « L'organisation est plus agile, poursuit le président de Lisea. Les agents voient plusieurs aspects d'un problème. À la SNCF, l'organisation est très centralisée. » Alors que l'ouverture à la concurrence approche (décembre 2020 pour les TGV), Hervé Le Caignec aborde le sujet sans complexe : « Nous sommes très proactifs pour aller chercher d'autres opérateurs. Nous essayons de rendre cette desserte attrayante et avons des discussions avec des Allemands, des Italiens, des Espagnols… »

1. Entretien avec les auteurs, 30 novembre 2018.
2. Entretien avec les auteurs, 15 novembre 2018.

L'opérateur historique va-t-il disparaître du paysage bordelais ? « SNCF Mobilités sera notre client pour longtemps, rassure Hervé Le Caignec. Mais il y a toujours de la place pour d'autres. Il est bien de mettre un peu d'émulation. » L'arrivée de la concurrence donne des idées au patron de Lisea. La maintenance des rames est actuellement assurée au centre SNCF de Châtillon, près de la gare Montparnasse : « Les ateliers sont saturés. Nous envisageons de construire un atelier à Bordeaux, qui serait mis à disposition des entreprises ferroviaires. Il fonctionnerait comme une compagnie de leasing qui loue son matériel. » Grâce à ce lancement réussi, la filiale de Vinci se porte bien. Elle a annoncé fin 2018 avoir refinancé sa dette commerciale (ce qui permet d'en réduire le coût) pour un montant de 2,2 milliards d'euros. De son côté, la SNCF assure toujours perdre de l'argent. « C'est faux », assure Alain Rousset. Philosophiquement, le patron socialiste de la Région Aquitaine n'a pas digéré la mise en place de la concession privée. « Cela a été une erreur stratégique, la SNCF aurait pu proposer des modalités de financements différents. Ça a coûté deux fois plus que si l'on avait emprunté à la Caisse des dépôts. Cela déresponsabilise et entraîne une perte de compétence de l'appareil public. Une catastrophe surtout lorsqu'on sait que le taux de rentabilité de Lisea doit approcher 16 % et que cela a été mené avec beaucoup d'argent public[1] ! » Convaincu que le TGV booste le trafic régional, Alain Rousset entend ne pas en rester là. Il est un ardent défenseur du prolongement de la ligne vers l'Espagne et Toulouse. Il n'est pas le seul.

1. Entretien avec les auteurs, 15 novembre 2018.

4

Le tout TGV est-il vraiment mort ?

Christian Broucaret met un point d'honneur à se déplacer en transports en commun. Président en Nouvelle-Aquitaine de la Fédération nationale des associations d'usagers du transport (FNAUT), cet ancien cadre d'EDF-GDF s'est découvert il y a plus de vingt ans une passion pour la « mobilité » en général et le rail en particulier. Il en connaît les codes, les subtilités, les enjeux sur le bout du doigt. Il se sépare rarement des cartes de la région, pour dénicher telle ou telle voie, expliquer tel ou tel itinéraire. Cette fédération d'usagers s'est entourée d'experts et de techniciens, parfois d'anciens cheminots, qui donnent beaucoup de leur temps. Selon Christian Broucaret, face à la SNCF, il vaut mieux savoir de quoi on parle, tout en gardant une distance pour éviter de développer une « pensée commune ». Un contre-pouvoir. « Quand ils nous disent quelque chose, il faut se dire : “Qu'est-ce qu'ils nous cachent ?” », relève un militant. Les budgets de la FNAUT sont limités, la « passion de l'intérêt collectif » compenserait la faiblesse des moyens. La Fédération englobe une multitude d'associations hétéroclites qui ont pour intérêt commun la défense des usagers des transports. Ils sont des milliers dans toute la France. À l'échelon national, Bruno Gazeau, un retraité, est devenu un interlocuteur des pouvoirs publics.

Au fil des ans, Christian Broucaret, carrure imposante, verbe haut, s'est constitué un réseau dense au sein de la Région Aquitaine, la plus grande de France, « de la taille de l'Autriche ». Un influenceur, mais aussi un militant. Il est tombé dans la marmite ferroviaire depuis l'enfance : « Ma marraine était garde-barrière entre Pau et Lourdes[1]. » Dans les années 1980, cet homme originaire du Béarn (vallée d'Aspe) milite activement pour empêcher qu'une autoroute se construise entre Pau et Oloron-Sainte-Marie. Il fait partie du petit millier de personnes qui participent à l'achat d'un terrain pour contrecarrer le projet (un mètre carré dont il est toujours propriétaire). En parallèle, il soutient la réouverture de la ligne qui reliait Oloron-Sainte-Marie à Canfran (Espagne). Dans les années 1990, ses activités professionnelles le rapprochent de Bordeaux, où il s'intéresse à la reprise de la gestion des TER par les Régions. Il devient conseiller national de la FNAUT (qui existe depuis quarante ans). Des comités se créent pour gérer chaque ligne. La région bordelaise est devenue en quelques années un épicentre de l'actualité ferroviaire. Lancement de la LGV Tours-Bordeaux, rénovation de la gare Saint-Jean et… prolongement des lignes à grande vitesse.

Ce jour de novembre, Christian Broucaret nous a donné rendez-vous à 9 h 18 à la gare de Cestas-Gazinet,

1. Entretien avec les auteurs, 14 novembre 2018.

en périphérie de Bordeaux. Cette ligne est desservie par le TER. Le panneau d'affichage annonce quinze minutes de retard pour « réutilisation d'un train ». « Pauvre SNCF[1] », soupire le secrétaire national. Un usager militant, mais un client comme les autres. L'objectif de ce périple est de montrer comment et pourquoi un futur TGV pourrait bientôt filer vers Toulouse, Dax et la frontière espagnole. Le succès du Paris-Bordeaux gonfle l'enthousiasme des pro-TGV. La perspective de devoir attendre encore longtemps ces futures lignes n'ébranle pas Christian Broucaret : « Il faut réfléchir à long terme. » Son ambition a un nom : Grand Projet ferroviaire du Sud-Ouest (GPSO). Carte à la main, Christian Broucaret tient à démontrer que l'aménagement d'une ligne nouvelle est préférable à l'utilisation de l'existante, déjà saturée, vieillissante et totalement enclavée. Arrêt devant la tranchée de Talence, à côté de Bordeaux, où cohabitent un domaine viticole, une route, une gare en cours de réhabilitation et un réseau déjà dense de lignes régionales. « La priorité doit être donnée aux trains du quotidien, explique-t-il. Ici, il n'y a pas de place pour construire une nouvelle voie. » Une note récente de la SNCF[2] valide la position du président local de la FNAUT. La construction d'une ligne nouvelle permettrait de gagner plus de temps qu'un aménagement de l'existant. Mais pour un coût plus élevé (5,85 milliards d'euros pour Bordeaux-Toulouse et 3,6 milliards d'euros pour Bordeaux-Dax).

1. Entretien avec les auteurs, 14 novembre 2018.
2. Notes sur l'alternative modernisation des lignes existantes nouvelles Bordeaux-Toulouse et Bordeaux-Dax, juin 2018.

L'argent, le financement, c'est là où se situe le problème. Bordeaux n'est pas la seule à attendre ses nouveaux TGV. Poitiers-Limoges, Montpellier-Perpignan, Marseille-Nice, Paris-Le Havre, Roissy-Picardie... Les candidats se bousculent. Pas les budgets. Depuis plusieurs années, la Cour des comptes met le holà. Selon elle, les projets de nouvelles lignes sont lancés et engagés sans aucune réflexion sérieuse sur le financement. « Une fuite en avant », d'après les magistrats qui citaient en 2013 deux exemples : le projet Sud Europe Atlantique (Tours-Bordeaux) et Poitiers-Limoges. Concernant le premier, ils assurent qu'en le finançant avec l'aide des collectivités locales l'État s'est lié aux élus locaux, qui réclament désormais de bénéficier des avantages de cette ligne... en la prolongeant plus encore dans les territoires. Notamment vers Dax et Toulouse. Concernant la ligne Poitiers-Limoges, la Cour relève : « En mars 2004, dans le contexte des élections régionales et cantonales, le Premier ministre s'adresse aux élus et responsables économiques locaux pour leur proposer une nouvelle option : construire une LGV entre Poitiers et Limoges (115 km de long) en rattachant ce projet à la ligne Sud Europe Atlantique déjà en projet. » Le chef du gouvernement annonce que la ligne sera en service « dès 2014 ». Un Premier ministre qui s'appelle... Jean-Pierre Raffarin, patron de la Région Poitou-Charentes jusqu'en 2002. « Ce projet nouveau n'avait fait l'objet d'aucune réflexion préalable et ne s'appuyait pas sur une définition des besoins de mobilités des habitants des régions concernées », toujours selon la Cour des comptes. Par ailleurs, les études de rentabilité menées par RFF s'apparentent à du contorsionnisme : « Cette étude exagère significativement le niveau des trafics, notamment grâce à un élargissement excessif de la “zone de chalandise” du TGV Poitiers-Limoges ».

Face à l’entêtement des élus, il y a la réalité des chiffres. Les magistrats de la rue Cambon pointent une incohérence : les investissements lourds consentis pour le TGV ne concernent que 7 % des voyageurs du réseau ferré, même si ces usagers représentent 61 % de la fréquentation (parce qu’ils parcourent beaucoup plus de kilomètres que les usagers du TER, par exemple). Beaucoup d’argent pour peu de monde. Il s’agit pour un tiers seulement de professionnels et de deux tiers de particuliers. Des voyageurs – *a priori* moins pressés que les hommes d’affaires qui ont un rendez-vous – pour lesquels la valeur « gain de temps » est relative. Au cours de l’été 2017, Emmanuel Macron a douché les ardeurs des pro-TGV. Lors de l’inauguration de la nouvelle ligne à grande vitesse Paris-Rennes, il a déclaré qu’il ne souhaitait pas « financer de grands projets nouveaux » et qu’il voulait mettre la priorité sur les transports du quotidien. Dans la droite ligne présidentielle, le Conseil d’orientation des infrastructures (COI)[1], présidé par Philippe Duron, a proposé six mois plus tard de « phaser les grands projets ferroviaires ». Il est urgent d’attendre. Le prolongement de la ligne Tours-Bordeaux ? Les experts donnent la priorité au « traitement des nœuds ferroviaires de Bordeaux et Toulouse ». L’objectif est de réaménager

1. Conseil d’orientation des infrastructures, Mobilités du quotidien : répondre aux urgences et préparer l’avenir, 30 janvier 2018. Le COI est composé de seize membres, parlementaires, représentants des grandes associations de collectivités, experts.

ces métropoles saturées avant de lancer de nouvelles lignes. Plus d'argent !

Désormais, Guillaume Pepy, qui a vu passer les TGV et de moins en moins les fonds, ne prend plus la peine d'être diplomate. Le bolide national a été une machine à cash : « C'est ce qui fait bouffer la boîte[1] », avait-il coutume de dire. Il sait aussi que le point d'équilibre est fragile. À une question[2] sur la construction de nouvelles lignes à grande vitesse, le patron de SNCF Mobilités répond du tac au tac :

« De mon vivant, j'en doute.

– C'est fini, les nouvelles lignes de TGV ? insiste Bourdin.

– J'assume ça. Vu de moi, je suis pas élu politique, président de la République, ce n'est plus la priorité, je vous le dis clairement, pour une raison simple, il y a deux priorités, les transports de la vie quotidienne, les besoins sont énormes et la deuxième, la rénovation du réseau qui existe déjà. »

S'il parlait de son vivant à la tête de la SNCF, l'hypothèse est plus que probable. Pour le reste, la prudence s'impose. Son interview n'est pas passée inaperçue. Les élus des Régions concernées (Nouvelle-Aquitaine, Occitanie) sont montés aussitôt au créneau, dénonçant un Guillaume Pepy qui outrepasse ses prérogatives, méprise les territoires, leurs populations et leurs élus. Ils promettent de le « mettre dans un TGV à Bordeaux pour se rendre via Dax à Bilbao visiter une exposition

1. Nicolas Beau, Laurence Dequay, Marc Fressoz, *SNCF. La machine infernale*, Le Cherche Midi, 2004.

2. Jean-Jacques Bourdin, BFM TV, 21 septembre 2018.

du musée Guggenheim ». Alain Rousset renchérit : « On déglingue le projet de LGV Bordeaux-Espagne sous prétexte que l'on a besoin de plus d'argent pour les TER. C'est indécent, inconséquent. Comment dire à une Région : "Vous avez une ligne TGV, débrouillez-vous maintenant !" Nous sommes une des régions les plus attractives de France, il faut que nous accompagnions les besoins de mobilités croissants dans notre territoire. C'est de notre responsabilité. » Dominique Bussereau, ancien ministre des Transports, approuve : « Je ne comprends pas pourquoi il n'y a pas de TGV qui va à Toulouse, c'est aberrant. On a signé un traité avec l'Espagne. Je suis sûr que Guillaume Pepy le verra[1] ! » Comment le financer ? « On mettra en place des concessions, on sollicitera les collectivités. » Pourtant, la Cour des comptes est formelle : « La rentabilité des LGV a tendance à diminuer : les lignes les plus intéressantes ont été construites en premier. » Et l'État ne dispose plus d'« aucune marge de manœuvre » pour financer de nouveaux projets.

Fin 2018, dans le cadre de la présentation de la loi d'orientation des mobilités, la ministre des Transports, Élisabeth Borne, a annoncé que l'État allait investir massivement dans les transports dans les dix ans qui viennent (+ 40 % par rapport au quinquennat précédent). Elle a également confirmé que le gouvernement ne renonçait pas aux projets de grandes liaisons ferroviaires, dont la LGV Bordeaux-Toulouse. Sans préciser ni le calendrier, ni le montage financier. Par un drôle de télescopage, ce texte a été rendu public alors que

1. Entretien avec les auteurs, 23 octobre 2018.

le mouvement des gilets jaunes s'invitait aux portes de l'Élysée. Désenclaver la France périphérique, sortir du tout TGV, lutter contre le tout voiture… sont redevenus des sujets brûlants. La programmation des grands projets a, elle, été prudemment renvoyée en 2022. Après le quinquennat d'Emmanuel Macron.

5

Les « cochons de payeurs » se rebiffent

15 novembre 2018 à la gare du Buisson, nœud ferroviaire du pays de Bergerac. Peu avant 7 heures, le train pour Niversac attend ses voyageurs. Ce matin-là, ils sont cinq dans la première voiture et trois dans la seconde. Une enseignante corrige ses copies, une étudiante termine la sienne, des jeunes travailleurs et des lycéens, écouteurs vissés aux oreilles, dorment. Départ 7 h 13, arrivée 7 h 55. Trente-trois kilomètres au cœur de la Dordogne et quatre arrêts. Le Bugue, Les Eyzies, Mauzens-et-Miremont, Les Versannes. Impossible d'acheter de billet faute d'automates et de guichets ouverts à la gare. Juste un tableau d'affichage. « Je vais vous en faire un au prix normal de 9,50 euros, explique le contrôleur, mais vous ferez attention la prochaine fois car à partir de janvier 2019 ce ne sera plus possible. Je n'aurai plus aucune marge de manœuvre. La machine ne délivrera plus qu'un tarif au kilomètre surtaxé. On ne sait pas encore comment ça va fonctionner. » Dont acte. Le sympathique contrôleur retourne s'asseoir à côté du conducteur sans prendre la peine de demander leur titre de transport aux autres passagers. Des habitués. Le train roule en moyenne à

80 kilomètres à l'heure sur une voie unique. Au début du voyage, il traverse tunnels, forêts brumeuses et aqueducs, puis longe tout bonnement la route. Une ou deux personnes supplémentaires montent à chaque arrêt. On les a déposées où elles ont laissé leur voiture pour la journée sur le parking de la gare. Un trajet quotidien, Le Buisson-Niversac, sur une « petite ligne » Agen-Périgueux. Une desserte menacée comme des dizaines d'autres car en voie d'obsolescence. Par mesure de prudence, la vitesse y est limitée sur 92 kilomètres pour un linéaire total de 141 kilomètres. Pour donner une chance de survie à Agen-Périgueux, si ce n'est son lustre d'antan, il faut trouver 150 millions d'euros.

À l'origine, ce tronçon était intégré dans l'ambitieux projet du Paris-Madrid de la Compagnie du chemin de fer Grand-Central de France. Des hommes d'affaires entreprenants avaient obtenu une concession impériale pour développer cet axe entre la France et l'Espagne. Les communes se battaient pour figurer sur le tracé. Le Bugue arguait de l'importance de son commerce de foies gras et autres truffes dans les deux capitales pour obtenir sa gare, celle du Buisson-Le Cadouin a fait la fortune du bourg qui a pris son essor avec son ouverture. La ligne est finalement ouverte le 3 août 1863 par la Compagnie du Paris-Orléans. Grand-Central de France avait fait faillite. Le rapport Jean-Cyril Spinetta qui a donné le ton de la réforme de 2018 ne voit guère d'avenir à ces infrastructures du XIXe siècle. « Les dépenses publiques consacrées aux petites lignes s'élèvent à 1,7 milliard annuels (1 milliard d'exploitation des trains, 600 millions d'euros d'exploitation de l'infrastructure et 150 millions d'euros d'investissements de regénération), soit

16 % des concours publics au secteur ferroviaire. Elles doivent être rapportées aux trafics, moins de 10 % des trains et surtout moins de 2 % des voyageurs[1]. » Même si, dans un langage très technocratique, le haut fonctionnaire qui a dirigé la compagnie Air France pendant de nombreuses années explique que les fermetures doivent être arbitrées au cas par cas, la condamnation est sans appel. Les petites lignes chères au cœur des Français sont obsolètes et trop coûteuses à entretenir et à rénover !

Jean-François Martinet, président de l'association Périgord Rail Plus, se bat pour la sauvegarde du train en Dordogne. Il n'a pas digéré les conclusions du rapport Spinetta. « Ces gens-là ne mesurent pas le sentiment d'exaspération de la France rurale, explique-t-il. C'est toujours la même analyse qui vient d'en haut, de Paris, sans rapport avec nos vies, poursuit-il. Dans ces trains, il y a des gens, lycéens, infirmières, ouvriers qui font vivre la France périphérique… On a appauvri l'offre de trains depuis des années et maintenant on nous dit qu'il n'y a plus personne dedans et qu'il faut les fermer. C'est sûr que des trains qui arrivent à 7 h 55 quand les lycées sont à quinze minutes de la gare, cela ne fonctionne pas. À 7 h 40 ou 7 h 45, c'est mieux. Si le train met une heure pour aller à Bordeaux au lieu de deux, c'est mieux aussi. Et si en plus on a songé à créer une correspondance avec le TGV en arrivant quinze minutes avant son départ… cela devient très attractif. Dans le cas contraire tout le monde prend sa voiture et encombre l'entrée de Bordeaux[2]. »

1. Rapport Spinetta sur « L'avenir du transport ferroviaire », 15 février 2018.

2. Entretien avec les auteurs, 14 novembre 2018.

Ancien cheminot, Jean-François Martinet conduisait des TGV avant de venir s'installer dans un village de Dordogne, non loin de Sarlat. Sa passion pour le train ne l'a pas abandonné. Il évoque sa carrière avec une grande émotion. Il se destinait au dessin industriel avant d'entrer à la SNCF pour devenir conducteur où il a aimé la solidarité entre collègues, la tension dans la cabine d'un TGV qui parcourt deux kilomètres et demi en trente secondes. Les larmes lui montent aux yeux lorsqu'il se remémore trente ans après l'accident de la gare de Lyon en 1988 qui a fait cinquante-six morts et cinquante-sept blessés – le plus grave en Région Île-de-France depuis la création de la SNCF – et dont il fut témoin. En février 2018, au moment de sa publication, l'état des lieux de Jean-Cyril Spinetta avait été salué pour sa froide lucidité. Il n'y a eu guère que quelques esprits malins ou chagrins pour souligner que l'auteur, un énarque formé sur les mêmes bancs que les dirigeants de la SNCF et passé par les mêmes cabinets ministériels, avait livré des analyses très proches de celles de la SNCF et des attentes du gouvernement Philippe qui lui avait commandé l'étude. Ou encore que Jean-Cyril Spinetta avait quitté Air France avec un bilan « contrasté ». Après la flamboyante alliance avec Delta et KLM, il l'a mal préparée à la concurrence des low cost et à l'émergence des compagnies du Golfe dont il n'a pas mesuré l'importance à la fin des années 1990. En janvier 2019, après la vague des gilets jaunes, nourrie des frustrations et du sentiment de relégation d'une France issue de la classe moyenne et provinciale, Jean-Cyril Spinetta aurait-il publié le même texte ? Élisabeth Borne, la ministre des Transports, lui aurait-elle demandé une analyse exclusivement financière ? Le Premier ministre Édouard Philippe s'en serait-il félicité ? Jean-Cyril Spinetta a mis sur la table un sujet tabou. Les « petites lignes » ne sont pas rentables. Certaines n'ont d'autre issue que la fermeture si l'on veut leur appliquer une logique comptable. La décision a cependant un coût social et politique que personne ne veut payer, ni les Régions, ni l'État, ni la SNCF, qui accuse déjà un déficit (hors intérêts financiers de la dette) de 1,5 milliard d'euros.

Les communes à la rescousse

Les communes de Dordogne en ont tiré les conséquences. Elles ont décidé de payer elles-mêmes une partie des travaux d'un tronçon d'une soixantaine de kilomètres dans un état déplorable entre Bergerac et Libourne sur la ligne Sarlat-Bordeaux. Une première en France. Les travaux de réfection ont commencé en janvier 2019 après six ans de bataille. Les voies restaurées pour la dernière fois en 1968 avaient été construites en 1875. En 2012, la situation devenait critique. Le temps de trajet entre Bergerac et Bordeaux ne cessait de rallonger en raison de ralentissements temporaires de plus en plus nombreux. La portion de tronçon Bergerac-Libourne avait vu sa vitesse passer de 120 à 100 kilomètres à l'heure en moyenne avec des records de lenteur à 40 kilomètres à l'heure. En quelques années, le voyage était passé de une heure sept à une heure trente, voire trente-huit. Sans intervention, il menaçait de s'approcher des deux heures. Un non-sens pour un tronçon de cent kilomètres. La SNCF ne voulait pas engager les travaux et proposait une solution alternative de bus. « Ce n'est jamais aussi fiable que le train, explique Jean-François Martinet. Les employeurs n'aiment pas vraiment cela. On ne sait jamais ce qui peut se passer sur le trajet. » La région Nouvelle-Aquitaine, qui a investi 1,2 milliard d'euros dans ces TER entre 2012 et 2018, n'avait pas les moyens d'assumer la totalité des 84 millions d'euros nécessaires. Dans les communes, l'idée de participer au financement s'est installée progressivement. Au début, les réticences étaient fortes. Les maires des petits villages avaient du mal à accepter de devoir mettre la main au portefeuille. « Nous avons vécu cela comme une injustice, confie Thierry Auroy Peytou, le maire de Lamonzie-Saint-Martin, deux mille cinq cents âmes, et cheminot en activité. C'est tout de même un service public. Sans cela, nous aurions dû abandonner nos trains et fermer nos gares. Nous n'avons pas eu le choix[1]. » La communauté bergeracoise, composée de trente-huit communes pour un total de soixante mille habitants, et les communautés concernées par la ligne ont réuni la somme de 6,7 millions d'euros. La facture a finalement été réduite à quelque 4 millions d'euros car les départements de la Dordogne et de la Gironde ont apporté leur contribution. « Le sujet a fait débat, reconnaît Jean-François Martinet, car il y a un sentiment d'injustice de devoir payer pour des petites communes. Mais si on ne paie pas, on meurt. Chaque fois qu'on ferme une gare ou une ligne, les scores de l'extrême droite explosent. Alors, il ne faut pas baisser les bras[2]. » Un service de bus doit être mis en place

1. Entretien avec l'un des auteurs, 15 décembre 2018.
2. Entretien avec les auteurs, 14 novembre 2018.

en 2019, le temps de la réalisation des travaux. « On n'est pas idiots, s'emporte Jean-François Martinet, les lignes sans potentiel vont fermer et on ne laissera pas faire, car la plupart de ces petites lignes ne demandent qu'à repartir. Le maire de Sainte-Foy-la-Grande dont la gare est à cinquante minutes de Bordeaux commence à voir des jeunes familles depuis l'annonce des travaux. »

C'est une fronde qui monte des territoires. Une guerre des Régions contre la capitale, de la province contre Paris, de la France d'en bas contre celle d'en haut. Elle se livre tous les jours sur Twitter, Facebook à et autres blogs associatifs... par une communauté qui se sent « martyrisée » par la SNCF. Les « usagers du Lyon-Grenoble », le « collectif Dutrainenavantpays73 », les Picards de « SNCFvamtuer », le « Comité de sauvegarde des lignes ferroviaires du Tréport-Mers-les-Bains », « le collectif Paris-Château », les usagers du TER Vallée de la Marne qui font la grève du billet et distribuent des cartons rouges... En trois clics, des anonymes qui se sont croisés pendant des années sur un quai de gare ou dans le même wagon sans même s'adresser un sourire fraternisent sur les réseaux sociaux et rivalisent de punchlines sur leur ennemie commune, la SNCF. Ce sont des cousins éloignés des gilets jaunes. Ils n'en peuvent plus des retards, des trains supprimés, des horaires inadaptés. Surtout, ils ont un sentiment de relégation. Ce sont des travailleurs qui se lèvent tôt et n'ont d'autre choix que le train. La plupart du temps, la voiture reste au garage car l'essence est trop chère, les routes embouteillées, les parkings onéreux et surchargés.

Parfois ces utilisateurs du train du quotidien passent à la vitesse supérieure, se constituent en associations et se transforment en véritables groupes de pression locaux, bloquant les trains, manifestant leur mécontentement. Ils aiguillonnent les exécutifs régionaux qui les bichonnent, ou du moins les écoutent. La démocratie participative avant l'heure via des comités de ligne[1]. Le premier d'entre eux est apparu en 1997 en Alsace où était expérimentée la régionalisation du transport. Puis Jean-Claude Gayssot, ministre de Lionel Jospin, les a inscrits dans la loi à la Solidarité et au renouvellement urbain dite SRU. Depuis les grandes lois de décentralisation de 2002, les Régions ont en effet progressivement[2] pris le contrôle de la politique de transport sur leur territoire. Le 1er janvier 2002, elles sont devenues autorités organisatrices de transports. Dans le cadre de conventions passées avec l'État et la SNCF, elles fixent le « contenu du service public », son niveau et sa qualité, les dessertes, les tarifs… une feuille de route établie en fonction des possibilités de l'opérateur unique, le groupe SNCF. Pour l'instant.

1. Guillaume Gourgues, « Comité de ligne », *in* CASILLO I. (dir.), *Dictionnaire critique et interdisciplinaire de la participation*, Paris, GIS Démocratie et Participation, 2013.

2. 1982, la loi d'orientation des transports intérieurs (dite loi LOTI) encourage la décentralisation des transports et introduit la notion d'autorité organisatrice. 1985, la loi d'orientation pour l'aménagement et le développement du territoire (LOADT) fait de l'organisation et du financement des transports collectifs régionaux – après expérimentation – un moyen de mise en œuvre d'une politique nationale d'aménagement et de développement du territoire. À partir de 1997, des Régions lancent une expérimentation : les Régions Alsace, Centre, Nord-Pas-de-Calais, Pays de la Loire, Provence-Alpes-Côte d'Azur, Rhône-Alpes puis Limousin en 1999 négocient et mettent en place de nouvelles relations avec la SNCF, exploitant du réseau. 2000, la loi SRU consacre la région en tant qu'organisatrice des transports collectifs d'intérêt général.

Le ras-le-bol de la périphérie

Dans l'Est aussi, la colère gronde. C'est la suppression d'un TGV à 8 h 56 sur le Metz-Paris qui l'avait déclenchée. Depuis le mois de décembre 2018, les Messins étaient obligés de prendre le précédent à 7 h 26, fréquemment bondé. Le 19 h 50 a également disparu. Il a été remplacé par un Ouigo à 20 h 12. « Metz devient l'agglomération la plus mal desservie sur l'ensemble du Grand-Est avec seulement trois trains le matin entre 6 heures et 9 heures[1] », déplorait Jean-Luc Bohl, le maire de Metz. Dans le sens Paris-Metz, le 8 h 40 a été transformé en Ouigo. Le 16 h 40 avancé à 16 h 10 et également substitué par une version à bas coût. Face à la grogne, la SNCF a annoncé le 12 février dernier le rétablissement du 8 h 56 à partir d'avril 2019.

Sur de nombreuses lignes de TGV, des créneaux horaires disparaissent pour dégager de la place au profit de la formule low cost. Ce qui est loin de faire le bonheur des voyageurs réguliers. « Il faut arriver trente minutes avant, ce qui n'est pas toujours possible, explique Jean-Luc Bohl, le maire de Metz, et les réservations ne sont réalisables que sur Internet. Ce n'est vraiment pas très facile. » Une pétition avait été lancée par un collectif de défense mais les élus régionaux reconnaissent bien volontiers l'avoir largement encouragée. « J'ai été averti par des cadres de la SNCF qui sont venus me prévenir que des trains allaient être supprimés alors que j'étais à bord du TGV, se souvient le sénateur Jean-Marc

1. Entretien avec l'un des auteurs, 1er février 2019.

Todeschini[1], secrétaire d'État aux Anciens Combattants du gouvernement Valls entre 2014 et 2017. C'était au mois d'octobre 2018, détaille-t-il, j'ai immédiatement écrit à Guillaume Pepy qui n'a même pas pris la peine de nous répondre. La Région, autorité organisatrice des TER, n'a pas été informée, j'ai alerté la presse à laquelle la SNCF a menti. Et les trains ont bel et bien disparu. La SNCF oublie que notre Région a payé une grande partie du TGV, nous avions même été pionniers en la matière. »

À partir de 2023, les Régions devront passer obligatoirement par un appel d'offres pour choisir leur prestataire. Dès 2020, elles auront la possibilité d'ouvrir certaines lignes à des concurrents de la société nationale. Certaines comme Provence-Alpes-Côte d'Azur ne se sont pas fait attendre pour dire qu'elles quitteraient l'opérateur public sans scrupule ni regret. Les Régions investissent chaque année près de 6,4 milliards[2] d'euros dans les TER, littéralement transports express régionaux, dont 2 milliards en Île-de-France, qui concentre 60 % du trafic. À ces sommes, il faut ajouter l'achat des rames, 10 millions d'euros en moyenne l'unité. Ces sommes très importantes constituent désormais les premiers budgets des Régions, avant les lycées. Sans compter les 2 milliards d'euros de droits de péages acquittés par l'État. Une facture non négligeable pour le contri-

1. Entretien avec l'un des auteurs, 1er février 2019.
2. Ces chiffres sont issus du dernier bilan de l'Observatoire des transports et de la mobilité, « Le Marché français du transport ferroviaire de voyageurs 2017 », 11 décembre 2018.

buable. Il faut ajouter, pour être complet, 2 milliards pour équilibrer le régime spécifique de retraite des cheminots et 1 milliard pour financer les infrastructures de transport en France dans le cadre de l'Agence de financement des infrastructures de transport (AFITF).

L'effort des Régions est très inégal. Si l'Île-de-France investit 13,7 centimes de deniers publics par passager transporté au kilomètre, le Limousin y consacre 78,6 centimes, la Basse-Normandie 42,9 ou PACA 21,4... On le comprend vite, ceux qui fournissent le plus gros effort sont loin d'être les mieux lotis. Ils surinvestissent dans un système en bout de course pour le maintenir en vie. Face à la baisse des dotations de l'État et le ras-le-bol fiscal des Français, les élus régionaux sont de plus en plus regardants et exigeants face aux prestations fournies par la SNCF. « On en a marre d'être des cochons de payeurs, déclare Alain Rousset, le président de la Région Nouvelle-Aquitaine qui donne le ton. La SNCF ne doit pas oublier que le service public, c'est d'abord un service au public. »

À Nice, les naufragés du TER Grasse-Vintimille mènent la guerre depuis février 2007 après l'annulation d'un TER au départ de Grasse à la suite d'une panne d'oreiller d'un contrôleur. Un entretien intitulé « TER, les coulisses d'un exploit au quotidien » accordé à *Nice-Matin* par Claude Steinmetz, le patron des trains régionaux à Marseille, avait mis le feu aux poudres. « Plus de quatre mille trains avaient été supprimés au cours des six derniers mois, se souvient le porte-parole de l'association, Éric Sauri. On avait trouvé la formule insultante. On s'était dit que ce monsieur ne devait pas prendre souvent ses trains car il n'aurait pas osé tenir de tels propos[1] ! » À l'écouter, la situation ne s'est guère améliorée. Les chiffres officiels confirment son diagnostic. En moyenne 8 à 12 % de trains supprimés. Pour la SNCF, la ligne très fréquentée, construite sous Napoléon III, encaissée entre la mer et les stations balnéaires ou la montagne, est difficile à exploiter. Les travaux sont coûteux, complexes à réaliser. Éric Sauri a, depuis, perdu son emploi dans un commerce d'anchois monégasque pour cause de retards trop fréquents. Il circule désormais à moto mais continue à militer au sein de l'association. « Sur la Côte d'Azur, nous avons l'autoroute la plus chère de France, 3 euros pour trente kilomètres, limitée sur une large portion à 90 kilomètres à l'heure en raison d'un litige entre la Région et Vinci en 2018, et l'une des lignes de train les plus défectueuses. » L'association milite pour que les ateliers de maintenance de la SNCF installés dans le quartier de la Brancarde à Marseille soient en partie délocalisés à Nice. Une promesse de campagne du candidat Christian Estrosi lors des dernières élections régionales de 2015. Élu, il a fait voter par le conseil régional et l'agglomération le financement du site de maintenance de Nice-Saint-Roch. Depuis, il a laissé son siège à son colistier Renaud Muselier, qui poursuit le combat. Car la SNCF n'est pas pressée d'ouvrir ce nouvel atelier pourtant entièrement payé par la collectivité... « Il y a en moyenne cent mille passagers dans les TER de PACA, soixante mille empruntent notre ligne et la maintenance se fait à plus de deux cents kilomètres, c'est incohérent », poursuit Éric Sauri. Avant de partir, Christian Estrosi a rompu la convention qui le liait à

1. Entretien avec l'un des auteurs, 4 janvier 2019.

la SNCF, refusant de payer la contribution de quelque 290 millions d'euros dus au titre de 2016. Ses services ont révisé la facture de 36 millions d'euros, l'évaluation du coût des trains annulés ou retardés. « On paie le même prix, que le train roule ou non. C'est tout de même dingue, poursuit un fonctionnaire territorial, les contribuables niçois sont devenus les vaches à lait de la SNCF. » Renaud Muselier ayant clairement annoncé qu'il conclurait volontiers un accord avec Transdev, une filiale de la Caisse des dépôts, la SNCF a de quoi manquer de motivation. En janvier 2018, le conseil régional a signé un accord avec Thello, filiale française d'une compagnie italienne qui assure la ligne Marseille-Vintimille et dessert Nice et Monaco. Les abonnés du TER peuvent prendre le Thello[1] entre Nice et Monaco pour 3 euros de plus par mois par rapport à l'abonnement SNCF.

Dans ce contexte de crise, la SNCF a gelé la commande de 170 millions d'euros pour les seize nouveaux trains que PACA lui avait passée. Muselier considère qu'il s'agit d'une mesure de rétorsion. La SNCF attend la signature d'une nouvelle convention pour livrer les TER. La Région, de son côté, ne veut pas se lier à l'établissement ferroviaire avant de connaître les conditions qu'un opérateur privé pourrait proposer. « Cette épreuve de force est évidemment inacceptable. Ces manœuvres de la SNCF ne visent qu'à exercer un chantage inadmissible sur les élus régionaux et compromettent l'ouverture prochaine à la concurrence des

1. La loi du 4 août 2014 a ouvert à la concurrence le transport des lignes internationales en Europe. Les entreprises ont le droit de transporter des passagers entre deux gares en France.

TER de Provence-Alpes-Côte d'Azur, a écrit Renaud Muselier en juillet 2018 à la ministre des Transports Élisabeth Borne. Nous ne lâcherons rien [...] car nous avons entière confiance en la justice administrative de notre pays pour dire le droit et régler le contentieux qui nous oppose sans devoir recourir à des procédés antidémocratiques », conclut-il dans son courrier. La SNCF a engagé plusieurs recours contre la collectivité et justifie son attentisme par l'absence de contrat. « SNCF Mobilités exige la signature d'une convention d'exploitation de l'ensemble des TER régionaux comme préalable à toute reprise du projet de commandes des TER et de construction d'un atelier à Nice. Elle veut empêcher PACA de se tourner vers la concurrence. C'est une véritable prise d'otages », renchérit Éric Sauri. À la fin de l'année 2018, Élisabeth Borne a réussi à faire retomber (un peu) la pression. La nomination d'un médiateur a été évitée de justesse car la Région et la SNCF ont renoué le dialogue. « La majorité régionale qui avait précédé Estrosi et Muselier, explique un conseiller de la ministre, avait commandé des trains sous-motorisés qui n'améliorent pas le trafic. Le niveau de productivité des agents SNCF de PACA est sans doute un des plus faibles de France. Les torts sont évidemment partagés. Nous avions peur que les juges, en cas de procès, ne renvoient les deux partenaires dos à dos. En cas d'indemnisation, c'est toujours le contribuable qui paie. On leur a fait comprendre qu'il fallait éviter le ridicule », ironise-t-il. Le message est passé. Début janvier 2019, les deux parties se sont engagées à resigner une convention.

Si le conflit entre PACA et la SNCF est devenu l'un des plus aigus, il n'est pas le seul. En 2016, en

Rhône-Alpes-Auvergne, Laurent Wauquiez, à peine au pouvoir, a rompu la convention qui liait sa Région et la SNCF avant de renégocier son contrat, imposant à la société nationale des pénalités de retard sous forme de bonus et de malus. En améliorant son service, elle peut augmenter ses profits. Les travaux de la gare de la Part-Dieu, engagés en 2018 pour plusieurs années, ne vont pas lui faciliter la tâche, notamment sur la ligne Lyon-Grenoble, l'une des plus fréquentées de la région. Selon l'association des usagers, elle enregistrerait un taux de retard de 20 % à 50 %. Des trains initialement à destination de la Part-Dieu sont déroutés sur Lyon-Perrache pendant la réfection de la gare. Les usagers sont obligés de poursuivre leur voyage en bus ou en métro. Pour la même raison, la ligne Paris-Chambéry, l'une des quinze moins ponctuelles de France avec un taux de retard de 26 %, est quant à elle considérablement réduite. Les quatorze allers-retours quotidiens ont été ramenés à deux.

À l'autre bout de la France, Xavier Bertrand, président de Région des Hauts-de-France, qui aspire à devenir l'un des champions de la droite, n'est guère plus tendre avec la SNCF et son président Guillaume Pepy. « Si cela n'intéresse plus la SNCF de faire rouler des trains, qu'elle le dise ! persifle-t-il. Si les hommes et les femmes politiques et les dirigeants de cette entreprise prenaient plus les trains du quotidien, ils se rendraient un peu plus compte de ce qu'ils imposent à leurs clients[1]. » La Région, à la tête de laquelle il a été élu en 2015, est l'une des premières à s'être engagée sous Mauroy dans les expérimentations de décentrali-

1. Entretien avec l'un des auteurs, 5 septembre 2018.

sation. Les Hauts-de-France restent un fort contributeur des recettes commerciales de la SNCF. La Région impose un niveau de service élevé comme le maintien des contrôleurs à l'intérieur des trains que la SNCF souhaitait supprimer. Xavier Bertrand s'est lancé dans le combat du maintien des petites lignes de sa Région. Il fait de la liaison Le Tréport-Abbeville, un symbole. « Les technocrates m'expliquent qu'elles ne sont plus rentables et qu'il faut les supprimer. Mais dans ces trains, il y a des gens. Moi, j'ai quarante personnes qui fréquentent régulièrement cet itinéraire au départ d'Abbeville, ce sont quarante familles derrière, je leur dis quoi : "Prenez votre voiture ? On ferme !" Elle a par ailleurs un sens touristique. Le maire d'Abbeville est allé chercher le trophée de la plus belle gare de France. On la condamne. Tout le monde ne va pas aller vivre dans des mégalopoles. » Dans ce combat, il s'est associé naturellement à son collègue Hervé Morin, le président du conseil régional de Normandie, son ancien collègue au gouvernement Fillon entre 2007 et 2010, et plus étonnamment avec Sébastien Jumel, le maire communiste de Dieppe : « Avec La France insoumise, Pierre Laurent, François Ruffin et d'autres camarades, nous avons fait de cette mobilisation le symbole d'une ligne de vie politique contre l'abandon des territoires et de la République, explique Sébastien Jumel. Le patron des Hauts-de-France a mis 40 millions d'euros sur la table pour sauver le Abbeville-Tréport. Ce fut un combat commun même si nous ne partageons pas les mêmes options politiques[1]. » Le dernier train pour Le Tréport est parti d'Abbeville le 28 mai 2018. La ligne doit

1. Entretien avec l'un des auteurs, 4 janvier 2019.

reprendre du service en 2023 après cinq ans de travaux. En attendant, des bus relient les deux villes. Sébastien Jumel s'est également investi dans l'avenir du Dieppe-Paris dont les trains directs ont été supprimés à la fin de l'année 2018. Les voyageurs sont désormais soumis à une correspondance à Rouen ou doivent prendre un car. « Je donne le sentiment d'être très virulent contre la SNCF, renchérit Xavier Bertrand, mais je ne suis pas dupe. Les gouvernements qui se sont succédé, dont certains auxquels j'ai appartenu, ont laissé le réseau français se dégrader dramatiquement. Ils ont une lourde responsabilité. M. Pepy fait ce qu'il peut et pas si mal. En revanche, je n'apprécie pas qu'il essaie de nous rouler dans la farine. Le groupe public nous vend des prestations à des tarifs 20 % à 30 % plus chers que le prix du marché. Les contribuables des Hauts-de-France ne sont pas là pour payer les erreurs de l'État. Quand on me présente une facture de 12 millions d'euros, je ne suis même pas sûr qu'elle en vaille 8. J'ai demandé des expertises à des cabinets privés et le résultat n'était jamais très en ligne avec ce que l'on me demande. Alors je fais le tour des médias pour me plaindre. Non pas parce que je suis en mal de publicité mais parce que je sais comment il faut faire pour être entendu et craint. »

Alain Rousset[1], le président socialiste de la grande Région Nouvelle-Aquitaine, a signé fin 2018 une nouvelle convention avec la SNCF. Le moins que l'on puisse dire, c'est qu'il n'a guère plus confiance en la société nationale que Xavier Bertrand. Homme de gauche, il attend l'ouverture à la concurrence avec impatience. « Je ne dis pas à la SNCF quelles lignes

1. Entretien avec les auteurs, 15 novembre 2018.

je vais ouvrir, j'aurais trop peur qu'elle ne les laisse se dégrader pour les rendre encore moins attractives ou que des salariés malintentionnés ne les sabotent. C'est déjà arrivé. » Ambiance. Il faut dire que la situation régionale est particulièrement sinistrée. Le réseau de la Nouvelle-Aquitaine compte 3 410 kilomètres de lignes et 3 139 destinées aux voyageurs dont « 725 en mauvais voire très mauvais état, empruntées par 2,2 millions de passagers, soit 16 % du public ». Cet audit confidentiel, établi conjointement par les services de l'État, de la Région et de la SNCF, a été réalisé en décembre 2017. Il pointait cinq lignes en fin de vie. Libourne-Bergerac, Périgueux-Agen, Nexon-Brive, Angoulême-Limoges, La Rochelle-La Roche-sur-Yon, dont les seuls besoins de financement pour une remise en état frisaient les 500 millions d'euros. En Nouvelle-Aquitaine, près de 300 kilomètres de lignes doivent être ralenties, car en trop piteux état pour supporter des vitesses normales (32 lignes sur 60). Entre Saintes et Bordeaux, les rails datent de 1928 ! Résultat, le temps de voyage va passer à deux heures contre une heure et trente-cinq minutes actuellement. « Je connais des gens qui habitent Saintes et travaillent à Bordeaux qui viennent de reprendre leur voiture », constate Benoît Groussin, vice-président de la Fédération nationale des associations d'usagers des transports Poitou-Charentes (FNAUT)[1]. « Tous les territoires de Nouvelle-Aquitaine doivent prétendre aux mêmes égards. Il ne faut pas tout concentrer dans la métropole bordelaise et tomber dans des zones de non-droits du transport », se désole l'ancien cheminot CGT à la retraite en égrainant le triste

1. Entretien avec les auteurs, 15 novembre 2018.

chapelet des ralentissements de lignes autour de Saintes, riante sous-préfecture de vingt-cinq mille habitants. Sur les soixante-quatorze kilomètres de lignes ferroviaires qui séparent sa ville de Royan, trente-sept sont ralentis, trente-cinq sur les soixante-douze reliant Saintes à Niort et soixante-dix, c'est-à-dire la quasi-totalité des quatre-vingt-un kilomètres entre Saintes et Saint-Mariens-Saint-Yzan sur la ligne Nantes-Bordeaux. Le temps de trajet entre La Rochelle et La Roche-sur-Yon a été multiplié par deux en dix ans. Et pour cause : on roule désormais à 60 kilomètres à l'heure au lieu de 110 sur cent trois kilomètres. Il faut désormais deux heures au lieu d'une. Conséquence dommageable pour les habitués du Nantes-Bordeaux qui empruntent cette section. Ils mettent aujourd'hui cinq heures au lieu de quatre pour effectuer le même déplacement. Ainsi dans la Région qui a accueilli un TGV flambant neuf en 2018, de nombreux habitants voient le temps de trajets soudainement rallonger. Là encore, le sentiment des laissés-pour-compte de la périphérie grandit. Sur les quarante-cinq mille passagers quotidiens des transports publics en Nouvelle-Aquitaine, trente-cinq mille vivent dans l'agglomération bordelaise. Face à l'ampleur de la tâche, Alain Rousset a décidé de prendre les grands moyens pour lancer sa bataille du rail. « C'est très tendu avec la SNCF car on ne voit pas beaucoup de progrès de productivité, la SNCF est surstaffée, il y a des freins de structures incroyables, prévient-il. J'ai toutefois signé une nouvelle convention TER la plus innovante de France : développement d'offres, services, ponctualité, pénalités. » Il vient de recruter un spécialiste en la personne de François Poupard, ingénieur en chef des Ponts, des Eaux et des Forêts, ancien patron de la Direction générale des infrastructures, des transports et de la mer (DGITM). Avant de prendre la tête de cette administration, il a travaillé au ministère de tutelle comme directeur adjoint de Frédéric Cuvillier. « Quand je présidais l'agglomération de Bordeaux, je savais ce que je payais et j'avais les pleins pouvoirs, poursuit Rousset. Avec la SNCF, je ne sais jamais… à part que leur productivité est 30 % inférieure à celle de leurs homologues allemands. À la veille de l'ouverture à la concurrence, c'est un combat quotidien pour obtenir leurs secrets de fabrication. Avec la nouvelle convention que j'ai signée, j'ai mis une épée de Damoclès pour que la SNCF progresse, sinon ce sera avec d'autres que nous progresserons. Il ne faut pas que certains acteurs réfractaires oublient que dans le service public que nous procurons, le mot le plus important est le public à qui nous devons le meilleur service. Et l'outil industriel doit nous accompagner dans cet objectif ! » dénonce-t-il. « La SNCF ne veut pas donner les carnets de maintenance de ses trains, arguant que c'est son savoir-faire. Si elle les transmet, elle court le risque d'alimenter la concurrence, de donner des secrets industriels. Or la maintenance représente en moyenne 20 % du coût des conventions », confirme un fonctionnaire de l'Arafer, l'autorité de contrôle. « On est à moins de 90 % de régularité pour un système qui coûte cher, déplore Alain Rousset. Nous sommes face à un paradoxe. Nous avons investi depuis 2002 plus de 1,4 milliard d'euros sur le réseau, nous payons également plus de 60 millions de péages par an et nous avons un réseau dans un état déplorable. Pourtant, avec le TGV Atlantique, nous avons eu la démonstration que dès que nous améliorons l'offre, la demande est là. C'est un formidable succès. Je n'ai qu'un regret, c'est que l'État ait pris tous les risques pour une entreprise privée. Tout cela parce qu'on a plus l'argent et que la SNCF manque de souplesse. Toute la Région espère profiter de cette révolution TGV et attend justement des petites lignes rénovées pour aller à Bordeaux. La réfection de ces voies régionales va coûter entre 1,2 et 2 milliards d'euros. L'État doit prendre ses responsabilités au côté de la Région qui a pris sa part d'engagements. Il faut éviter de reproduire le naufrage du fret. Entre Poitiers et Bayonne, on met quinze mille camions sur les routes alors qu'on devrait développer la liaison ferroviaire. Faute d'entretien, on vient de supprimer la liaison entre Agen et Auch, ce qui correspond à quatre-vingt-dix camions par jour supplémentaires. On marche sur la tête. »

En Région Île-de-France, la renégociation du contrat avec la SNCF revêt un enjeu particulièrement crucial, en raison de l'importance des montants engagés et du trafic quotidien. La Région dépense plus de 10 milliards d'euros par an dans les transports, dont plus de trois pour le train. Le dernier contrat entre SNCF Mobilités et la Région Île-de-France avait été signé à la veille du départ de Jean-Paul Huchon, le prédécesseur de Valérie Pécresse, élue en 2015. En attendant de pouvoir imposer ses conditions, la présidente de Région envisage une amélioration de la qualité de service, et demande des efforts sur la ponctualité mais aussi le confort dans les gares. Des espaces de co-working ont par exemple été implantés à sa demande dans cent cinquante gares. La Région dispose aujourd'hui d'un parc de voitures renouvelé. Quelque sept cents (300 au 1er janvier 2019) rames neuves auront été mises en circulation au cours de son mandat. Une opération qui avait été enclenchée par son prédécesseur mais qu'elle a amplifiée. En

Île-de-France, l'ouverture à la concurrence se fera au plus tôt en 2033 pour les RER, contre 2023 pour les trains franciliens et les TER en province. « Je veillerai à ce que ce report ne se fasse pas au détriment des Franciliens, explique Valérie Pécresse[1]. Je considère que ce délai ne peut être acceptable qu'accompagné d'une forte amélioration de la régularité et d'une meilleure maîtrise des coûts d'exploitation, prévient-elle. Nous avons trop souvent des difficultés à avoir des informations précises sur les budgets de chaque ligne. La SNCF, c'est un peu une boîte noire pour nous. » Dans le prochain contrat passé avec la SNCF, la présidente de Région entend bien augmenter les pénalités de la SNCF lorsque le service est dégradé. « Aujourd'hui, les malus liés à la qualité de service ne dépassent pas 23 millions d'euros par an, et les pénalités pour les trains supprimés sont plafonnées à 15 millions d'euros. C'est ridicule », commente-t-elle. Le temps où les grands élus régionaux se contentaient d'offrir de belles rames à leurs électeurs à la veille d'une échéance électorale est bien révolu. Les patrons de Région comme Wauquiez, Pécresse, Bertrand comptent bien utiliser leur bilan comme vitrine de leurs qualités de gestionnaires. Or quel plus bel exemple que la mise au pas de la SNCF, symbole de technocratie française ?

1. Entretien avec l'un des auteurs, 20 décembre 2018.

6

Lignes à vendre

Pour les voyageurs, ce sera l'aspect le plus visible de la réforme de la SNCF votée en 2018 : l'ouverture à la concurrence. Le design rouge et blanc de la compagnie italienne Thello, le profil gris et bleu du français Transdev ou le logo bleu turquoise d'Arriva, filiale de la Deutsche Bahn, pourraient bientôt faire leur apparition dans le paysage. À partir de décembre 2019, des appels d'offres pourront être lancés pour les TER et les Intercités. Le grand chamboule-tout du marché ferroviaire a déjà commencé. L'État, autorité organisatrice des trains d'équilibres du territoire (TET, les Intercités), a ouvert le feu : début 2019, le gouvernement a fait part de son intention d'ouvrir deux lignes, Nantes-Lyon et Nantes-Bordeaux, à la concurrence : « C'est là que le matériel était le plus neuf, cela lui donne un attrait économique », justifie un conseiller ministériel. Pour le moment, ces deux lignes coûtent 25 millions par an (pour un million de voyageurs) à l'État, qui espère bien faire baisser l'addition en mettant en concurrence les entreprises ferroviaires. Concernant les TER, l'horizon commence également à s'éclaircir : les présidents des Régions PACA, Auvergne-Rhône-Alpes, Grand-Est et Hauts-de-France ont déjà fait savoir qu'ils étaient favorables au lancement d'appels d'offres. En revanche, cela s'effectuera par lots[1] (en PACA, trois lots devraient être soumis à un appel d'offres, soit environ un tiers du réseau) et non par ligne. « Pour le TER, le périmètre est plus imbriqué, poursuit le conseiller. Quel sera le personnel affecté ? Quel atelier de maintenance ? Qu'est-ce que l'on transfère ? »

Aubaine access

Après une première période de rodage, où les autorités organisatrices auront le choix de laisser (ou non) la SNCF en situation de monopole, la loi prévoit qu'à partir de décembre 2023 les appels d'offres deviendront obligatoires. Pour les TGV, le monopole est maintenu jusqu'à fin 2020. Ensuite, la concurrence sera autorisée en *open access* : toute compagnie ferroviaire pourra entrer sur le marché ; plusieurs établissements ferroviaires pourront opérer sur la même ligne. Selon les spécialistes, les volontaires ne devraient pas se bousculer sur les lignes à grande vitesse tant l'investissement industriel est lourd. Les entreprises doivent utiliser leur propre matériel et embaucher des salariés. Sans l'apport de subventions publiques. Parmi les concurrents français les plus actifs figure Transdev, qui n'est pas un groupe privé (son principal actionnaire est la Caisse des dépôts et consignations). Mais aussi la RATP et Keolis, l'une des

1. Ces lots devraient grouper des lignes rentables et d'autres moins rentables.

filiales de la SNCF, qui a annoncé qu'elle candidatera en accord avec la maison mère. Fort de son expérience en Allemagne, où il est le deuxième opérateur régional derrière la Deutsche Bahn, Transdev lorgne avec envie le gâteau ferroviaire français, en particulier celui du TER : « C'est un marché annuel de 4 milliards d'euros par an, explique un cadre de l'entreprise. Environ 10 % devraient être ouverts à la concurrence au début, soit un potentiel de 400 millions d'euros. » De quoi donner de l'appétit à plus d'un transporteur. Encore faut-il avoir un peu d'expérience et d'expertise dans le domaine. Transdev a d'ores et déjà candidaté en Région PACA. Elle n'est pas la seule sur les rangs : dix candidats français et étrangers ont manifesté leur intérêt. Transdev discute aussi avec Xavier Bertrand, patron des Hauts-de-France, qui serait sensible aux arguments commerciaux de l'opérateur français. Cette entreprise exploite déjà deux lignes en Bretagne (Carhaix-Guingamp et Guingamp-Paimpol) et un tram-train à Lyon.

Comment faire mieux et moins cher que la SNCF ? « Les deux critères qui entrent en ligne de compte sont le prix et la qualité de service, souligne Thierry Mallet, président du groupe Transdev, un ancien de Suez. Notre objectif est d'assurer une bonne performance au meilleur coût, mais aussi de proposer des services complémentaires. Plus de personnel à bord, de meilleures fréquences, une information en temps réel…[1] » Le groupe entend notamment se positionner sur les petites lignes : « En Allemagne, près de Düsseldorf, nous avons repris une ligne qui transportait cinq cents personnes par jour,

1. Entretien avec l'un des auteurs, 18 janvier 2019.

raconte Thierry Mallet. Nous sommes passés à vingt-trois mille, en proposant du matériel neuf, une meilleure offre, des horaires adaptés… » Selon le transporteur français, ces activités deviennent rentables au bout de quelques années (comme en Allemagne, mais aussi en Suède, en Nouvelle-Zélande… où il est implanté). « En Allemagne, le coût train-kilomètre est inférieur de près de la moitié du coût train-kilomètre en France hors péages, relate Thierry Mallet. Cela inclut les charges de personnel, la location des trains, la vente des billets… » Au prix d'un bouleversement de l'organisation du travail : flexibilité des horaires, multiplicité des tâches, nouvelles méthodes de maintenance et d'entretien… Dans la gare de Paimpol, l'agent de Transdev qui travaille au guichet s'occupe aussi de donner le départ du train et d'une petite boutique. Trois boulots en un ! Les agents français sont-ils prêts à une telle révolution ? « Les syndicats ne réagissent pas forcément mal, assure Thierry Mallet, qui est aussi le président de l'Union des transports publics et ferroviaires (UTP), qui négocie avec les syndicats la convention nationale de la branche ferroviaire. Certains considèrent que la polycompétence sera plus intéressante pour eux. » L'objectif est d'instaurer un fonctionnement par ligne, décentralisé, alors que la SNCF fonctionne par métiers, de manière cloisonnée (les contrôleurs d'un côté, les conducteurs de l'autre…). Voilà qui promet de mettre la SNCF sous pression. En Allemagne, depuis l'ouverture à la concurrence en 1996, la Deutsche Bahn a limité les dégâts et conservé environ 70 % du trafic.

Casse sociale

Mais cela s'est fait socialement au prix fort : « Les effectifs sont passés de six cent mille à deux cent mille agents, poursuit le patron de Transdev. Mais le marché a crû ! »

Les transferts de personnel risquent d'être une opération à haut risque : les agents de la SNCF fonctionnent par lignes, à cheval sur plusieurs Régions. Comment identifier qui doit basculer dans l'entreprise concurrente ? Tout a été fait pour limiter les remous sociaux. « On a privilégié l'intérêt général, souligne Hervé Maurey, président de la commission de l'aménagement du territoire et du développement durable au Sénat, l'un des acteurs importants de la réforme ferroviaire. Nous avons complété le volet social. Objectivement, nous avons beaucoup aidé le gouvernement[1]. » Le transfert se fera sur la base du volontariat, mais avec une part de transfert obligatoire pour assurer la continuité du service public. S'ils acceptent de changer d'entreprise, les salariés au statut conserveront l'intégralité de leur rémunération, primes et allocations incluses (indemnité de résidence, primes de travail, gratification de vacances, allocation de déplacement, d'horaires de nuit..., qui s'ajoutent au salaire de base et peuvent représenter une part non négligeable du revenu) et une partie de leurs avantages (rémunération nette, garantie de l'emploi à vie, régime spécial de retraite). Entre cinq et huit ans après leur embauche, ceux qui partent chez un concurrent pourront réintégrer l'entreprise nationale. Certes,

1. Entretien avec les auteurs, 7 juin 2018.

en passant dans le privé, ils perdent l'évolution salariale, mais l'opération pourrait se révéler positive, notamment pour les conducteurs : « Ceux qui partent ne pourront pas gagner moins que ce qu'ils touchaient à la SNCF, explique Olivier Boissou, secrétaire général adjoint de la CFDT-cheminots. Il risque d'y avoir plus de volontaires que de places à prendre ! » Si les « sénateurs du rail » (ainsi surnommés parce que la légende dit qu'ils gagnent plus qu'un sénateur, ce qui est faux) ont été le fer de lance du mouvement de grève lors du vote de la dernière réforme, c'est par « sentiment d'attachement à cette boîte ».

Mais les négociations avec les syndicats ont connu un premier raté. Le texte portant sur les modalités de transfert des personnels dans le cadre de l'ouverture à la concurrence n'a été signé que par un seul syndicat, l'UNSA, avec l'UTP (patronat ferroviaire). L'accord n'cst pas valide car l'UNSA ne représente que 24 % des salariés, en deçà des 30 % nécessaires. « L'État prendra ses responsabilités », souligne une source proche de Matignon. Des décrets techniques doivent compléter la nouvelle loi ferroviaire. La convention collective de la branche ferroviaire devra, elle, être finalisée au 1er janvier 2020, date à laquelle l'embauche au statut ne sera plus possible. Elle devrait aussi faire l'objet d'intenses négociations entre employeurs et syndicats car elle concerne des sujets sensibles comme la médecine spéciale, les logements sociaux et les « facilités de circulation » pour les salariés transférés. Il s'agit des billets gratuits accordés aux cheminots et à leur famille sur l'ensemble du réseau ferroviaire. Selon un rapport de la

Cour des comptes[1], 1,1 million de personnes en bénéficient (dont seulement 15 % de cheminots en activité). Le manque à gagner pour la SNCF est estimé entre 50 et 100 millions d'euros. Les nouveaux entrants dans les entreprises privées (qui ne sont pas « au statut ») devraient perdre cet avantage.

Face à ce big-bang, l'objectif des dirigeants et des syndicats est de ne pas revivre ce qui s'est passé avec le fret : depuis l'ouverture à la concurrence sur les lignes nationales en 2006, la compagnie a perdu 40 % du marché ! Les effectifs ont été divisés par deux entre 2008 et 2015. « Manque de compétitivité », selon la direction ; « privatisation qui ne dit pas son nom », selon les syndicats. Fret SNCF continue à perdre de l'argent. Des vagues de départ importantes sont attendues dans les six prochaines années, notamment à SNCF Mobilités : « Un tiers des effectifs ne devrait pas être renouvelé, assure un représentant de la CFDT. Soit deux départs à la retraite sur trois, sans compter les départs volontaires. » Selon ses promoteurs, lorsque la réforme ferroviaire aura atteint son rythme de croisière, tout le monde serait gagnant. L'usager (avec la baisse du prix du billet) et le contribuable (avec la baisse des subventions publiques grâce à des opérateurs plus compétitifs). Pour les syndicats, notamment la CGT et Sud-Rail, elle signe la casse d'une belle machine : « Le service public du transport ferroviaire en France est incompatible avec l'ouverture à la concurrence et les intérêts financiers individuels qui sont intrinsèquement liés »,

1. « La facilité de circulation de la SNCF : une rationalisation à peine entamée », Cour des comptes, février 2015.

assure Sud-Rail. « En Allemagne, en Italie, l'ouverture a entraîné une baisse du prix du billet et un meilleur service », affirme un des acteurs de la réforme. Cette mise en concurrence aurait pour vertu d'obliger les opérateurs historiques à se remettre en cause, à baisser les coûts, à innover. Sans cette perspective, l'offre Ouigo n'aurait probablement jamais vu le jour. Thierry Mallet affirme : « L'ouverture à la concurrence est un outil. Il est toujours plus difficile de mobiliser ses équipes sans pression extérieure. »

Le plus dur sera probablement de changer les habitudes. En Allemagne, la culture du monopole reste prégnante. Transdev assure encore devoir négocier fermement pour ne pas être la dernière roue du carrosse ferroviaire : « Lorsqu'il faut réserver les sillons, la priorité est donnée aux TGV de la Deutsche Bahn, puis aux trains régionaux de la Deutsche Bahn, puis au fret et enfin… aux trains concurrents », relate un cadre. Ce scénario va-t-il se produire en France ? La séparation entre SNCF Mobilités (qui fait rouler les trains) et SNCF Réseau (qui gère l'infrastructure) est censée être une muraille de Chine. Reste à savoir si elle sera totalement hermétique. L'égalité de traitement se vérifiera au moment de l'attribution des sillons (respect des horaires sollicités) et des incidents de trafics (ne pas faire passer un train de la SNCF avant celui d'un concurrent).

Pour veiller à une juste bataille du rail, un arbitre a été désigné.

7

Gare au gendarme !

Du haut du 56ᵉ étage de la tour Montparnasse à Paris, son bureau embrasse tout Paris, à en donner le vertige. Bernard Roman, ex-député PS du Nord, a désormais une vue imprenable sur l'univers ferroviaire, tout au moins la gare Montparnasse. Depuis août 2016, il préside l'Arafer, l'autorité de régulation des activités ferroviaires et routières[1], le « gendarme du rail ». Il doit ce poste à son amitié avec François Hollande, mais aussi à un règlement de comptes version OK Corral en terre nordiste. Éternel concurrent de Martine Aubry, ce fidèle historique de Pierre Mauroy avait décidé en 2017 de ne pas briguer un quatrième mandat de député sauf si François Lamy, lieutenant de la maire de Lille, était investi par le PS dans sa circonscription. Ce qui fut décidé. Pour libérer la place et éviter le clash, il a fallu exfiltrer le soldat Roman, qui s'est ainsi retrouvé propulsé dans l'ascenseur ultra-rapide de la tour Montparnasse.

1. À l'origine, l'Arafer (Autorité de régulation des activités ferroviaires et routières) s'appelait l'Araf (Autorité de régulation des activités ferroviaires).

Selon ses dires, aucun regret. Pour présider l'Arafer, il a démissionné de tous ses mandats électifs, condition *sine qua non* pour garantir son indépendance. Bernard Roman assure s'être pris au jeu de son nouveau job : « C'est fabuleux. J'ai beaucoup appris, pas seulement dans le domaine du ferroviaire[1]. » Une chance. À un moment clef de l'histoire ferroviaire nationale, l'exécutif a ainsi choisi de mettre à la tête de l'autorité de contrôle un parlementaire socialiste qui, comme il l'avoue lui-même, était totalement novice dans le domaine.

Créée en décembre 2009, l'Arafer a pour mission d'« accompagner le secteur ferroviaire dans son ouverture progressive à la concurrence ». Depuis 2015, cette autorité est également compétente pour le transport par autocars et autoroutes. En matière de trains, l'objectif est de « garantir à tous les opérateurs un accès équitable au réseau ferré national ». Bernard Roman, sourire généreux et moustache impeccablement taillée, défenseur raisonnable du libéralisme, était politiquement compatible pour casser la culture du monopole dans laquelle baignait la SNCF. Comme son prédécesseur, il lui a d'abord fallu plusieurs mois pour digérer les subtilités de la réglementation ferroviaire. Six mois de lectures et de cours particuliers auprès des hauts fonctionnaires qui peuplent l'étage de l'Arafer. Dès son arrivée, il a engagé le fer à plusieurs reprises avec la SNCF et son actionnaire, l'État. Avec ses soixante-dix collaborateurs, les « meilleurs des meilleurs », selon lui, venus des rangs de l'ENA, de Polytechnique, des Ponts et Chaussées, de la Cour des comptes, il a notamment

1. Entretien avec les auteurs, 18 septembre 2018.

retoqué en mars 2017 le projet de contrat de performance 2017-2026 entre l'État et SNCF Réseau[1], une feuille de route entre les deux parties. Le président de l'Arafer et son collège (constitué de six membres, choisis pour leurs compétences ferroviaires, routières ou dans le domaine de la concurrence) estimaient que les objectifs de la réforme ferroviaire adoptée en 2014 n'étaient « pas satisfaits » et que SNCF Réseau et l'État n'avaient pris aucun « engagement crédible ». L'avis rendu sur le sujet était d'une rare sévérité : « maîtrise des coûts non garantie », « trajectoire financière irréaliste », « engagements flous et insuffisamment contraignants »... Bernard Roman ajoute : « Les recettes des péages fret, par exemple, augmentaient tous les ans, et même de 4 % en 2024, soit plus que l'inflation. C'était démentiel, insoutenable. » L'Arafer a alors rendu un « avis non conforme » au projet de contrat, ce qui revient à dire qu'il n'avait aux yeux du « gendarme du rail » aucune valeur. Comme le veut la loi, cet avis de blocage a ensuite été transmis au Parlement. L'Assemblée nationale – censée donner également son avis – ne s'est pas réunie. Les législatives n'étaient pas loin. Inutile de froisser les cheminots. La commission du Sénat, présidée par Hervé Maurey, a quant à elle suivi l'avis négatif rendu par l'Arafer. Finalement, le contrat a été signé par Bercy le 20 avril 2017, à quelques jours de l'élection présidentielle. Depuis, le gouvernement Macron a décidé de repartir à zéro. Un nouveau contrat devrait être signé avec SNCF Réseau dans lequel cette dernière s'engage à réaliser en quatre ans 300 millions d'euros

1. D'une durée de dix ans, le contrat de performance est prévu par la loi de réforme ferroviaire du 4 août 2014.

de productivité. Fin 2018, l'Arafer ne peut que constater que cette nouvelle feuille de route n'a pas été signée et elle continue à préconiser une « refonte complète ».

Pour préserver son indépendance et donc sa raison d'être, le « gendarme du rail » doit batailler ferme. Cela a commencé sous le règne du premier président, Pierre Cardo, qui a mis sur les rails une institution qui n'existait pas. Âgé de 70 ans, l'ancien député vit aujourd'hui loin de l'univers ferroviaire, entouré de pierres. Dans sa maison de Chanteloup-les-Vignes (Yvelines), ville dont il a été maire pendant vingt-six ans, il a aménagé plusieurs pièces où tournent en permanence de petits tonneaux qui polissent et taillent des minéraux venus du monde entier. Lapidaire (c'est le terme pour ce métier) expérimenté, il sort des étagères des pièces importées du Mali ou de Madagascar : « Celle-là, je viens de la terminer[1] », raconte-t-il en montrant un galet poli de couleur émeraude.

Pierre Cardo est autodidacte. Il s'est fait un nom en faisant de Chanteloup – qui était au bord du gouffre (financier, social…) – un laboratoire de la politique de la Ville. En 2010, il a quitté l'Assemblée nationale (« Je m'emmerdais ! ») et s'est lancé dans une mission sur le démantèlement des navires en fin de vie (« Mon père était officier de marine »). Il est alors sollicité par Jean-François Carenco, directeur de cabinet de Jean-Louis Borloo, pour lancer l'Araf (Autorité de régulation des activités ferroviaires), l'ancêtre de l'Arafer. Comme son successeur Bernard Roman, Pierre Cardo n'était pas le candidat naturel : Jacques Barrot, commissaire européen

1. Entretien avec l'un des auteurs, 13 septembre 2018.

chargé des transports, avait été approché mais ce dernier avait préféré le Conseil constitutionnel. Problème : l'ex-député des Yvelines ne connaît rien au ferroviaire. « Lorsqu'on a été maire de Chanteloup, on peut tout faire », lui aurait répondu Jean-François Carenco. En regardant le décret, Pierre Cardo s'aperçoit que le mandat de président de l'Araf est incompatible avec celui d'élu. L'ex-maire de Chanteloup-les-Vignes, qui a abandonné son siège de député, puis son fauteuil de maire, tient à garder la présidence de communauté d'agglomérations. Pas de problème ! Le gouvernement dépose un amendement qui permet au président de l'Araf de conserver un mandat local (il a depuis été abrogé). Le 20 juillet 2010, le président Nicolas Sarkozy le nomme à la tête du « gendarme du rail », moyennant un salaire de 10 000 euros par mois (Bernard Roman perçoit les mêmes émoluments).

Pendant un an, Pierre Cardo reste silencieux. Aucune expression publique. « J'étais très inquiet, c'est un sujet technique. J'ai étudié les dossiers pour me forger une opinion. » Fixation des redevances d'infrastructures, différence entre coût marginal et complet… Il avale des tonnes de documents, s'appuie sur des « sachants », comme Claude Martinand, premier président de Réseau ferré de France, membre du collège de l'Araf. Ce farouche partisan d'une autorité indépendante le prend sous son aile et lui lègue sa bibliothèque. Mais les débuts sont ardus. Lors d'une réunion dirigée par un ingénieur des Ponts et Chaussées, il avoue ne rien comprendre : « J'ai demandé qu'il vienne m'expliquer ce qu'il avait dit. Il me fallait un décodeur. Il n'avait pas trop envie. » Six mois plus tard, la situation se reproduit : « Je me suis alors rendu compte que je n'étais pas le seul à ne pas comprendre. Mais personne ne disait rien ! Cela m'a mis en confiance. » Peu à peu, Pierre Cardo parvient à s'orienter dans les arcanes de la réglementation, mais aussi les enjeux de pouvoir dans et autour de la SNCF. Comme Bernard Roman, son principal défi a été d'affirmer l'indépendance de l'autorité de régulation. Entre la SNCF et l'État, la voie est étroite. Les concurrents de l'opérateur national, d'abord très réservés sur l'autorité du « gendarme du rail », s'aperçoivent assez vite que l'Arafer joue son rôle d'arbitre et peut les aider à pousser les rails. Une filiale de la Deutsche Bahn dépose des dossiers, notamment pour dénoncer des abus de position dominante dans le domaine du fret. Les agents de l'Araf enquêtent, se rendent sur le terrain, prennent des décisions qui bousculent la SNCF. S'il n'a pas la totale maîtrise des sujets, Pierre Cardo estime avoir un meilleur raisonnement : « Il y a plusieurs formes d'intelligence. En fait, on se complète. »

Rapidement, il est confronté à une tentative de supprimer les avis conformes de l'Arafer, des « avis juridiquement contraignants », qui lui permettent de valider ou non, par exemple, les tarifs des péages liés à l'utilisation du réseau ferré de SNCF Réseau, l'accès aux gares, mais aussi les prestations de la sûreté ferroviaire (Suge). Sans ce pouvoir, elle n'exerce plus de vrai contrôle. En matière de péages, appelés « redevances », SNCF Réseau milite pour fixer ses tarifs librement. Ce qui soulagerait aussi le gouvernement, qui peine à imposer des efforts de productivité. En mettant son grain de sel, l'Arafer joue l'empêcheur de facturer en rond. Or, les observateurs de l'Arafer – qui disposent de pouvoirs d'investigation – relèvent des choses curieuses : pourquoi faut-il trois équipes en France pour faire le même travail que deux équipes en Grande-Bretagne ? Pourquoi sous-traiter une activité alors que cela ne paraît pas nécessaire ? « C'est un avis qui s'impose, qu'il faut respecter », appuie Cardo. Ces avis peuvent être attaqués en justice : « C'est pour cela qu'il faut des gens solides. » La première tentative de supprimer ce veto se déroule en 2009. Puis, peu avant la réforme ferroviaire de 2014, lors d'une réunion à Matignon, Pierre Cardo se retrouve face au conseiller Transports de Jean-Marc Ayrault, qui lui fait comprendre qu'il est opposé à l'avis conforme. SNCF Réseau considère que c'est à elle que revient le droit d'établir la tarification. Si l'Arafer donne son avis, le gestionnaire d'infrastructure perd cette prérogative. « C'est faux, répond Cardo. Nous vérifions que les tarifs sont transparents, justifiés, conformes au droit national et européen. On ne les fixe pas, on rappelle les règles. » Le président de l'Arafer reste droit dans ses bottes. La discussion est tendue, se termine « tête contre tête » : « J'ai dit que j'irais jusqu'au bout pour défendre ma position, jusqu'à l'Assemblée nationale. J'ai contré l'attaque à deux reprises ! Je sais qu'ils ont envisagé de me virer. »

En mars 2018, Bernard Roman doit lui aussi faire face à une tentative de suppression de l'arme de l'« avis conforme ». Simple hasard ? Deux ans plus tôt, le régulateur avait dit *niet* aux redevances envisagées en 2017 par SNCF Réseau. Dans le cadre du projet de loi pour un nouveau pacte ferroviaire, le gouvernement soumet au Parlement un texte d'habilitation qui remet en cause le pouvoir d'avis conforme. Bernard Roman sort de sa réserve et se fend d'une tribune dans *Le Monde*[1] :

1. *Le Monde*, 22 mars 2018.

« C'est une grave erreur, même une faute. On ne saurait comprendre qu'une réforme visant à ouvrir le marché à la concurrence s'accompagne d'un affaiblissement du régulateur. [...] Quel signal enverrait le gouvernement en retirant au régulateur les pouvoirs qui lui sont nécessaires pour prévenir la mise en œuvre de pratiques discriminatoires qui entraveraient l'accès au réseau ? » Patrick Jeantet, patron de SNCF Réseau, avait discrètement ouvert le feu quelques semaines plus tôt : « L'Arafer souhaite que les péages baissent, de sorte qu'à terme un plus grand nombre de trains circulera sur les voies. [...] La gouvernance, qui permet actuellement à l'Arafer d'imposer de telles baisses, mérite, me semble-t-il, l'attention du Parlement[1]. » L'attitude n'étonne guère un ancien conseiller de l'Élysée : « Le ministère des Transports est très opposé à l'avis conforme, car cela représente pour lui une perte de puissance. Le ministère du Budget est également contre car c'est lui qui paie et il considère que c'est à lui de décider. » Le Parlement a finalement rendu son arme au « gendarme du rail ». En attendant la prochaine attaque.

1. Compte rendu de la commission du développement durable et de l'aménagement du territoire, Assemblée nationale, 7 février 2018.

Épilogue

France, 2037, centenaire de la SNCF.

Le TGV Bordeaux-Bilbao roule à travers les pins landais et s'enfonce dans le Pays basque. Après des années de lobbying, des centaines d'articles de presse, malgré des caisses vides, le tout TGV a encore frappé. Les investissements ont été lourds. L'État a cédé. Plusieurs opérateurs exploitent le réseau. Les villes qui souhaitent obtenir une desserte doivent acquitter une redevance. Elles bénéficient de subventions régionales mais qui ne suffisent pas dans la plupart des cas. Les collectivités territoriales ont vu leurs dotations rognées année après année. Une taxe transports supportée par les entreprises et les habitants est souvent levée.

Le bolide qui a révolutionné l'histoire ferroviaire au siècle dernier paraît presque archaïque à côté du THV, le train à hyper-grande vitesse sous vide. Baptisé Hyperloop, il a longtemps fait ricaner. « Impossible », « utopique », grinçaient les sceptiques. La technologie a triomphé. Il en est encore à ses débuts, mais il permet de relier Paris à Marseille en quarante minutes. Sa vitesse, à la manière du Concorde, est supersonique : 1 000 kilomètres à l'heure. Des capsules pressurisées avec des passagers circulent dans des tubes à basse pression. Plus rapides que l'avion, mais bien moins polluants. Des panneaux solaires posés le long du tube produisent l'énergie suffisante pour propulser l'engin. De petits écrans en forme de hublots permettent de « voir » le paysage externe reconstitué en réalité virtuelle. Une ligne Paris-Berlin devrait être lancée l'année prochaine. En Afrique, après des années de travaux, le bon vieux TGV relie désormais Casablanca (Maroc) à Tripoli (Libye). Paris a été généreux pour financer ces tronçons où roulent des rames construites par un constructeur chinois. La France, qui a longtemps été un des leaders du marché avec Alstom, ne possède plus d'industrie dans ce domaine. Rachetée par un de ses concurrents européens qui avait promis de conserver une partie de l'outil industriel dans l'Hexagone, la firme a disparu et ses sites nationaux ont tous été fermés par le nouvel actionnaire.

Dans la capitale, le métro du Grand Paris Express s'enfonce sous terre pour relier le nord et le sud de la banlieue. Le plus grand projet urbain européen du début du XXIe siècle ! Deux cents kilomètres de lignes et soixante-huit gares. Une rame toutes les deux à trois minutes. Une partie du réseau a été inaugurée pour les JO de 2024. La France, médaille d'or du transport collectif et de la transition énergétique ! Ce n'était pas vraiment un choix. Trop de pollution, trop d'embouteillages. Hausse du carburant, réchauffement climatique. La voiture est désormais bannie à Paris. Grâce au CDG Express, les passagers qui débarquent de leur avion à l'aéroport de Roissy mettent vingt minutes pour rejoindre le cœur de la Ville lumière. Plus vite, plus loin, plus propre. On compte le temps gagné, les kilomètres avalés, mais aussi les émissions de CO_2 économisées. En 2018, la route était responsable de 95 % des gaz à effet de serre en France. En 2050, les autorités se sont engagées à atteindre la neutralité carbone[1]. Rien n'est plus écologique que le métro ou le train. Certaines locomotives fonctionnent désormais à l'hydrogène. La marche à pied et le vélo sont hautement recommandés. Dans dix ans, les voitures électriques, thermiques et au gaz auront totalement remplacé les véhicules diesel et à essence. La plupart d'entre elles bénéficient déjà d'un système de conduite automatisée.

La Société nationale des chemins de fer, qui fête ses 100 ans cette année, n'est plus qu'un lointain souvenir. La vénérable centenaire employait près d'un demi-million de personnes à sa création, à l'aube de la guerre 1939-1945. Aujourd'hui, elles ne sont plus que quelques dizaines de milliers. La marque SNCF n'a pas résisté aux stratèges du marketing qui ont voulu donner un coup de jeune à l'opérateur historique. Les voyageurs circulent désormais à bord de trains déclinés sous le nom de la marque « Yes ». Une conséquence directe de l'ouverture à la concurrence, imposée par les traités européens, votée en France en 2018. La compagnie nationale réalise désormais plus de la moitié de son chiffre d'affaires à l'étranger via des filiales aux noms

1. Qui consiste à compenser les émissions de gaz à effet de serre en finançant des projets qui réduisent un volume d'émissions équivalent.

exotiques. En France, dans certains trains, l'inoubliable jingle (vous savez, ces trois notes…) de la SNCF a laissé place à de nouvelles tonalités. Depuis 2020, sur la ligne Paris-Lyon, le client peut prendre son billet chez l'opérateur italien, Trenitalia. Il s'installe dans des rames confortables catégorie « luxe » qui rappellent la première classe des compagnies aériennes. Il y a même une voiture coiffeur et bien-être avec un menu massage. La Deutsche Bahn (DB), via sa filiale Arriva, poursuit le développement de son marché européen. Après la République tchèque, la Pologne, la Suède, le Danemark et les Pays-Bas, elle s'est implantée en France.

Depuis l'arrivée de concurrents en France, les prix des billets et les coûts de production ont baissé. À quel prix ? Pour combien de temps ? Certains trains autonomes rentrent tout seuls au garage. La technologie au détriment de l'homme. Les effectifs ont fondu. Les métiers ont disparu. L'intelligence artificielle a tué le cheminot. L'opérateur historique a résisté tant bien que mal au big bang de l'ouverture à la concurrence : il a gardé le contrôle de la moitié du marché du transport de voyageurs. Ailleurs, des groupes privés ont raflé la mise. « On leur a donné des cheminots formés et les subventions publiques, » déplorent les anciens. Entre Marseille et Nice, le français Transdev, filiale du groupe Caisse des dépôts, exploite depuis quelques années la ligne de train régional. Dans le cadre d'un appel d'offres du conseil régional, il s'est retrouvé en concurrence avec un Allemand, un Hongkongais mais aussi des Français, dont une filiale de la SNCF. Un meilleur service, plus de dessertes… Les Marseillais revivent : Transdev a été tenu de reprendre une partie des cheminots de la SNCF.

Continuité du service public oblige ! En contrepartie, ils ont dû accepter plus de souplesse dans l'organisation du travail et d'effectuer plusieurs tâches. Le chef de train et le conducteur ne font plus qu'un. Là où il fallait quatre personnes pour faire avancer une machine, il n'y en a plus qu'une. Depuis près de vingt ans, le recrutement « au statut » n'existe plus. Ils ne sont plus que quelques centaines à bénéficier du RH001, qui régissait les conditions de travail. Plus d'emploi à vie, plus de régime spécial de retraite.

En France, seuls les rails restent gérés par la SNCF. À la suite d'accidents graves, notamment le déraillement en 2013 d'un train à Brétigny-sur-Orge (Essonne), l'État s'est engagé à mettre les moyens pour entretenir et régénérer le réseau. Faute d'entretien, il était dans un état de vétusté avancé. Trois milliards d'euros par an. Il peine à rattraper le temps perdu. À certains endroits, les rails ont presque l'âge de la vieille dame et n'ont toujours pas été remplacés. Pour augmenter les cadencements, l'exploitation des trains est totalement numérisée, centralisée. Mais il a fallu fermer des petites lignes. Trop coûteuses à entretenir. Les gares rurales ont disparu du paysage. Des cars électriques ont remplacé les motrices. Pour respecter l'indépendance entre le gestionnaire d'infrastructure et les opérateurs, il a fallu débaptiser les gares « SNCF ». Des milliers d'euros dépensés pour changer des panneaux de signalisation ! Les trois mille gares de France – du moins celles qui ont survécu – sont devenues des plateformes multimodales, un lieu de rendez-vous pour le covoiturage, l'auto-partage. Pour accueillir toujours plus de voyageurs, surtout dans les grandes métropoles, il a fallu engager des chantiers dignes des travaux d'Hercule. La gare Part-Dieu à Lyon, qui était totalement saturée, bénéficie de voies nouvelles. La gare Saint-Charles a été en partie enterrée pour fluidifier le trafic. Les ingénieurs ont rivalisé d'ingéniosité pour que les trains se croisent le moins possible. Depuis son PC, le chef de gare peut désormais faire des annonces, écrire son texte sur un écran qui le transforme en paroles. Les plus anciens reconnaissent la voix de Simone, une ancienne animatrice de radio, qui était devenue LA voix de la SNCF. Des segments de phrases ont été stockés, numérisés et sont reconstitués. Ils servent de support à cette voix de synthèse, qui porte le joli nom d'E-Mone. Nostalgie.

Du côté des usagers, une application sur les mobiles, qu'il a fallu de longues années à mettre au point, leur permet d'organiser leur « mobilité » d'adresse à adresse, en combinant tous les modes de transport. Mais aussi en choisissant le mode le moins polluant. C'était l'idée d'un homme. Qui se souvient de Guillaume Pepy ? Patron de la SNCF pendant dix ans, il a incarné l'entreprise nationale pour le meilleur et pour le pire. La SNCF avait pour pire ennemi son actionnaire, l'État. Guillaume Pepy en a été un serviteur zélé. En 2020, le président Emmanuel Macron lui a choisi un successeur. Il n'a pas été facile à trouver. Personne ne se bousculait pour occuper ce poste, où l'on prend beaucoup de coups. Depuis, le groupe ferroviaire est devenu une entreprise comme une autre. La fin du mythe.

Remerciements

Ce voyage au sein de la Société nationale des chemins de fer n'aurait pu se réaliser sans celles et ceux qui nous ont éclairés – parfois anonymement – sur ce monde complexe et en pleine mutation. Souvent avec passion. Nous les en remercions chaleureusement.

Merci à nos éditeurs, Sophie de Closets et Nicolas Diat, qui nous ont fait monter à bord de ce projet en toute confiance, ainsi qu'à Diane Feyel, pour son méticuleux travail.

Merci à Emma et à Cécile pour leur tendre patience.

À Caroline et Jean pour leur lecture attentive.

Cet ouvrage a été imprimé en France par
CPI Brodard & Taupin
Avenue Rhin et Danube
72200 La Flèche (France)

pour le compte des Éditions Fayard
en février 2019

Photocomposition Nord Compo à Villeneuve-d'Ascq

PAPIER À BASE DE FIBRES CERTIFIÉES

Favard s'engage pour l'environnement en réduisant l'empreinte carbone de ses livres. Celle de cet exemplaire est de :
750 g éq. CO_2
Rendez-vous sur www.fayard-durable.fr

N° d'édition : 43-3522-2/01 - N° d'impression : 3032308